일아—雅 변선환 학장 종교재판 30년 역사를 회고하며

그때도, 지금도 그가 옳다

그때도, 지금도 그가 옳다
— 일아一雅 변선환 학장 종교재판 30년 역사를 회고하며

2023년 6월 9일 처음 찍음

지은이 | 김정숙 송순재 이은선 이정배 장왕식 한인철 외
엮은이 | 변선환아키브
펴낸이 | 김영호
펴낸곳 | 도서출판 동연
등 록 | 제1-1383호(1992년 6월 12일)
주 소 | 서울시 마포구 월드컵로 163-3
전 화 | (02) 335-2630
팩 스 | (02) 335-2640
이메일 | yh4321@gmail.com
S N S | https://www.instagram.com/dongyeon_press

ISBN 978-89-6447-906-3 03040

일아一雅 변선환 학장 종교재판 30년 역사를 회고하며

그때도, 지금도 그가 옳다

김정숙 송순재 이은선 이정배 장왕식 한인철 외 함께 씀 | 변선환아키브 엮음

동연

변선환 교수를 추억하며

윤병상

연세대학교 명예교수

변선환 교수는 예언자였다. 하나님을 대신하여 말한 대언자였다. 한국 감리교회에 신학과 신앙은 있는가? 신학 없는 신앙은 무속 신앙이다. 무속은 창시자도, 신학도, 교리도 없다. 나는 오늘 일본의 그리스도인이었던 교수 한 분을 소개하려고 한다.

무교회를 창시한 일본의 우치무라 간조(内村鑑三, 1861~1930)는 신문 기자였다. 일과가 끝나면 도쿄제국대학 학생들에게 성서를 강의했다. 그에게 성서를 배우던 학생 중에 경제학부 학생인 야나이하라 다다오(矢内原忠雄, 1893~1961)가 있었다. 그가 성인이 되어 도쿄제국대학 경제학부 교수로 있었다. 그가 교수로 재직하고 있을 때, 일본이 미국의 진주만을 폭격하여 제2차 세계대전을 일으켰다. 그때 야나이하라 교수는 혼자서 성명서를 냈는데 "이번 전쟁은 일본이 일으킨 침략 전쟁이니 즉시 중지하라"는 것이었다.

일본 문부성은 야나이하라 교수가 성명서를 철회하면 불문에 부치겠지만 철회하지 않으면 파면하겠다고 통보했다. 문부성은 세 번을 종용했지만 그는 자신을 파면하라고 답변했다. 일본 정부는 그를 파면했고, 그는 고향으로 내려가 농사를 짓고 살았다. 그후 일본은 패전했고, 도쿄제국대학은 폐교되었다.

1946년, 도쿄제국대학이 도쿄대학으로 다시 개교하고 초대 총장으로 그를 추천했으나 그는 세 번이나 사양했다. 그 당시 일본을 지배하고 있던 맥아더 사령관은 그의 고향으로 찾아가 "여론 조사에서 일본 국민이 당신을 추천했으니 총장으로 와달라"라고 간청했다. 그때 야나이하라 교수는 총장은 할 수 없으나 평교수로 강의하겠다고 약속하고 개교하는 날 출근했다. 그런데 맥아더 사령관은 그를 그날 총장으로 임명했다. 그는 훌륭한 그리스도인이었고, 교수와 총장으로 재직하는 동안에도 동경대학 학생들에게 성서를 강의했다.

변선환 교수는 바로 야나이하라 교수 같은 소신 있는 그리스도의 제자였다.

이제 우리에게 남아 있는 과제는 변 교수의 감리교 목사 복권이다. 그리고 한국 감리교회 교리와 신학을 재정립하는 일이다. 한국기독교장로회 신학자들은 민중신학을 한국기독교장로회의 신학으로 받아들였다. 우리가 해야 할 일은 한국 감리교회의 자랑인 〈교리적 선언〉을 신도들이 이해할 수 있는 쉬운 말로 풀이해서 책으로 출판하는 일이다. 이것이 변선환 교수가 원하는 신학과 신앙의 일치일 것이다.

믿음의 신화적인 스승, 변선환을 기리며

정희수
미국연합감리교회(UMC) 감독

　부끄러운 역사를 회자하는 일은 우리 마음에 무거운 짐이 됩니다. 진리와 부정이 전도된 공적인 사건은 시간이 갈수록 원죄처럼 부끄러운 민낯으로 기억되고 비판적인 자성을 하게 합니다.

　바로 교권과 진리 수호라는 이름으로 감리교회에서 진행된 종교 재판은 부끄러운 역사였고, 아름다운 양심과 신학적인 열정을 사대문 밖 십자가 위에 세우고 공교회의 도리를 잃어버린 안타까운 사건이었습니다.

　우리의 교사였던 변선환 선생님은 한국 교회사에서 세기적으로 쉽게 뵐 수 있는 분이 아니셨습니다. 신학 강단과 신학 교육에 환한 빛을 가져오셨던 올꾼이 선생님, 변선환을 세계 교회는 지성과 영성의 광맥으로 회고하고, 그 어른의 학문과 신앙을 그리워하고 있습니다.

　믿음이 큰 어른이었습니다. 신학적인 비전과 세계 종교계에 던진 믿음의 고백과 삶의 실존은 여전히 그리스도 예수를 따르는 사람들의 가슴에 멈추지 않는 파도를 일으키고 계십니다. 신학을 얇은 지성으로, 서구 전통 기독교 식민주의로 앵무새처럼 전하는 일을 거부하고, 신학적인 진리를 한국의 토양과 종교적 심성을 통해 고백하신 한국교회 예언자이셨습니다.

제자 사랑의 큰 산이셨던 어른을 우리 생에 모시고 산 것만으로도 우린 감사와 은혜의 덕을 누리었고, 뜨거운 열정의 가르침을 받은 시간들이 영원의 문을 열어 주셨기에 믿음의 신화적인 스승으로 늘 그리워하게 됩니다.

다시 뜻을 모아서 그릇된 수치의 역사적 사건을 되돌아보고, 반추하는 일을 한국교회와 신학을 사랑하는 후학들을 통해서 공론의 장으로 여니, 수고하신 모든 분에게 감사드리고, 더 선한 길로, 더 포용과 환대의 길로, 신학적인 광맥을 더욱 깊이 파내는 신학계와 한국교회가 되도록 인도하여 주시길 자비하신 주님께 기도드립니다.

그때, 길들여진 통속과 교권이 세속의 영예와 교회 부흥의 이름을 치켜들며 안타깝게도 진리의 교사를 종교재판의 이름으로 심판하였으나, 그것이 한국교회 목줄에 걸린 생선 가시처럼 아직 우리 목에 걸려서 생명과 복음의 순구한 책임을 다해야 하는 교회를 여전히 속박하고 또 옥죄고 있습니다.

수천 년 교회사 속에서 이단 정죄라는 이름으로 기록된 저주, 화형, 종교재판, 마녀사냥, 식민주의, 반문화적 편견과 종교 제국주의는 오늘 공교회 속에서 거부되어야 합니다.

미래를 위해 열린 교회가 되지 못하면 우린 과거사의 부정을 작게 혹은 크게 현재에서 답습하는 오류를 범하고, 이사야의 담론이 지적한 바리새인의 모습, "저희 눈을 멀게 하시고 저희 마음을 완고하게 하셨으니 이는 저희로 하여금 눈으로 보고 마음으로 깨닫고 돌이켜 내게 고침을 받지 못하게 하려 함이니라…"(요 12:39-40)가 되게 합니다. 그 길을 혼돈과 무지 속에서 반복할 수 있습니다. 진리는 분명 열린 담론이라고 믿습니다.

뒤돌아보기조차 싫은 현대판 종교재판이 벌써 30년 전의 일이 되었습니다. 사실 이것은 잊고 싶은 종교 권력의 편견과 독선이었습니다. 복음 수호의 근본주의는 우주 속에 역사하시는 성령의 광대한 빛에 허물어져야 하고, 이제 화해와 평화의 빛으로 오신 그리스도 예수의 복음이 만방에 아름다운 꽃을 피워야 합니다.

썩는 밀알로 제자의 삶을 사신 우리의 스승 변선환 선생님, 예언자적인 신앙과 넓은 가슴의 신학적인 열정으로 지금도 우리를 보우하시는 선생님의 영에 지극한 마음으로 감사드립니다.

잊히지 않는 여숙(旅宿)
— 거인 변선환 스승님을 기리며

고진하

시인

머나먼 나라 호텔의 작은 테이블 위에

영어로 된 성경과

바가바드 기타가

자매처럼 다정히 놓여 있었네

아주 오래 묵은 책 속에 계신 당신

언어도 얼굴빛도 다르지만

당신을 흠모해 온 나를

오늘은 마중하고 내일은 배웅해 주실

그 성스런 이름을 그날 입에 담지 않았네

겨우 하룻밤 머무는
나그네 머리맡에서
우린 하나도 아니지만 둘도 아니야 라고
다정히 속삭이는 당신께
나마스떼!
인사하는 것도 잊고 꿈나라에 들었지

꿈속에서 무슨 고백이나
참회를 한 것 같지도 않지만
잠에서 깨어난 새벽
호텔 창으로 걸어 들어오는 히말라야를 보며
동서양의 종교를 아우르신 거인 스승이 생각났어
순간, 이상한 힘이 느껴졌어

머나먼 나라 호텔의 작은 테이블 위에
나란히 놓여 있던 경전 때문에
무슨 대단한 일이 있었다고 하는 건 아니지만
느닷없이 거인 스승을 만난
그날의 여숙이 지금도 잊히지 않는다는 거야

책을 펴내며

이정배
현장아카데미 원장

1992년도 10월 우리는 과거 기독교 기록 속에서나 읽었던 광적인 종교재판의 현장을 목격했다. 예배당에는 동원된 수천 명의 교인들이 그를 "죽여라" 소리쳤고, 강대상 위에는 검은 옷 입은 종교재판관(목사)들이 힘껏 위세를 부리고 있었다. 예배당 밖에서는 수많은 학생이 건장한 사내들에게 얻어터지면서도 스승을 "살려라"고 울부짖었다. 심문을 받는 중에도 선생은 동시대 신학자들 책 십여 권을 펼치며 본인 생각이 틀리지 않음을 항변했다. 끝까지 그는 학자로서, 스승의 품위를 잃지 않고 빌라도 법정에 섰던 예수처럼 자신의 하느님 사랑이 그들보다 작지 않았음을 온몸으로 증거했다.

당시 우리는 그 모습을 보며 종교개혁자 루터를 생각했다. 천 년의 중세기와 단절하는 일이 참으로 고독했고 지난했을 것이다. 기독교 '이후 시대'의 기독교를 생각했던 선생의 외로움 역시 이에 못지않았을 듯싶다. 본문에서 한 집필자가 말했듯이 선생의 당시 주장은 기독교의 내일이었던 까닭이다.

찬란한 여름을 아는 매미는 하루밖에 모르는 하루살이에게 조롱

받을 수밖에 없었다. 역사 속 선각자들의 운명이 모두 그러했을 것이다.

그날로부터 30년이 훌쩍 지났다. 선생은 떠났으나 제자들은 그의 정신을 지켰고, 그의 신학을 나름 펼쳐내고자 애썼다. 아카이브를 만들어 손때 묻은 그분 책을 전시했고, 5년마다 추모 글을 엮었으며, 설교집을 펴냈고 전집을 출판했다. 얼마 전까지 매해 8월 첫 주 월요일이 되면 유족들과 함께 용인 산소를 찾곤 했다. 참배 후 생전 좋아하시던 우래옥 냉면 한 그릇 먹는 일도 수년간 계속되었다. 그간 아카이브 소장직을 맡아 수고한 제자들이 여럿이다. 한때는 매주 세미나도 할 만큼 성황을 이뤘지만 이제 그의 제자들 상당수 역시 현직에서 물러난 상태이기에 예전만큼 응집력과 집중도가 떨어져 아쉬움이 크다. 세월 탓으로 여기며 안타까운 마음을 접는다.

종교재판 30년을 맞으며 은퇴한 제자들이 다시 마음을 모았다. 2022년 10월 30일, 종교개혁의 날에 프레스센터에서 당시를 회고하고 한 걸음 더 내딛기 위한 뜻깊은 행사를 개최했다. 훌륭하게 성장한 예닐곱 제자들이 각기 그 역할을 잘 감당했다. 이를 감리교 원로 학자들이 격려했고, UMC 현직 감독이 축하했으며, 한 사상가는 그의 토착화론을 민중신학과 견줘 살폈고 고인의 신원을 촉구했다. 하여 우리는 이때 자료를 기초로 30년 전 종교재판을 다시 평가해야만 했다. 종교재판관들 역시 고인이 된 시점에서 당시 법정을 다시 재판할 시점이 되었다고 판단한 것이다. 이에 감리교 내부에서뿐 아니라 교단 밖 신학자들의 글도 받았고, 이웃 종교인들 생각도 필요했으며, 교계 안팎의 목회자들 의견도 청취해야만 했다. 30년 교수 생활을 하며 쌓은 인연 덕분으로 책에 실을 글들이 아주 쉽게 모아졌다. 어느 글 하나 주저하며 쓴 글이 없다. 지면을 줄여 달라 부탁했을 만큼 할 말을 가득 채워 준 것에 고마움을 표한다.

출판사와 의논하며 책 제목을 『그때도, 지금도 그가 옳다 — 일아 一雅 변선환 학장 종교재판 30년 역사를 회고하며』로 정했다. 더러 생각이 다른 분도 있었지만 글들 대다수가 위 제목으로 수렴되었다. 당시 종교재판에 항변하는 뜻을 강하게 표출한 것이다. 선생의 신학을 옹호하기 위해서지만 향후 그의 생각이 더욱 발전되길 바라는 마음도 곳곳에 담겨 있다. 학장직을 수행하며 교단 정치에 시달렸고, 종교재판 후유증으로 일찍 세상을 떠났기에 그분 신학은 미정고(未定稿)로 남아 있다. 채우지 못한 원고지처럼 남겨진 빈 공백을 누군가는 채워서 메꿔야만 할 것이다. 그 점을 인식, 옳게 적시한 글들 여러 편이 있어 책을 빛나게 해주었다. 필자 역시 '토착화'를 넘어 '개벽'이란 화두를 갖고 선생의 생각을 확장시킬 계획도 품게 되었으니 고마울 뿐이다. 책을 편집하는 과정에서 글을 줄여 달라 부탁했으며, 책의 일관성 유지를 위해 간혹 각주를 생략했고, 소제목을 없앤 것도 무례한 일이었다. 집필자들께 깊이 사과하며 용서를 구한다.

이제 선생의 탄생 100주년의 해가 눈앞에 있다. 도올 선생은 글을 쓰는 중에 선생의 평전이 아직 나오지 않았는가를 누차 물었다. 선생의 신학 사상을 담은 논문집 몇 권은 출판했으나 평전은 실상 엄두를 내지 못하고 있었다. 탄생 100년을 앞둔 시점에서 더 이상 미룰 수 없다고 판단하여 이 책을 엮은 이들과 함께 계획을 세웠다. 향후 3년 이내에 선생의 삶과 사상 그리고 그의 제자들 이야기를 엮은 평전이 세상에 나올 것을 기대한다. 일천 페이지에 달하는 종교재판 백서도 올해 안에 선보일 수 있을 것 같다. 감리교 역사학자들의 도움을 받아 자료화해놓은 상태이다. 종교재판의 신학적 배경, 당시의 교계 상황, 이후 찬반 논란 그리고 선생의 사려 깊은 소명 자료 등을 가감 없이 모았다. 신학적 자유주의 전통을 지닌 감리교단에서 시대착오적 종교재판이 재현되지 않기를 바라서이다. 우리는 선생의 신원 회복이 쉬울 것이라 생각하지 않는다. 하지만 감리교회가 그의 묘소에 무릎 꿇을 날이 있을 것이라 확신한다. 이 지면을 빌어 신원 회복을 언급하는 이유는 단지 원상회복이 아니라 그를 딛고 앞으로 나아가기 위한 방편임을 밝힌다. 살아생전 선생은 자신을 다리 삼아 후학들이 앞으로 거듭 나아갈 것을 역설하셨다. 자신을 험한 세상을 건너갈 다리로 여긴 것이다.

지난 30년 동안 큰 고통을 감내하신 부인 신옥희 교수님과 선생님의 자제들을 생각하면 많이 송구하다. 제자들 활동을 위해 큰 버팀목이 되어 주셨다. 이 책이 작은 위로가 되기를 바랄 뿐이다. 선배 교수들 은퇴 후 아카이브 소장을 맡아 수고해준 김정숙 교수에게도 감사의 마음을 전한다. 도서출판 동연 김영호 장로님은 언제든 책 출판을 통해 우리 뜻을 지지해 주셨다. 그간 선생에 관한 몇 권의 책이 이곳에서 출판되었다. 글을 주신 여러 선생님께 감사드리며 엮은이들을 대신하여 이 글을 쓰는 바, 이 책이 후학들의 사랑을 많이 받는 책이 되었으면 좋겠다.

2023년 5월 스승의 날에
부암동 현장아카데미에서
엮은이들을 대표하여 이정배 삼가 모심

종교재판 30년, 교회 권력에 묻는다

김정숙
감리교신학대학교 교수

1992년 5월 감리교 서울연회의 종교재판위원회가 감리교 목사이자 감리교신학대학교의 학장이셨던 변선환 교수님과 홍정수 교수님을 교단과 학교에서 출교시킨 이후 30년의 세월이 흘렀습니다. 종교재판이란 그저 중세 유럽에서 절대적인 권력으로 군림하던 교회가 저지른 부끄러운 기독교 역사의 유물로만 알고 있었던 당시의 감리교신학대학교 학생들은 중세도, 구한말 선교 초기도 아닌 20세기 기독교대한감리교에서 일어난 초유의 종교재판 사태로 존경하는 학자이자 스승님을 잃었습니다.

종교재판이 있은 지 30년, 그동안 심판자의 자리에 앉았던 감리교 목사님들 그리고 피고석의 자리에 앉아야만 했던 변선환 교수님, 종교재판에 관련된 대부분 사람이 이제 세상을 떠나시고 안 계시지만, 저희 마음에는 여전히 아물지 않은 상처와 해소되지 않은 문제로 남아 있습니다. 충분한 신학적 토론이나 이해하고 납득할 수 있는 신학적 논리도 없이 마녀사냥처럼 몰아친 당시 교권의 종교재판은 그저 역사의 한 페이지로 덮고 지나칠 수 없는 수많은 문제를 끊임없이 상기시킵니다.

선생님의 출교를 그저 지켜봐야 했던 그때의 학생들은 우리 선생님을 지키지 못했다는 죄책감, 감리교가 배출한 진정한 웨슬리의 후예, 그래서 감신의 자부심인 한 분의 훌륭한 신학자를 교권에 의해 잃어버렸다는 상실감과 패배감이 지난 30년의 시간을 지배하고 있었다고 고백합니다. '변선환', 그 이름은 전국 각지에서 그리고 해외에서 주의 사역을 하는 그때의 학생들, 이제는 그때의 선생님 나이가 되어버린 지금의 제자들 가슴에 여전히 자랑스러운 선생님, 그리운 선생님, 죄스럽기만 한 스승님으로 살아 있습니다. 그 누구보다도 제자들을 사랑하셨고 수많은 제자를 길러내신 존경하고 사랑하는 선생님, 그 어떤 학자보다 학문에 진심이셨고 신학을 사랑하셨던, 그래서 지금도 우리를 뜨거운 열정으로 가득한 그때의 신학 수업 시간으로 소환시키시는 선생님, 바로 그 모습들이 변선환의 이름 앞에 묘사되는 진정한 선생님의 모습입니다. 저는 감리교신학대학교에서 변선환 선생님께 조직신학, 감리교신학을 배워 조직신학을 사랑하게 되었으며, 그래서 조직신학자가 된 존경하는 변선환 선생님의 제자입니다.

감리교회를 누구보다 사랑하셨고 뜨거운 열정으로 그리스도의 복음을 선포하셨던 선생님, 자신의 종교에 신실하고 성숙한 그리스도인만이 다른 종교도 존중할 수 있다고 몸소 보여주시고 가르쳐주셨던 성숙한 감리교 목사님, 우리가 직접 보고 배우고 느낀 변선환 교수님의 참된 모습을 이 자리를 통해 이 글을 통해 증언하고자 합니다.

종교재판이 있은 지 30년이 지난 지금, 늦었지만 이 지면을 통해 가슴 속에 묻어둔 질문들, 해소되지 않은 문제들을 함께 묻고 나누며 대답도 찾아보고자 합니다. 1992년 5월 감리교 종교재판이라는 부끄러운 역사는 왜 일어났는지 그리고 어떻게 진행되었는지 그래서 무엇을 얻었으며 무엇을 잃었는지, 종교재판 그 이후 감리교단과 기독교 그리고 신학교를 넘어 대한민국 사회에 미친 영향력은 어떠했는지 묻고자 합니다. 그리고 비록 30년이 지났지만, 지금이라도 '변선환' 이름에 덧씌워진 오도된 사실을 바로잡기를 원합니다. 이는 '변선환'의 이름은 단지 교권에 의해 억울하게 희생당한 과거의 한 인물에 국한되는 것이 아니라 현재도 미래도 계속되는 종교 권력의 모습은 어떠한지를 보여주는 하나의 모형이 되기 때문이며, 인류를 위한 성숙한 기독교의 모습은 어떠해야 하는지 그 상징이 되기 때문입니다.

차례

1부

30년 전 종교재판에 항소한다

하늘나라
— 나의 생각은 너의 생각과 다르다

민영진
전 대한성서공회 총무

변선환 교수 종교재판이 어느덧 30주년을 맞았습니다. 제가 1971년에 감리교신학대학교 전임강사가 되고, 조교수, 부교수, 정교수가 되기까지, 그러다가 대한성서공회의 성경전서 표준새번역(1993) 마무리를 위해 대학을 떠난 1987년 12월까지, 17년을 변선환 교수와 같은 대학의 교수로 있었습니다.

변선환 교수의 종교재판 30년을 생각하다가 문득, 예수께서 말씀하신 두 비유 "하늘나라는 겨자씨와 같다"(마 13:31-33)는 이야기와 "하늘나라는 자기 밭에다 좋은 씨를 뿌리는 사람과 같다"(마 13:24-30)는 이야기가 떠올랐습니다. 그리고 가톨릭에서 오랜 역사를 가진 종교재판이 많은 이단을 만들어낸 것도 생각났습니다. 그러고 보니, 예수께서는 전혀 이단을 만들지 않으셨습니다. 오히려 예수께서는 당신을 따르는 이들이 이단 집단으로 몰리는 혐오와 폭력의 한가운데에 서 계시기도 했다는 것에 생각이 미치기도 했습니다.

'예수의 도(道)', '그리스도의 도(道)' 혹은 '기독교'가 이단으로 몰린 경우를 우리는 신약에서 볼 수 있습니다. 유대교 대제사장 아나니아의 변호사 더둘로는 벨릭스 총독에게 바울을 고발하면서 바울이 '나사렛 이단의 괴수'(행 24:5. 개역), '나사렛 이단의 우두머리'(행 24:5. 개정), '나사렛 사람들로 구성된 이단 집단의 주동자'(행 24:5. KJV)라고 고발합니다. 여기에서 '나사렛 이단'이란 '예수를 따르는 사람들로 구성된 이단'이란 말입니다.

고발자가 이렇게 고소하니까, 총독 벨릭스가 바울에게 반론을 펼칠 소명(疏明)의 기회를 줍니다. 그러자 바울은 자기를 고발한 자들이 '이단'(하이레시스)이라고 하는 그 '도'(道)를 따르는 것은 사실이지만, 자기가 믿는 하나님이 고발자들이 믿는 바로 그 하나님이고, 자기가 읽는 성경이 바로 고발자들이 읽는 것과 같은 성경이고, 따라서 자기는 자기를 고발한 사람들이 "이단이라고 하는 그 '도'(道)를 따라 우리 조상의 하나님을 섬기고, 율법과 예언서에 기록되어 있는 모든 것을 믿는다"(행 24:14. 새번역)고 고백합니다. 여기에서 말하는 '그 도(道)'는 예수의 도, 곧 기독교를 말하는 것입니다.

하나님께서는 예언자 이사야의 입을 통해 당신의 생각[혹은 계획]이 사람의 생각[혹은 계획]과 같지 않다고 말씀하신 적도 있습니다. "'나의 생각은 너희의 생각과 다르며, 너희의 길은 나의 길과 다르다.' 주님께서 하신 말씀이다"(사 55:8). 종교재판의 역사를 회고할 때마다 떠오르는 본문 말씀입니다.

초림(初臨)에서도 그리고 예상되는 재림(再臨)에서도 그러할 것으로 짐작되는 것이 있습니다. 예수께서는 하나님의 선민이라고 하는 이스라엘 백성, 특히 종교 지도자들이라는 유대교 당국자들에게서 믿음이라는 것을 볼 수 없었던 것을 말씀하신 적이 있습니다. 오히려 이방인(異邦人)에게서, 이스라엘에게서는 보지 못한 '큰 믿음', '많은 믿음', '도타운 믿음'을 보시고서 놀라시는 예수를 우리는 복음서에서 만납니다.

> 예수께서 가버나움에 들어가시니, [로마의] 한 백부장이 다가와서, 그에게 간청하여 말하였다. "주님, 내 종이 중풍으로 집에 누워서 몹시 피로워하고 있습니다." 예수께서 그에게 말씀하셨다. "내가 가서 고쳐 주마." 백부장이 대답하였다. "주님, 나는 주님을 내 집으로 모셔들일 만한 자격이 없습니다. 그저 한마디 말씀만 해주십시오. 그러면 내 종이 나을 것입니다. 나도 상관을 모시는 사람이고, 내 밑에도 병사들이 있어서, 내가 이 사람더러 가라고 하면 가고, 저 사람더러 오라고 하면 옵니다. 또 내 종더러 이것을 하라고 하면 합니다." 예수께서 이 말을 들으시고, 놀랍게 여기셔서, 따라오는 사람들에게 말씀하셨다. "내가 진정으로 너희에게 말한다. 나는 지금까지 이스라엘 사람 가운데서 아무에게서도 이런 믿음을 본 일이 없다"(마 8:5-10).

> [번역에 따라서는 "이렇게 큰 믿음", "이렇게 도타운 믿음"("so great faith" KJV, ASV; "such great faith" NIV; "this much faith!" CEV) 등으로 번역하기도 합니다.]

또 예수께서는 재림 때, 당신께서 다시 오실 때, 당신이 세상에서 '믿음'(faith)을 혹은 '믿음 가진 사람'('anyone with faith'. CEV)을 만나볼 수 있겠느냐며, 믿는다고 하는 사람들의 그 믿음을 신뢰할 수 없는 당신의 심정을 토로하기도 하셨습니다. "인자(人子)가 올 때, 세상에서 믿음을 찾아 볼 수 있겠느냐?"(눅 18:8b. 새번역). 당신께서 오셔서 '믿음'을 혹은 '믿음 가진 사람'을 보시지는 못하셔도 이단 심문관들과 그들이 감별해 낸 이단은 많이 보실 것 같습니다. 그가 다시 오실 때를 대비해서라도 우리끼리는 제발 서로 다른 점 부풀려 나뉘지 말고, 겨자씨 한 알 만한 믿음이라도 있으면, 서로 소중히 여겨, 그 씨가, 새들이 깃들이는 나무로 자라게 하는 것, 이것이 성숙한 믿음일 것 같습니다. 누가 이단이면 한두 번 타이르고 그래도 듣지 않으면 멀리하라는 것이 사도의 권면입니다(딛 3:10). 혐오를 선동하는 것이 믿음일 수 없지요. 폭력을 경쟁하는 것이 거룩함에 이르는 길일 수도 없지요.

> 하늘나라는 겨자씨와 같다. 어떤 사람이 그것을 가져다가, 자기 밭에 심었다. 겨자씨는 어떤 씨보다 더 작은 것이지만, 자라면 어떤 풀보다 더 커져서 나무가 된다. 그리하여 공중의 새들이 와서, 그 가지에 깃들인다(마 13:31b-32. 새번역).

교회 혹은 성도를 이단에서 보호한다는 구실로 교회가 종교재판을 열고 이단 감별사들이 이단을 솎아낸다는 것은 밀과 가라지 비유가 가르치는 교훈과도 배치됩니다. 종들은 밀밭에서 가라지를 뽑아

내자고 했지만, 주인은 생각이 종들과 같지 않았습니다.

아니다. 가라지를 뽑다가, 가라지와 함께 밀까지 뽑으면, 어떻게 하겠느냐? 추수 때까지 둘 다 함께 자라도록 내버려 두어라. 추수할 때, 내가 추수꾼에게, 먼저 가라지를 뽑아 단으로 묶어서 불태워 버리고, 밀은 내 곳간에 거두어들이라고 하겠다(마 13:29b-30. 새번역).

하늘나라가 그렇게 오니까요, 가라지 걸러내는 건 추수 때까지 기다렸다가 할 일이니까요, 바울의 관심은 누가 정통이고 누가 이단인가를 구분하는 데 있지 않았습니다. 이단에 속한 사람은 한두 번 훈계한 후에, 그래도 듣지 않으면, 멀리하라는 처방을 내린 바 있습니다(딛 3:10. 개정).

졸시, 산문시 한 편 낭독합니다.

하늘나라

예수는 하늘나라가 겨자씨와 같다 하였다
예수는 이단으로 처형을 받으면서도 누구를 이단으로 단죄한 일이 없다
선택받은 이스라엘 백성에게서 믿음을 못 본 초림(初臨) 예수, 오히려 이방인에게서 이스라엘 사람에게서 못 본 믿음을 보고서 놀란 예수, 예상되는 재림(再臨)에서도, 인자(人子)가 다시 올 때 세상에서 믿는 자를 만나볼 수 있겠느냐며 미래의 신자가 지닌 믿음마저 지레 신뢰하지 못하는 예수, 누가 정통이고 누가 이단인가 이단이면 한두 번 타이르고 그래

도 듣지 않으면 멀리하라는 것이 사도의 권면이다

혐오를 선동하는 것이 믿음 아니다

폭력을 경쟁하는 것이 거룩함 아니다

서로 다른 점 부풀려 갈라지지 말고 겨자씨 한 알 만한 믿음이라도 서로

소중히 여겨 그 씨 새들 깃들이는 나무로 자라게 할 일이다

하늘나라가 그렇게 오니까 가라지 갈라내는 건 추수 때까지 기다렸다가

할 일이라니까

도올, 변선환을 말한다

도올 김용옥
철학자

1991년 11월 22일자 「TV저널」이라는 연예잡지 표지에 김완선이라는 가수가 매혹적인 포즈를 취한 모습이 실려있고, 그 한 귀퉁이에는 내 사진과 함께 "김용옥 칼럼 — 구원은 어디에 있나?"라는 표제가 실려있다. 지금은 김훈(金薰) 하면 지고의 소설가로서 존경받는 인물이 되어 있지만 그 당시는 한국일보 기자 생활을 청산한 후 「TV저널」의 편집부장으로 활동하고 있었다. 나에게 사정사정 애걸하여 "도올유예"(檮杌遊藝)라는 두 페이지짜리 고정 칼럼을 써달라고 하여 나는 그의 청탁을 받아들였다. 그 네 번째 칼럼이 "배타(排他)는 하나님의 적(敵)"이라는 제하에 쓴 글이다. 여기 그 전문을 옮길 수는 없겠으나, 역사적인 의미가 있는 글이므로 간략히 인용하고자 한다.

"이분에게 힘입지 않고는 아무도 구원받을 수 없습니다. 천하 사람에게 주신 이름 가운데 우리를 구원할 수 있는 이름은 이 이름밖에는 없습니다."

이것은 사도행전 4장 12절의 말씀이다. 과연 우리를 구원할 수 있는 주체가 예수 하나뿐일까?

구약적 세계관이든 신약적 세계관이든 서양의 종교 전통이 말하는 하나님에게는 서로 공존키 어려운 두 모습이 겹쳐 있다. 그리고 그것은 끈질기게 교회사를 괴롭혀 왔다. 하나는 배타적인 질투의 하나님이요, 또 하나는 포용적인 사랑의 하나님이다. 전자는 구약의 하나님이요, 후자는 신약의 하나님이라고 말하지만 예수의 하나님도 구약적 하나님으로 해석되어 모든 그리스도론을 장악했다. 우리 인간의 일상적 정리를 보아도 질투(배타)와 사랑(포용)은 동일한 감정의 두 모습인 것 같다. 남녀의 사랑도 시시각각 무서운 질투로 변한다. 가장 본질적인 문제는 과연 인간을 '구원' 받아야 할 존재로 설정해야만 하느냐는 주제와 걸리고 있다. 구원이란 무엇인가? 무엇을 위해, 어떠한 경지에 도달하기 위해 구원을 한다는 것이냐? 교회만 나가면 구원이냐?

라오쯔(老子)는 아예 신, 즉 궁극자가 궁극자가 되기 위해서는 사랑을 하면 안 된다(天地不仁)고 갈파했다. 사랑한다는 것은 만들어 주고 베풂이 있고 은혜가 있고 함이 있게 된다는 것이다(仁者, 必造立施化, 有恩有爲). 만들어 주고 베풂이 있으면 만물이 그 본래 모습을 잃어버릴 것이요, 은혜가 있고 함이 있으면 선택함이 있게 되어 만물이 다 같이 구원을 얻을 수 없다는 것이다(造立施化, 則物失其眞; 有恩有爲, 則物不具存). 마치 구약의 역사를 잘 말해주고 있는 듯이 보인다.

그러기 때문에 궁극자는 스스로 그러할 수밖에 없는 것이요, 따라서 만물은 스스로 서로 질서 지어질 수밖에 없는 것이라고 했다(天地任自然, 萬物自相治理). 이러한 라오쯔의 생각에는 '구원'이라는 문제가 근원적으로 성립하지 않는다. 라오쯔의 생각은 동아시아 문명 전체의 기저이다. 이와 비슷한 생각을 지닌 불교는 인간의 궁극적 조건인 신성, 즉 불성에 도달하기 위해서는 사랑을 멸절시켜야 한다고 생각했다. 사랑은 애착을 낳을 뿐이기 때문이다. 이것이 바로 불교가 말하는 멸집(滅執)이며, 멸집이야말로 해탈, 진정한 자유의 조건인 것이다.

최근 감리교단 특별총회에서 감리교 신학의 원로이며 한국 기독교의 리버럴한 전통의 존경받는 기수이며 탁월한 학자인 변선환 학장 그리고 예수의 부활을 육체적으로 해석할 수 없다고 주장하는 홍정수 교수의 교수 및 목사 자격 박탈 건의를 가결한 것은, 1885년 부활절인 4월 5일, 아펜젤러가 인천항에 첫발을 디딘 이래 처음 있는 일이며, 또 기독교 내·외를 막론하고 한국 사회의 보수화에 대하여 경종을 울리게 하는 심히 유감스러운 사태이다.

감리교는 웨슬리(John Wesley, 1703~1791)가 중심이 된 옥스퍼드대학 학생운동으로서 시작되었으며, 성령의 힘에 의하여 신앙인의 개인적 삶에 근원적 변화가 일어나게 만드는 다양한 방법을 제창하면서 일어난 영적인 부흥운동이었다. 이들은 성령주의를 표방하기는 했지만 산업혁명 초기로부터 발생한 노동자들을 대상으로 하는 광장의 설교(open-air preaching) 운동을 대대적으로 전개하는 등 다양한 사회운동에 앞장섰다. 그리고 그 주체세력이 매우 엘리트 그룹이었기 때문에 상당히 리버럴한 신학 전통을 성령주의와 동시에 성립시켰다.

성령이란 본시 조직이나 형식, 이론이 고착되었을 때 그를 파괴하는 신선한 래디컬리즘으로 등장한다. 성령 그 자체가 보수적인 것은 아니다. 아펜젤러 사후 한국인으로서는 최초로 정동교회 담임목사가 된 최병헌(崔炳憲, 1858~1927. 1902년 담임목사가 되어 12년 재직)은 훌륭한 유학자였으며 끝내 유학자이기를 버리지 않았다. 서양지천(西洋之天)과 동양지천(東洋之天)이 결국 같은 하나님(天)이라고 생각했으며, 동양지천에는 죄를 용서하시고 사랑하시는 인격성이 좀 부족할 뿐이지만, 공자가 말하는 모든 세속 윤리는 기독교인의 신앙체계, 즉 삶의 체계로서 받아들여야 한다고 생각했다. 그는 편협한 배타주의 입장을 취하기보다는 각 종교의 역사와 교리를 객관적으로 이해하려는 노력을 기울였다…

변선환 선생이 주장하는바, 기독교(교회) 밖에도 하나님의 사람이 있고 구원이 있다는 것은, 지금 새삼스럽게 거론된 바도 아니요, 또 이설을 세우기 좋아해서 외쳐대는 말도 아니다. 그것은 이미 다원화된 한국 종교 사회의 현실을 직시하는 정확한 메시지이며, 1951년 위팅겐회의가 교회중심주의, 배타주의, 개종주의 선교를 표방하는 제국주의, 즉 서구 식민지주의에서 벗어나야 한다는 것을 선언한 이래 꾸준히 진행되어 온 국제 기독교 사회의 상식을 반영하는 것이다. 1968년 WCC는 다이얼로그 가이드라인을 발표했으며 가톨릭에서도 제2차 바티칸공의회(Second Vatican Council, 1962~1965)는 맑시스트·무신론자를 포함하여 선의를 가진 다른 종교인도 구원받을 수 있다는 것을 선언했다. 1990년 6월, 취리히 옆의 소도시에서 신학자들이 모여 선언한 바아르 스테이트먼트(Baar Statement)는 포괄주의를 지양하고 다원주의로 그 패러다임을 이전시켰다. … 이제 인류의 종교사는 교회 중심 선교에서 하나님 중심 선교(Missio Dei)로 그 패러다임을 전환해야 한다는 것이다. … 하나님이 이 세계를 창조한다면 이 세계 또한 하나님을 창조한다. 하나님이 완전하고 이 세계가 불완전하다면, 이 세계 또한 완전하고 하나님이 불완전하다. 모든 창조와 완전은 과정일 뿐이며 완결된 것일 수 없기 때문이다. 기독교의 역사도 완결된 것일 수 없다. 보수 진영이든 진보 진영이든 그 존속 이유가 있는 것이라면, 그 양자의 과정은 오로지 공존과 대화의 변증법 속에서 하나님의 평화를 실현해 나가야 한다. 여기에 '세속의 힘'을 빙자하여 같은 하나님의 사도에게 파문이라는 인위적 폭력의 죄악을 부과하려 한다면 그들이야말로 광주사태를 일으킨 5공 세력보다 더 무서운 우리 사회의 암적 존재들이다. 이러한 폭력을 우리는 묵과해서는 안 된다. 변선환 목사와 같은 우리 교계의 양심과 양식이 그 날카로운 목소리를 오늘날까지 유지할 수 있었던 것은 바로 그를 지지하는 젊은 학도들 그리고 그의 트인 생각과 인간됨을 존중하는 우리 사회의 모든 휴머니스트들의 보이지 않는 강력한 유대감과 사랑이 엄존하기 때문이다. 이러한 진실에 도전하는 모든 죄악은 결국 그 자체의 논리에 의해 괴멸될 것이다. 배타는 하나님의 적이요 선교의 거부다!

이 글을 몇 사람이 읽었는지는 모르지만, 감리교회 교단 특별총회에서 변선환 선생님의 목사직을 박탈한 것이 1991년 10월 31일의 사건이므로, 그 사건이 있은 지 불과 열흘 만에 나온 이 글은 공적인 사회적 매체를 통하여 일반에게 공개된 글로서는 아마도 최초의 글일 가능성이 높다.

대중매체의 잡지 글이라는 것이 매우 촉박한 시간 내에 완성되어야 하므로 충분한 정보수집과 검토와 숙고의 여백이 모자라는 가운데 쓰기는 했지만, 그래도 전면 두 페이지라는 문자 공간을 확보하여 사태의 전체적인 의미를 대중에게 전달하는 데는 과히 부족함이 없었다고 확신한다. 무엇보다도 당시 이런 글이 즉각적으로 사회평론으로 나갈 수 있었던 것은 김훈이라는 탁월한 식견을 지닌 편집부장이 잡지를 장악하고 있었고, 또 김훈 부장은 나에게 내 칼럼 공간에 대한 전권을 부여해 주었고, 일절 간섭하지 않았기 때문에 가능한 일이었다. 나는 이 글에 대해서 무한한 자부심을 가졌다. 내가 평소 존경하는 사상가에게 부과된 터무니없는 정죄의 죄악에 대해 소신껏 항변할 수 있었다는 것이 자랑스러웠다. 때는 노태우 정권 시절이었으니 긴 겨울이 지나고 봄이 찾아오고 있다는 조짐을 조금이나마 느끼기 시작할 때였다. 그러나 감리교단의 행동은 몰상식의 극한으로 치닫고 있었다. 나는 그때만 해도 변선환 선생의 주변의 인물을 아무도 알지 못했다. 변선환 문하에서 자라난 이정배와 같은 동량과 개인적 연락이 없었다.

결국 몇 달 후, 1992년 5월 7일, 감리교 서울연회 재판위원회는 다시 종교재판을 열어 변선환의 출교를 결정하였다. 파문이었다! 파문이 그의 학문적 입장이나 정신세계에 어떤 본질적인 파문을 던졌을 리 없지마는 불과 3년 후, 1995년 8월 8일, 그는 홀로 그의 서재에서 원고를 쓰다가 소천하시었다. 그러나 돌이켜 생각해 보면 그의 나이 불과 68세, 지금 나의 처지를 비추어 보아도, 너무 일찍 세상을 뜨셨다는 안타까움이 새삼 분노로 치밀어 오른다. 파문의 충격이 없을 리 없다. 단지 주희(朱熹, 1130~1200)처럼 글을 쓰다가 책상에서 좌탈하셨다는 소식은 한없이 부럽게 느껴진다. 주희는『대학장구』를 매만지고 있었다는데, 우리 선생님은 한국 역사의 미래를 걱정하는 논문을 쓰고 계셨다:

"오늘의 한국은 서구 근대화를 피상적으로 모방하지 말고, 한국 종교 속에 움트고 있었던 적극적인 요소들과 만나면서 참으로 알찬 한국적으로 토착화된 근대화 모델을 만들어 가야 할 것이다."

그의 최후 일언은 역시 신학함의 주체성을 강조하던 대인(大人)의 우환의식의 정면(正面)을 보여주고 있다 할 것이다. 우리 역사는 그가 외치던 "토착화된 근대화 모델"로부터 염치없이 멀어져만 가고 있다.

나의 고전 강독 집회에 열심히 나오시던 감리교 목사님이 한 분 계셨는데 이분은 매우 폭넓은 사고와 깊은 지식과 경건한 신앙을 구유하신 분이었다. 이 목사님은 말년에 변선환 선생님과 가깝게 왕래하셨다. 그 목사님이 전해주는 한 일화는 변 선생님의 속마음을 잘 드러내고 있다. 변선환 하면, 그 인간을 말해주는 가장 특징적인 면모는 유머였다. 말 한마디 한마디가 매우 웃긴다는 것이다. 신학이라는 학문의 껄끄러움을 유머로 매끄럽게 다듬고 넘어가는 것이 그의 인생역정이었을지도 모르겠다.

변선환과 강 목사는 강화도 어느 곳을 지나고 있었다. 강 목사의 목회 장소가 강화도였다. 거대한 감나무 고목 밑에서 쉬어가게 되었는데, 갑자기 감나무 속이 썩어 텅 빈 것을 보자 정색을 하고 몇 발치 떨어져서 나무를 향해 소리를 지르는 것이었다: "나무! 네 이놈! 넌 어찌 목회도 안 해본 놈이 속이 그렇게 썩었느냐?"

참 기발한 유머라 하겠으나 변 선생님의 썩은 속을 보여주는 일화라고도 하겠다. 나는 말한다. 감리교는 지금이라도 늦지 않았으니 다시 특별총회를 열어 변 선생님의 신원을 회복하는 결단을 감행해야 할 것이다. 퇴계와 동시대의 사람으로서 퇴계 학문에 못지않은 독특한 일가를 형성한 남명(南冥) 조식(曺植, 1501~1572)이라는 인물이 있었는데 그의 수제자 래암(來庵) 정인홍(鄭仁弘, 1535~1623)이 인조반정으로 참수당함으로써 남명의 학맥도 다 끝나버렸다. 정인홍의 관작이 회복이 안 되었기에 남명도 잊혔다. 결국 정인홍은 구한말에 이르러서야(1908) 신원되었는데, 하여튼 20세기 말에 이르러서 남명학은 크게 부흥되었다.

정확한 비유는 아니지만, 사상적 성향의 차이 때문에 파문의 결정을 내린다는 것은 감리교교단의 자체의 파멸을 초래할 수도 있다.

감리교 신학의 미래를 생각할 줄 아는 사람이라면 일아(一雅) 변선환의 정위치를 회복시키는 작업을 언젠가는 반드시 실행해야 할 것이다. 지금은 나의 말이 우습게 들릴지도 모르겠으나 언젠가는 나의 말대로 행하게 될 것이다. "복(復)에서 하느님의 마음을 본다"라는 역(易)의 언어를 되씹게 될 것이다.

나는 1982년에 하버드대학에서 학위를 끝낸 후 고려대학교 철학과 교수로 부임하였는데, 그때 안병무 선생님은 내가 동방 고전에 관한 필로로기(Philology, 문헌학)의 탄탄한 기초를 지닌 학자로서 기독교 신학자들과 대화할 수 있는 인물이라는 것을 인지하시고 당신이 발행하는 「신학사상」의 편집위원으로 초대하여 주셨다. 그때 편집위원 중의 한 분이 변선환 선생님이었다. 덕분에 편집회의에서 신학자 선생님 여러분을 만나 대화를 나누고 여러 주제에 관해 토론하는 영광을 누릴 수 있었다. 그리고 그 후에 나는 고려대학을 떠났고, 또 1990년부터 원광대학교 한의과대학 학생이 되었는데, 그 시절에 변선환 선생님은 원광대학교 교학대학에서 종교철학을 강의하셨기 때문에 가끔 열차 칸에서 선생님을 뵈올 수 있었다.

그러나 변 선생님과 학문적 토론을 깊게 할 시간을 가진 기억은 별로 없다. 선생님께서는 동양철학에 폭넓은 관심을 두고 계셨지만, 나와는 관심 분야가 일치하지 않았고 언어의 질감이 좀 달랐다. 선생님의 동방학이라고 하는 것은 신학적 담론 속의 동방학이며, 신학적 개념의 필터를 거친 철리(哲理)의 세계이다. 나는 원칙적으로 철학적 논의를 전개하는 데 있어서 그러한 필터를 전제하지 않는다. 선생님의 언어는 매우 보편적이면서도 화려하다. 거기 비하면 나의 언어는 매우 독특하고 건조하다. 그렇지만 선생님의 언어는 매우 계발적이다.

내가 감히 선생님의 정신세계에 관해 무엇을 이야기할 수 있을까 보냐마는 내가 느낀 인상을 간략히 기술하면 다음과 같다. 안병무의 신학 세계는 매우 구체적인 하나의 텍스트가 있다. 그 텍스트는 성서이며, 성서 중에서도 신약이며, 신약 중에서도 예수의 삶을 담은 복음서이며, 복음서 중에서도 케리그마화되기 이전의 갈릴래아 황토 흙이 배인 "사람 이야기" 같은 것이다. 불트만은 초대교회의 담론이 아닌, 그 이전의 역사적 담론은 복음서에 남아 있지 않다고 본다. 정확히 말하면 그러한 담론에 관해서는 불가지론적인 인식론적 입장을 취한다. 안병무는 그러한 불가지론을 뚫고 갈릴래아 황토 흙 배면을 쑤셔댄다. 그리고 그곳에서 민중을 발견한다. 그곳에서 발견된 민중은 '실체'(Substanz)가 아닌 '사건'(Ereignis)이다. 그러니까 안병무의 민중신학은 복음서를 철저히 분해하고 해체하는 과정에서 도달한 결론이다. 그 해체 방법의 방법론에는 유니크한 안병무의 실존이 자리 잡고 있다. 안병무는 매우 독창적인 사상가이다. 그의 성서는 지구상에 용케 살아남은 희랍어 파편들일 뿐 아니라, 청계천의 전태일의 삶, 북간도 하늬바람의 고난을 홀로 이겨내는 선천댁, 그런 사람들이야말로 바로 진짜 그의 성경이다.

이에 비하면 변선환은 텍스트가 다르다. 변선환의 텍스트는 성서라고 말하기보다는(물론 성서를 텍스트로 하지 않은 신학자는 없다), 신학 그 자체이다. 그가 그의 삶을 통하여 탐구로 삼은 것은 모든 유형의 신학적 디스꾸르(discours)이다. 그는 지구상에 존재한 모든 유형의 신학적 사고, 신학적 체계를 탐구 대상으로 삼았다. 민중신학이 성서를 바라보는 하나의 유니크한 시각, 인간세의 시공을 통하여 제기된 그와 같은 모든 유니크한 시각을 탐구의 대상으로 삼은 것이다. 변선환은 19세기 말부터 20세기가 끝나갈 때까지 활발하게 진행된 모든 신학 담론의 가치를 인정하고, 그 모든 것에 안테나 역할을 했다. '올꾼이'라는 말에 '바보스럽다'는 의미가 전면에 드러난다지만, 그 배면에는 그야말로 열심히 일하고 부지런 떠는 사람이라는 의미도 배어있다 할 것이다. 그러니까 안병무는 철저히 성서 속으로 파고들었지만, 변선환은 신학 담론들 사이로 파고들었다. 즉, 신학 담론을 생산해내고 있는 '세계' 속으로 파고든 것이다. 왜 그랬을까?

한 사상가의 생애에 그 사상 성향을 지배하는 것은 역시 최초로 자기 삶의 지향점을 발견하는 순간의 영감 같은 것이다. 그것은 그 사상가의 현존의 줄기에 매우 지속적인 패러다임을 형성한다. 그 영감의 원천은 그가 18세 때 만난 늙은 백발의 한 목사님이었다. 3.1 독립만세의거 당시 민족 대표 33인 중 한 사람으로, 끝내 6.25전쟁 통에 총살당하기까지 신앙의 절개를 한 번도 잃지 않은 순결한 영혼이었다. 변선환은 말한다: "그의 위대성은 복음을 동양 종교의 컨텍스트 속에서 해석하여 변증하려고 하였던 데 있었다. 동양 종교와의 대화 속에서 증거되는 그의 설교는 동양적 신학 또한 한국적으로 토착화한 신학의 원형이다."

여기 변선환의 신학 세계를 대표적으로 이름지우는 '토착화'라는 개념이 등장한다. 내가 신학대학을 다닐 때쯤, 신학계에는 '토착화'(indigenization)라는 말이 매우 유행하고 있었다. 토착화라는 말이 유행하지 않을 수 없는 이유는 기독교적 삶과 한국인의 토착적 삶이 매우 다른 양상을 띠었기 때문이다. 이러한 차이를 일자가 타자를 묵살하고 지나가면 그뿐이겠지만, 도저히 그런 묵살이 불가능할 정도로 양자의 세력이 균형을 이루거나 객관적으로 대등한 가치가 인정될 때는 어떠한 방식으로든지 소통하지 않으면 안 된다.

인류 문명사에서 기독교의 역사는 '갑질'의 역사이다. 어느 시공에 떨어지든지 자기만이 옳고 타자는 무조건 개종이나 구원의 대상이 되어야 한다는 명제를 폭압적으로 강요하는 십자군 신학의 역사이다. 그런데 이러한 논리의 부당성을 기독교 신앙을 수용한 이들은 느끼지 못한다. 은재(殷哉) 신석구(申錫九, 1875~1950) 목사는 깊은 유학자의 소양 속에서 이러한 논리의 부당성을 감지한 심오한 신앙인이었다.

기독교적 삶의 논리는 하여튼 껄끄럽다. 껄끄럽다는 것은 비인과(因果)적이고, 비상식적이고, 역설적이라는 것이다. 이에 비하면 토착적인 삶은 인과적이고, 상식적이고, 순리적이라는 것이다. 어린 변선환은 그 껄끄러운 역설들을 삶의 지향처로서 인지하였을 때, 그 파라독스의 강렬함과 과제성을 동시에 느꼈던 것이다. 그의 신학 여정은 그러한 껄끄러움을 해결해 나가는 실존적 고뇌의 과정이었을 것이다.

토착화 문제에 봉착했을 때, 나는 "신학을 토착화하는 수고 속에 내 인생을 바치지 않겠다" 하고, "토착화할 것이 아니라 내가 '토착'이 되어버리겠다" 하고 신학대학을 나와버렸다. 그러나 나의 시대와 변선환의 시대는 패러다임이 다르다. 나에게는 '토착'이라는 세계가 전

인류의 새로운 비전으로서 당당한 개벽의 서광을 발하며 다가오고 있었다. 그리고 이미 내가 기독교에 충성심을 지켜야 할 만큼 기독교는 순결한 도덕성을 지니고 있지 않았다.

그러나 토착화를 외친 신학자들에게 기독교는 애착을 버릴 수 없는 소중한 가치를 개화기를 통하여 우리 민족에게 전한 정신적 자산이었다. 기독교의 토착화는 그들에게는 성실한 의무였다.

토착화의 토착이라는 문제의식은 그것이 기독교적 가치에 의하여 말살될 수 없는 소중한 가치를 독자적으로 지닌다는 생각을 지닌 자들에게만 다가온다. 그리고 그 토착에는 다원적인 심층의 복합구조가 있으며, 그 복합구조 속에는 기독교에 상응하는 신성(Divinity)의 자리가 있다는 것을 발견한 자들에게만 다가온다. 이러한 문제의식은 필연적으로 기독교가 기독교를 넘어선 자리에서 새롭게 뿌리를 내려야 한다는 종교의 새 지평으로 확대되어 나아가지 않을 수 없게 된다. 다시 말해서 토착화에 천착하게 되면 종교다원주의의 지평으로 나아가지 않을 수 없게 되는 것이다. 이것이 바로 변선환의 신학이 토착화와 종교다원주의라는 두 개의 키워드를 지니게 되는 핵심적 이유이다.

다원주의는 비빔밥이 아니다. 비빔밥 속에 포함되는 모든 요소를 그 나름의 생성 논리에 따라 정확하게 독자적으로 이해해야 한다. 다원주의는 제국주의적 폭력을 철저히 배격할 때만이 시작될 수 있다. 내가 대학 다닐 때만 해도 '비교'라는 말이 유행했다. 동서 문화 비교론이니 비교종교학이니 비교철학이니 하는 따위의 말들이 유행했다. 나도 한때 비교철학에 심취했다가, 곧 비교는 할 짓이 아니라고 판결을 내렸다. A와 B를 비교하는 것, 비교 그 자체가 학문이 될 수는 없다. A와 B를 비교할 것이 아니라, 그 시간에 A를 공부하고 B를 공부해야 한다. A와 B는 따로따로 연구되어야 한다.

내 추억 속 변선환은 한없이 유머러스한 사람인데, 그의 유머는 그의 존재의 겸손으로부터 유래하는 것이다. '겸손'이라는 것은 자기를 개방하고 자기를 끝없이 낮추는 것이다. 변선환은 아상(我相)을 철저히 버렸다. 타종교를 대할 때에 철저히 나를 버렸다. 그의 낮춤과 개방은 바닥이 없었다. 노자가 말하는 '무'(無)나 불교가 말하는 '무아'(Atman)를 이론으로서가 아니라 자신의 종교다원주의적 삶의 실천 속에서 구현하였다. 그는 그 많은 신학자 속의 민중이었다. 천대받고 이단시되고 그러면서도 철저히 봉사하는 개방된 고도의 지성이었다.

그의 웃음과 비애와 낮춤은 "20세기의 낭만"으로 영원히 기억될 것이다. 새삼 변선환이 그리워진다.

人無孔子意如同
衆非基督自求脫
南浦書香抱四海
上下攝通易生活

사람이 공자가 아니더라도 그 뜻이
공자와 같을 수 있다고 한 것은 수운의 말이다.
민중은 그리스도가 아니더라도 스스로

구원을 추구할 수 있다.

진남포의 서향 속에서 자란 一雅는
사해의 모든 사유를 가슴에 품었다.
초월과 내재가 하나로 다 통해버리니
生生하는 易의 세계가 생명으로 가득하다.

2022년 10월 11일
이정배 교수의 부탁으로 낙송함에서 붓을 옮기다.
변선환 선생님을 그리워하는 많은 사람에게 이 소론(小論)을 바친다.

변선환 박사 재판 30주년을 맞아

오강남
캐나다 리자이나대학교 명예교수

변선환 박사님 종교재판 30주년을 맞아 다시 글모음을 꾸린다며 제게 몇 마디 하라는 부탁이 왔습니다. 종교재판과 관련하여 제가 말씀드릴 수 있는 것은 그 당시 미국 조지메이슨대학의 노영찬 교수와 제가 미국종교학회(American Academy of Religion) 한국분과를 책임지고 있었는데, 변 박사님의 재판이 얼마나 부당한가 그리고 세계 신학계에 유례가 없을 정도로 어처구니없는 일이라는 내용의 호소문을 작성하여 대회 참석자들에게 서명을 받았던 일입니다. 저희뿐 아니라 세계 많은 신학자와 종교학자들이 탄원서를 보낸 것으로 아는데, 결국 부당한 결말을 맞게 되어 심히 억울한 생각이 들었던 기억이 새롭습니다.

1

제가 변 박사님을 뵙고 가깝게 지낸 것은 저에게 행운이었습니다. 변 박사님에 대한 이야기는 제 글 여기저기에 나옵니다. 특히 졸저 『예수는 없다』(2017, 개정판), 50~57쪽에 나오는 "허스키와 진돗개 ― 내 종교만 종교인가?"라는 글의 '허스키' 비유는 변 박사님을 염두에 두고 쓴 것입니다. 그 비유의 개요만을 잠깐 소개하면 다음과 같습니다.

서부 캐나다 북쪽 어디 외딴 마을이 있었는데, 그 마을에서는 개라면 허스키밖에 없었습니다. 그런데 그 마을 사람들도 다른 곳으로 여행하면서 개라는 것도 한두 가지가 아니라는 것을 알게 되었습니다. 이제 셰퍼드, 도베르만, 토이 푸들, 치와와, 진돗개도 개라고 인정하는 사람들이 생기게 되었습니다. 그러나 허스키만 진정한 개라고 하는 허스키 충성파는 허스키 외에 다른 개를 개라고 하는 사람들을 타락한 사람들이라 보게 되었습니다.

허스키 충성파는 허스키만 개라는 복음을 한국에도 전했습니다. 한국에서는 허스키만 개라는 믿음이 주류를 이루고 있었습니다. 그러다가 한국에서 유학생 둘이 허스키를 본격적으로 연구하겠다고 그 마을로 갔습니다. 그 마을에 도착한 이들은 허스키 충성파만 있는 것이 아니라 다른 종류의 개도 개라는 것을 인정하는 사람들도 있다는 사실을 발견하였습니다. 유학생 중 한 학생은 허스키 고장이 타락하여 허스키 아닌 개도 개라고 하는구나 개탄하고, 다른 한 학생은 허스키만 개라고 하는 지금까지의 믿음이 근거도 없고 필요도 없는 것이었음을 깨닫게 되었습니다. 이 둘이 한국으로 돌아와 각자가 발견한 것을 말했습니다. 처음 학생은 잘 배우고 왔다고 떠받들어지고, 둘째 학생은 우리의 믿음을 흔드는 이단이라 하여 강단에서 쫓겨났습니다.

그리고 이 글 끝부분에 변 박사님을 직접 언급했습니다. 그대로 옮겨옵니다.

한국에서도 물론 유학생들이 서양에 가서 신학을 공부하고 왔다. 개인의 이름을 대는 것이 좀 뭣하지만 고 변선환 박사 같은 분은 유럽이나 미국 신학계에서 공부하면서, 지각 있는 서양 신학자들 사이에 '기독교만'이라는 배타주의적 생각이 사라진 것을 발견하고, 한국에 돌아와 이른바 '종교다원주의'를 선창하다가 신학교 교직은 물론 목사직까지 박탈당하는 변을 맞았다. 순수한 '허스키'의 혈통, 그 순종을 더럽히는 일을 한다는 이유 때문이었다.

여기까지가 변선환 박사 재판 30주년을 맞아 제가 하고 싶은 말이었습니다. 이왕 변 박사님 이야기가 나왔으니 지면이 허락하고 글 모음의 취지에 크게 어긋나지 않는다면 제가 기억하는 변 박사님에 대한 글을 덧붙이고자 합니다.

2

변 박사님이 갑자기 돌아가시고, 변 박사님 아는 분들의 회고 글을 모아 책으로 낸다고 하면서 저에게도 부탁해 왔습니다. 저도 변 박사님과의 개인적 인연을 중심으로 글을 써서 보냈는데, 중간에 글이 전달되지 않았는지, 나중에 나온 글모음에 제 글이 포함되지 않았더군요. 마침 제 컴퓨터에 그 글이 보관되어 있어서 그것을 바탕으로 몇 마디 하려고 합니다.

제가 변선환 박사님을 처음 뵌 것은 1975년 8월 영국 랭커스트 (Lancaster)에서 개최된 국제종교사학회(International Association for the History of Religions) 제13차 회의에 참석했을 때였습니다. 그때 저는 캐나다 맨체스터(McMaster)대학교에서 박사과정을 거의 마친 상태였는데, 불교의 화엄사상으로 쓴 학위논문의 일부를 그 학회에서 발표하였습니다. 사회자는 한국에서도 잘 알려진 UC버클리대학의 루이스 랑카스터(Lewis Lancaster) 교수였지요. 발표장에 그 당시 스위스 바젤(Basel)대학에서 공부하시던 변선환 박사님과 신옥희 사모님 그리고 한국에서 직접 오신 윤성범 박사님이 들어 오셨습니다. 발표가 끝나고 변 박사님은 훌륭한 발표였다고 칭찬해 주셨습니다. 거기서 변 박사님의 학위 지도교수 프리츠 부리(Fritz Buri) 교수도 소개해 주셨습니다. 그때 받은 첫인상은 윤성범 박사님과 신옥희 박사님이 조용하고 차분하신 데 비해 변 박사님은 극히 열정적이면서도 자상한 분 같았습니다.

학회가 끝나고 저는 혼자 유럽 여행을 하기로 하고 헤어졌습니다. 혼자서 런던 시내 관광을 하던 중 버킹엄 궁전 호위병들의 임무 교대식을 보는데, 어디에서 한국말이 들려왔습니다. 변 박사님 내외분과 윤 박사님도 런던 관광을 하고 계셨던 것입니다. 변 박사님이 저의 여행 계획을 들으시고 꼭 바젤에 들리라고 하셔서 그렇게 하기로 했습니다. 변 박사님 내외분은 무슨 일로 먼저 떠나시고, 저는 윤 박사님과 함께 배도 타고 기차도 타면서 바젤로 갔습니다. 넷이서 며칠 꿈같이 재미있는 시간을 보냈습니다. 바젤대학, Giacometti의 〈Walking Man〉 등으로 유명한 바젤미술관, 줄을 붙잡고 건너는 강… 모두가 아직도 눈에 선합니다. 당시 벨기에 루벵대학에서 공부하는 대학 동기들을 만날 겸 다음 행선지로 떠나려고 하는데, 변 박사님이 반드시 스위스의 알프스를 보고 가야 한다고 말씀하셨습니다. 알프스를 보면 우주관, 세계관, 인생관이 달라진다고 하시면서 자신의 오버코트 등 필요한 준비까지 해주셨습니다. 그때 본 알프스의 장관이 정말 인상적이었습니다.

이렇게 하여 맺어진 사귐이 그 후 계속되었습니다. 물론 불교와 기독교 간 대화의 가능성과 방법에 대한 공통의 관심사가 변 박사님과 저의 관계를 더욱 가깝게 했습니다. 이메일이 없던 때라 편지 교환도 하고 제가 캐나다에서 구할 수 있는 자료도 보내드리고 편지도 교환했습니다. 이 글을 쓰기 위해 그때 받은 편지들을 찾으려고 하루종일 서류철을 뒤졌어도 못 찾았습니다. 스위스의, 거의 정사각형 모양의 작은 봉함엽서에 꼬부랑꼬부랑한 글씨로 깨알같이 쓰신 편지. 여기 그 내용의 일부를 소개하지 못함이 아쉬움으로 남습니다.

변 박사님은 사람들을 대할 때 호불호(好不好)가 분명하신 것 같았는데, 어쩐 일인지 저는 호에 속한 모양입니다. 변 박사님이 한국으로 돌아가신 후 제가 한국에 갈 일이 있으면 반드시 찾아뵙고 인사를 드렸습니다. 여러 가지로 용기도 주시고 가르침도 주시고 연구의 방향도 잡아주셨습니다. 무엇보다 특별히 사랑해 주시고 배려해 주시는 것이 고마웠습니다. 우래옥 냉면을 좋아하신다며 같이 갔던 적도 있고, 책으로 가득 찬 아파트에 찾아뵈었을 때는 선불교에 관한 아베 마사오(阿部正雄)의 일본 책을 번역하고 계셨는데, 같이 선불교에 관해 이야기하면서 중국 음식을 주문해 먹은 일도 있었습니다.

1986년 안식년으로 가을 학기 서울대에서 가르치고 있을 때, 바젤의 칼 바르트의 후계자 하인리히 오트(Heirich Ott) 교수가 한국에 와서 크리스챤아카데미의 "불교와 기독교의 대화 모임"에 참석했을 때 저에게 통역을 부탁하기도 하셨습니다. 1988년 서울올림픽 때 올림픽 기념으로 개최된 해외학자 초청 학술대회에 참석했는데, 그때 전화를 드렸더니, 당장 감신으로 와서 전교생 채플과 자신의 수업 시간에 강연을 하라고 하셨습니다. 변 박사님은 서양 신학계의 족보를 훤히 꿰뚫고 계신 것은 알았지만, 저를 소개하시는데 너무나 소상하게, 저의 박사학위 논문 내용은 물론 심지어 저의 석사학위 논문 내용까지 말씀하셨습니다. 강연이 끝나고 함께 내리막길 교정을 지나 육교를 건너 버스 정류장까지 배웅해 주셨습니다. 키가 크셔서 어깨가 앞으로 좀 구부정하셨던 그 모습. 제가 직접 배운 스승은 아니셨지만 스승의 푸근함 같은 느낌을 받았습니다.

돌아가시던 1995년도 여름에도 무슨 학회 참석차 한국에 나가서 가

자마자 변 박사님께 전화를 드렸습니다. 얼마간 있을 계획이니 나중에 찾아뵙겠다고 했습니다. 공연히 바쁘게 지내느라 찾아뵙지 못하고, 떠나기 전날에서야 다시 전화를 드렸습니다. 그동안 어디에 있었느냐고 물으시면서 함께 갈 곳이 있었는데, 연락이 되지 않았다고 서운하신 듯 말씀하셨습니다. 그때는 손전화도 없었던 때라 이리저리 다니고 있으면 연락할 길이 없었습니다. 죄송하다고 말씀드리고 겨울에 다시 올 계획이라 그때 찾아뵙겠다고 말씀드렸습니다. 그런데 그 후 얼마 되지 않아 갑자기 68세로 세상을 떠나셨다는 소식을 접했습니다. 그해 여름 찾아뵙지 못한 것이 지금껏 한으로 남습니다.

3

아직도 그 모습이 생생하고, 특히 기독교와 불교의 관계에 관한 변 박사님의 신학적 입장은 저에게 큰 영향을 주었습니다. 이 글을 쓰면서 변 박사님에 대한 그리움이 되살아나는 느낌입니다.

바젤에 계실 때 봉함엽서로 써 보내주신 편지는 찾지를 못했습니다. 그 대신 미국 드류(Drew)대학에 와 계실 때 보내주신 엽서가 나왔습니다. 혹시나 참고되실까 덧붙입니다.

(불행하게도 날짜는 없고 소인만 찍혀 있는데 거기도 날짜가 안 보이네요.)

Pyun Sun Hwan

P.O. Box L334

Drew University

Medison, NJ 07940

U.S.A.

봄 학기도 절반이 지나갔습니다. 우선 잘 있다고 소식 전합니다. 佛陀論과 基督論을 비교하고 싶은데 좋은 자료 있으면 알려주십시오. 어떻게 기독론의 배타적 주장을 佛敎 context에서 (佛陀論과의 비교) 극복할 수 있을까요. 玉城康四郎 博士 還曆記念 〈佛敎の硏究〉(春秋社) 속에 있는 玉城의 논문, "佛敎における佛の根本樣態"를 copy해서 보내주십시오. 다른 자료 있으면 알려주시면 고맙겠습니다. 건강을 빕니다.

_ 변선환

종교해방신학자
변선환의 종교재판에 대한 단상

서창원

감리교신학대학교 은퇴교수

변선환 교수(1927~1995)는 목사이고 사상가이며, 탁월한 신학적 선구자이다. 그의 신학 교육자로서의 첫 출발은 1964년 감리교신학대학에서 시작하여 1992년 감리교신학대학 학장 퇴임 송별에 이르는 28년 간을 감신대 모교에서 조직신학과 현대 신학을 강의하는 치열한 구도자의 여정이었다.

실존 신학, 과정신학, 민중신학, 생태 신학, 여성 신학, 종교신학, 아시아 신학 등을 펼쳐 나가는 종착역에서 '종교해방신학'을 제시했다. 그의 신학적 여정은 진리를 찾아가는 치열한 삶을 살아 온 발자취였다. 그는 진지한 자신의 신앙의 모습을 '사랑하는 투쟁'(liebender kampf)으로 표현하였다.

그의 신학적 탐구에 흐르는 핵심적 논지는 한국 종교와 아시아 종교에 대한 서구적 편견에서 한국교회가 극복하기를 촉구하였다.

따라서 배타적 교회 중심주의를 넘어서기를 주장하였다. 이러한 입장에서 한국교회를 타종교와의 관계에서 성취론이나 포괄주의라고 비판하면서 종교다원론을 제시하며, 그리스도론의 배타적 유일성에서 탈출하여, 정복적이고 제국주의적 선교론을 넘어 타종교의 지혜와 신학과 더불어 대화하는 다원주의 '종교해방신학'을 표명한 것이다.

한국 감리교회 총회에서 1992년 10월 24일 변선환 교수의 출교를 결정하였다. 이는 교인으로 신자의 자격 박탈, 목사의 성직 삭제 그리고 그리스도인으로 신앙 공동체에서 제명하는 출교(黜敎, excommunication)인 것이다.

1

교회의 삶과 그 현실을 표현하는 신학적 체계와 사고는 '교의'(dogma)에 담기게 된다. 초기 그리스도교에서부터 그리스도교의 신앙 공동체에 들어갈 때 입회교인은 교회의 현실 표현인 교의를 받아들였다. 교의는 메시지의 실재를 지키기 위한 신앙의 명제이기도 했다. 그리스도교 사상사를 살펴보면 교의의 형성 과정에서 수많은 신학적 논쟁이 유발되었다. 시대적 배경과 역사적 상황의 변화에 따른 그리스도교 신앙의 이해와 해석이 다양하게 발현되었다.

이 다양한 신학적 이해는 치열한 논쟁으로 연결되어 그리스도교 사상사의 전 페이지를 장식한다. 그러나 신앙고백에서 이어지는 교의의 발전 단계는 성서 메시지의 실체를 지키려는 것이었지만 교회는 여러 가지 오류에 대한 비판으로 촉발된 신학적 논쟁에 대해 방어적 저항으로 교의를 지키려 했다. 수많은 이단 그리고 사이비 신학 사상 그리고 유사 그리스도적 교설 등이 연속적으로 역사에 등장하였다. 그리고 이러한 사태는 종교재판으로 이어지게 되었다.

교리사에 잘 알려진 것처럼 아리우스(Arius)주의와 아타나시우스(Athanasius) 논쟁의 과정을 살펴보면 이것은 오로지 신학적 이론의 문제가 아니라 교회 권력과 헤게모니 문제로 전이된 것을 알 수 있다. 네스토우스파(Nestorius)는 이단으로 몰렸지만 신학적 이론에서는 문제가 된 '테오토코스'(theotokos) 이론의 정당성은 인정되기도 했다.

한국 감리교회는 결국 종교 권력의 독선과 편견으로 변선환 교수의 '종교해방신학'을 판단한 것이다. 변선환의 신앙고백 그리고 그의 신학적 이론의 근거와 지향점인 감리교회 웨슬리적 전통의 연장선에서 전개되는 사회적, 우주적 구원의 맥락을 공정하게 이해하고 판단하고 결정한 것이라고 말할 수 없다.

이를 남미해방신학자 보프(L. Boff)는 그의 명저 『교회: 카리스마와 권력』에서 잘 지적하고 있다. 그는 제도로서의 교회가 부활하신 그리스도의 현존을 세상에 증거하는 신도들의 공동체와 일치된다고 말할 수 없다고 한다. 이는 성직 계급, 교회 권력, 교의, 의식, 교회법, 전통을 가지고 있는 교회 공동체의 조직을 말하는 것이다. 이 제도로서 교회는 이데올로기적으로 연결되어 진리는 내적 확실성으로 대체되고, 제도가 감당하지 못하는 창조성과 비판을 억압하는 권력 체계가 되려는 경향이 있다고 말했다. 세속 권력과 같이 권력은 부패하는 경향이 있고 "절대 권력은 절대적으로 부패한다"는 경구를 상기시킨다.

더 나아가 보프는 "권력의 측면에서 교회는 이미 획득한 권력의 안전을 위협할 만한 모든 변화를 두려워한다. 그리고 권력 자체는 결코 포기하려는 법이 없다"고 주장한다. 따라서 "교회는 항상 개혁하는 교회(*Ecclesia semper reformanda*)가 되어야 한다"고 천명하였다.

변선환 교수의 신학적 담론은 아직도 신학적 지침으로 살아 있다.

2

한국 감리교회가 변선환 교수를 종교재판에 회부한 실재적 동기와 목적은 교회의 정체성과 선교의 문제이다. 한국교회는 자기 정체성을 한국 사회의 다른 종교와 배타적으로 차별함으로 자기 정체성의 기반으로 삼아 왔다. 한국의 전통적인 종교인 불교와 유교 그리고 무교와 신종교인 대종교, 천도교, 태을교, 경천교, 증산교, 원불교 등을 선교적으로 정복해야 할 대상으로 생각한다. 그들은 도덕적 또는 종교적 단체로는 인정하지만 구원이 없는, 배제해야 할 선교 대상으로 간주한다.

이런 타종교 이해는 사회적으로나 문화적으로 가치와 윤리의 핵심인 이웃 종교에 대한 배려가 없는 태도인 것이다. 서구 선교사들의 신학적 편견과 종교적 몰이해를 관습적으로 추종하는 매우 독선적이며 타자의 존재를 배제하는 행태이다. 그리스도교는 한국 사회에서 종교적 현상으로 볼 때 외래 전래 종교인 것이다. 일부 극단적인 그리스도교인은 그리스도교는 종교가 아니라 유일한 진리의 메시지로 생각한다. 심지어 타종교의 의례나 상징물을 훼손하거나 이를 우상 숭배로 평가절하하여 한국 사회에서 종교 갈등과 가족 간의 관계 단절의 부작용을 상시적으로 유발한다.

변선환 교수는 이러한 한국 사회에서 한국교회가 선교적 독선 때문에 생기는 현실의 문제를 진지하게 신학적 과제로 받아들였다. 그리고 과감하게 타종교와의 대화를 제시하면서 다른 종교를 대화 대상으로 더불어 교류하며 인간의 실존 자기 이해와 인간의 역사적 억압에서 해방 실천을 위해 함께하는 주체적 대상으로 받아들이는 것이다. 이 점에서 한국교의 정체성에 대한 비판적 변혁을 촉구한 것이다. "교회 밖에도 구원이 있다"는 주장에 따라 구원에 있어서 그리스도론의 유일성에 대한 새로운 신학적 담론을 전개했다. 이것은 종교 다원주의적이며 다른 이웃 종교에 대한 차이의 존중과 타자에 대한 환대이며, 타종교에 대한 대화의 주체적 대상으로의 인정인 것이다.

한국교회의 교회 지상주의적 교회관 그리고 불신 저주의 전도주의적 선교관에는 변선환 교수의 종교다원주의적 태도에 그리스도적 배타적 구원론이 흔들리는 것 같은 오해를 한 것이다. 자기 정체성의 도전을 철저하게 봉쇄하려고 종교재판을 시도한 것이다. 여기서 제기되는 핵심적 주제는 교회의 자기 정체성이 철저하게 배제와 차별의 원리에 서 있다는 점이다.

동유럽 크로아티아 출신의 미로슬라브 보프(Moroslav Voff)는 그의 저서 『배제와 포용』에서 십자가에서 원수를 사랑으로 포용하신 역사적 예수의 행태는 그리스도인을 배제의 질곡에서 해방시켜 정의와 진실 그리고 평화를 담아내는 진리의 메시지를 선포했다고 주장한다. 이것이 미래지향적인 새로운 인류공동체의 해방을 실현하는 희망이라는 것이다. 타자에 대한 배제는 세계의 갈등과 삶의 치명적인 악의 순환을 만들어 내는 것이다. 십자가에서 수난과 상처받은 예수는 그러나 치유하시는 포용의 실천적 상징인 것이다.

3

변선환 교수의 출교는 그에 대한 한국 감리교회의 신원(伸寃) 문제를 우리에게 과제로 남겼다. 변선환의 종교재판 30년을 맞은 감리교회와 목회자, 신학자 그리고 제자인 후학들에는 그의 신학에 대한 새로운 평가와 정당한 이해를 통해 그를 신학적 스승으로 역사에 자리매김하여야 할 의무가 주어진 것이다. 변선환은 잊어야 할 존재가 아니라, 잊지 말고 기억하여 감리교회의 신학적 선구자이며 지도자와 스승으로 바로 세워져야 할 역사적 책무가 한국 감리교회에 있다.

프리드리히 니체(F. Nietze)는 내가 창조한 운명을 사랑하라는 뜻에서 '운명애'(amor fati)를 제창했다. 힘든 상황에서도 이를 극복해 나가는 초연한 삶의 긍정이, 운명의 시련을 오히려 긍정하고 자신의 것으로 받아들여 사랑하는 것이, 인간의 본래 창조성을 키울 수 있다는 뜻이다. 이에 변선환은 크리스천으로 십자가의 수난과 부활을 실존적으로 고백하며 '사랑하는 투쟁'(liebender kampf)을 제시한다. 교회를 사랑하는 신학자만이 교회를 비판하며 개혁을 위한 투쟁을 할 수 있는 것이다. 그런 의미에서 변선환은 한국 감리교회가 새로운 해석학 공동체로 태어나기 위해 싸운 사랑의 신학자이다. 낡은 정복적 선교관에서 또 독선적 지배의 교회 지상주의 공동체에서 '다원주의적 종교해방신학'의 해석학적 공동체로 나가는 한국 감리교회의 성숙한 진화를 꿈꾸던 선구적 신학자, 그가 변선환이었다. 그래서 감리교회의 수레가 역사의 발자취를 남기는 한 우리 후학들은 고독한 신학자 변선환을 기억해야 할 의무가 있다.

누가 변선환 교수를 재판했는가?

채수일

크리스찬아카데미 이사장

 변선환 교수님이 감리교단으로부터 종교재판을 받고 출교 당하신지 올해 30년이 되었습니다. 신학자의 신학적 양심이 교권 정치, 여론조작을 통한 언론재판과 낙인찍기로 억압받고 출교 처분을 당한 것이 그리스도교 역사에서 낯선 것은 아니지만, 21세기를 눈앞에 둔 시기에 일어난 이 사건은 충격이었습니다. 감리교회는 우리 민족의 역사만이 아니라 교회사에서도 참으로 큰 인물을 많이 배출했고, 토착화신학에서 제 소속 교단인 기독교장로회보다 훨씬 앞서갔습니다. 그런데 이런 감리교회가 진지한 신학적 숙고와 토론 없이 종교재판을 일사천리로 진행한 것은 무조건적인 성장주의와 반지성주의로 무장한 한국교회 교권주의자들의 민낯을 그대로 보여준 것이었습니다.

1

저는 변선환 교수님에 대한 종교재판과 출교 처분을 생각할 때마다 본디오 빌라도(Pontius Pilate)의 법정을 연상합니다. 그는 주후 26년부터 36년까지 로마제국이 식민지 유대 지방에 파견한 행정관(Procuratore)이 었습니다. 예수님을 재판하고, 고문하여 십자가형에 넘긴 총독 빌라도는 "민란이 일어나려는 것을 보고 물을 가져다가 무리 앞에서 손을 씻고, 예수의 피에 대하여 책임이 없다"고 말했다고 합니다(마 27:24). 그는 대제사장들이 예수님을 시기하여 넘겨주었음을 알고 있었고(막 15:10), 대제사장들의 고발 내용처럼 죄가 있는 것처럼 보이지도 않았지만, '무리를 만족시켜주려고, 예수를 채찍질한 다음, 십자가에 처형당하게 넘겨준'(막 15:15), 충분히 현실적이고, 정치적인 인물이 었습니다. 그렇지 않아도 유대인을 싫어했던 빌라도는 자신의 질문에 아무런 대답도 하지 않고 침묵하는 예수님을 마뜩잖게 생각하면서 비아냥거립니다. "너는 나에게 얘기를 하지 않는구나! 너를 풀어줄 권력도, 십자가에 못 박을 권력도 나에게 있음을 모르는 것이냐?"(요 19:10).

변선환 교수님의 재판석에 앉았던 목사, 장로들도 그렇게 생각했을 것입니다. 한 신학자의 양심과 학문의 자유를 짓밟을 수 있는 권력을 과시하고 싶었을 것입니다. 자신을 굽히고 무릎을 꿇으면 봐줄 수도 있다고 은근히 자신들의 힘을 자랑했을 것입니다.

그런데 누가복음서에 의하면 빌라도는 예수를 친히 신문하였지만 그들이 고발한 것과 같은 죄목은 아무것도 찾지 못했으며, 사형

받을 만한 일을 하나도 저지르지 않았다(눅 23:14-15)고 말하면서 매질 후에 예수를 놓아주려고 합니다(눅 23:16). 그러나 대중의 마구 우기는 큰 소리를 못 이겨 결국 바라바는 놓아주고 예수는 십자가형에 넘겨주었습니다(눅 23:23-24). 모함과 선동이 사법 정의를 이긴 것이지요. 자칭 유대인의 왕이라는 비난을 받는 나사렛 출신의 목수가 로마제국을 위협한다는 것이 가소로운 일이어서 믿을 수도 없었지만, 이 귀찮고 짜증스런 재판을 굳이 맡고 싶지 않았던 빌라도는 갈릴레아 분봉 왕 헤롯 안티파스에게 예수님을 보냅니다. 그런데 예수에 대한 소문을 들어 알고 있었던 헤롯은 예수를 보고 "매우 기뻐"(눅 23:8)했다고 합니다. 특히 예수가 어떤 기적을 일으키는 것을 보고 싶어 했다고 합니다(눅 23:8). 헤롯은 여러 말로 물어보았으나 예수께서는 그에게 아무 대답도 하지 않으셨고, 대제사장들과 율법 학자들이 곁에 있다가 예수님을 맹렬하게 고발하자 헤롯은 자기 호위병과 함께 예수님을 모욕하고 조롱한 후, 화려한 옷을 입혀 빌라도에게 도로 보냈다고 합니다.

누가는 이 장면을 "헤롯과 빌라도가 전에는 서로 원수였으나, 바로 그날에 서로 친구가 되었다"(눅 23:12)고 보도합니다. 식민지 종주국인 로마제국의 지방 총독과 로마제국에 빌붙어 권력을 유지하는 한 지역의 분봉 왕 처지인 헤롯, 게다가 빈번히 조세 저항운동과 정치적 소요가 일어나 지역 치안을 담당한 빌라도를 괴롭히는 갈릴레아 분봉 왕 헤롯과의 사이가 좋았을 리 없습니다. 그러나 선동된 군중을 만족시키고, 있을 수 있는 소요를 예수라는 희생양으로 진정시킬 수 있다는 같은 생각이 이들을 그날 친구로 만든 것이지요. 변선환 교수님의 종교재판에서도 그랬을 것입니다. 성장주의 이데올로기가 그날의 재판관들을 친구로 만들었을 것입니다.

2

그런데 우리를 놀라게 하는 것은 예수님의 침묵입니다. 헤롯이 여러 말로 물어보지만, 예수님은 "그에게 아무 대답도 하지 않으십니다"(눅 23:9). 대제사장들과 장로들이 고발하는 말에도 예수님은 아무 대답도 하지 않으십니다(마 27:12). 빌라도가 "사람들이 저렇게 여러 가지로 당신에게 불리한 증언을 하는데 들리지 않소?" 물었지만, 예수께서는 "한마디도, 단 한 가지 고발에도 대답하지 않으시니, 총독은 매우 이상히 여겼다"고 합니다(마 27:14).

예수님은 왜 침묵하신 것일까요? 대제사장들의 근거 없는 고발에 기가 막히고 말문이 막혔기 때문이었을까요? 헤롯의 조롱과 모독을 견딜 수 없었기 때문이었을까요? 채찍 고문으로 신문 전에 이미 온몸이 무너져 내려 말할 힘조차 없었기 때문일까요? 가시나무로 왕관을 엮어서 머리에 씌우고 자색 옷을 입힌 후 '유대인의 왕' 만세를 외치는 병사들에게 손바닥으로 얼굴을 맞는 수모(受侮)를 당했기 때문일까요? 로마제국의 법을 정의롭게 집행해야 할 빌라도의 우유부단하고 기회주의적인 태도가 경멸스러웠기 때문일까요? 대중의 선동과 소요에 대한 두려움, 총독으로서의 자기 평판이 나빠질 것에 대한 염려 때문에 법을 지켜야 할 총독이 스스로 로마의 사법 정의를 파기하는 것을 보고, 더 이상 그에게 사법 정의를 기대하기 어렵다고 판단했기 때문일까요? '사실'을 다루고 판단해야 할 재판관인 빌라도가 '진리'가 무엇이냐고 물은 것은 사실 답변을 기대했기 때문이 아니라, 단지 비아냥거리는 것임을 아셨기 때문일까요? 아니면 이 모든 일이 하나님의 인류 구원 계획이라는 거대한 구원사의 한 과정임을 받아들이고 순종했기 때문일까요?

『서유럽의 멸망』을 쓴 오스발트 슈펭글러(Oswald Spengler, 1880~1936)는 "예수가 빌라도 앞으로 끌려 나갔을 때, 그곳에서는 사실의 세계와 진리의 세계가 화해할 수 없을 정도로 직접 맞서 있었다. 경악스러울 정도로 선명하고 압도적인 상징성을 가진 이 장면은 세계사를 통틀어 두 번 다시 있을 수 없는 것이다"고 말했습니다.

그렇습니다. 보이는 제국의 권력을 대변하는 빌라도와 보이지 않는 하나님 나라의 왕인 예수님이 맞선 것입니다. 그리고 예수님은 패했습니다. 로마제국에 도전한 정치범이 당하는 십자가형에 처했습니다. 사실의 세계가 진리의 세계를 재판하고, 지상의 왕국이 영원한 왕국에게 판결을 내린 것이지요.

3

그러나 엄밀한 의미에서 빌라도의 재판은 재판이 아닙니다. 절차도 지켜지지 않았고, 고발 내용의 사실 여부도 검증되지 않았습니다. 피고의 변론도 없었습니다. 예수님은 유대 지도자들의 거짓 고발, 매수되고 선동된 대중, 로마 총독의 교활한 정치적 판단이 결탁한 사법 살인을 당한 것입니다. 유대 지도자들과 선동된 대중, 로마 총독 빌라도에게 중요한 것은 사실도 진리도 아니었습니다. 이들에게는 기득권의 안정과 권력의 현상 유지를 위한 희생제물이 필요했던 것입니다.

변선환 교수님에 대한 종교재판도 그랬습니다. 기독교의 배타적 절대성을 근거로 교회 성장을 추진해 온 성장주의자들에게 변선환 교수님의 종교 대화는 그들의 기득권을 위협하는 위험한 신학이었을 것입니다. 그러나 변선환 교수님은 침묵하지 않았습니다. 종교재판이 이미 각본대로 가고 있다는 것을 어쩌면 충분히 아시고 계셨을 것입니다. 그럼에도 불구하고 일말의 희망을 가졌기 때문이었을까요? 재판석에 앉아 있는 목사, 장로들 가운데 조금이라도 자신을 이해하는 동료나 제자들도 있을 것이라고 생각하셨기 때문이었을까요? 아니면 결과에 관계 없이 성실하게 재판에 임해 자신을 변호하는 것이 자기 자신만이 아니라 감리교회의 미래, 신학의 미래를 위한 행동이라고 확신했기 때문이었을까요?

4

변선환 교수님의 속마음을 저로서는 알 수 없습니다. 어쨌든 예수님은 침묵으로 십자가의 길을 가셨고, 변 교수님은 출교를 당했습니다. 예수님은 생사여탈권을 가진 권력자에게 힘없는 사람이 흔히 취할 수 있는 선택인 굴종, 타협, 저항, 경멸(輕蔑) 혹은 연민(憐憫)의 정도 보이지 않으셨습니다. 예수님은 권력의 현실을 과대평가도 과소평가도 하지 않으셨습니다. 예수님은 권력의 현실을 누구보다도 냉정하게 보셨습니다. 예수님은 "통치자들이 백성을 마구 내리누르고, 고관들은 백성에게 세도를 부린다"는 것을 알고 계셨습니다(마 20:25). 그러나 예수님은 권력을 두려워하지 않으셨습니다. 예수님은 온갖 영화를 차려입은 솔로몬도 들의 꽃 하나와 같이 잘 입지는 못했다고 생각하셨습니다(마 6:29). 몸은 죽일지라도 영혼은 죽이지 못하는 이를 두려워하지 말고, 영혼도 몸도 둘 다 지옥에 던져서 멸망시킬 수 있는 분을 두려워하라고 말씀하셨습니다(마 10:28). 헤롯이 그를 죽이려고 한다는 말을 전해 들으신 예수님은 "너희는 여우에게 가서 말하라. 나는 오늘도 내일도 가야 할 길을 가야 한다"고 말씀하셨습니다. 그리고 "원수를 사랑하여라. 너희를 미워하는 사람들에게 잘해주고, 너희를 저주하는 사람들을 축복하고 너희를 모욕하는 사람들을 위하여 기도하여라"(눅 6:27-28) 말씀하신 예수님의 길은 '사실의 세계'가 아니라, 오직 '진리의 세계'에서만 이해되고 실천될 수 있습니다.

예수님의 십자가의 길은 세상 권력의 현실을 충분히 인식한, 그러나 세상 권력도 하나님의 권능 아래 있다는 믿음을 가진 사람만이 갈 수 있는 길입니다. 사실의 세계가 진리의 세계를 재판하는 것 같아도, 마지막에는 진리의 세계가 사실의 세계를 심판한다는 믿음을 가진 사람만이 갈 수 있는 길입니다. 세상 권력과 기득권을 지키기 위해 법의 이름으로 취해진 사법살인의 역사는 동서고금을 막론하고 새로운 것도 아니고, 새로울 것도 없습니다. 예수님도 이런 사법살인의 희생자이셨습니다. 그러나 하나님은 예수님을 죽음에서 일으키셨고, 마침내 진리의 세계가 사실의 세계를 심판하신다는 것을 보여주셨습니다. 이것이 그리스도의 부활 사건입니다.

변선환 교수님도 종교 권력의 희생자셨습니다. 그런데 30년이 지난 지금 그분이 부활하고 계십니다. 뜻을 같이하는 신학자, 목사들이 사건에 대한 백서와 평전을 출간한다고 합니다. 변선환 교수님(1927~1995) 탄생 100주년이 되는 2027년을 계기로 왜곡된 역사를 바로잡고, 다시는 이런 비극적인 일이 반복되지 않는 계기를 만든다고 합니다.

5

교권이 이전이나 지금이나 신학적 양심을 짓누르는 행태는 감리교회만의 문제가 아닙니다. 동성애 문제와 차별금지법을 둘러싸고 한국교회가 심각한 갈등과 분열 속에 있습니다. 이 갈등은 단지 입장의 차이에서 비롯된 것이 아니라, 이미 권력의 문제가 되었다는 점에서 더 심각합니다. 차별금지법에 대한 반대와 지지가 곧바로 색깔론(지지자를 빨갱이로 동일시)으로 덧입혀지고, 동성애 지지나 옹호가 신학대학 입학 금지, 교직원 임용 제외 혹은 해고 등으로 작용하여 차별과 배제의 기준이 되었습니다. 이웃 종교에 대하여 우호적이라고 신학대학에서 교수가 해임당하기도 했습니다.

내년이면 창립 100주년이 되는 한국기독교교회협의회(KNCC) 회원 교단인 감리교는 작년에 차별금지법에 대한 논란으로 한국기독교교회협의회 탈퇴안을 총회에서 다루었고, 결의를 1년 동안 유예했습니다. 예장 통합도 질의서를 보냈습니다. 한국기독교교회협의회의 협의회적 정체성을 문제 삼고 있는 것 같지만, 사실상 내부적으로는 차별금지법을 반대하는 두 교단의 입장이 반영되고 있는 것으로 보입니다. 가입과 탈퇴야 각 회원 교단의 자유이고, 교단의 결정은 존중되어야 합니다. 그러나 이런 사태는 에큐메니칼운동이 더 이상 정책만이 아니라, 정체성의 문제로 시험대로 오른 것임을 보여줍니다. 서로가 같은 성경을 근거로 내세우면서 서로를 공격하고 낙인찍고 있기 때문입니다. 무엇이 진리이고 거짓인지, 누가 진정한 예언자이고 사이비 예언자인지, 무엇이 진실이고 가짜 뉴스인지를 구별할 수 있는 영적 지혜가 더 필요한 시대가 되었습니다.

변선환 교수님은 다수가 정통이고 힘이 진리라고 주장하는 교권주의자들의 희생제물이었습니다. 비록 30년 전, 세상 종교재판에서는 졌지만, 그러나 공소시효가 없는 신앙 양심의 법정에서는 결코 패하지 않았습니다. 30년이 지난 지금, 제2, 제3의 변선환 교수님이 살아서 돌아오고 있습니다. 30년 전에는 교권이 신앙 양심을 재판했지만, 지금은 신앙 양심이 교권을 심판할 것입니다.

사랑과 열정, 종교재판의 길목에 선 변선환의 신학 여정

송순재

감리교신학대학교 은퇴교수

어떤 일이나 사건이든 그 의미는 시간이 지나고 세월이 흐르면서 좀 더 명료하게 드러나기 시작한다 하겠습니다. '역사학이 존재하는 이유'일 것입니다. 역사학의 과제라 할 것 같으면, 그것은 각자의 관점에 따라 과거에 발생한 사건을 기술하고 그 원인을 밝혀 해석한다든지, 기존의 해석과 평가에 새로운 색채를 부여한다든지, 혹은 기존의 의미를 심화시켜 제시한다든지, 줄곧 간과되어 있었거나 은폐되어 있던 문제를 새롭게 발굴하여 의미를 부여한다든지, 그도 아니라면 기존의 해석을 전적으로 뒤집어버린다든지 하는 등의 작업을 통해 과제를 '새롭게 숙고할 만한 가치가 있는 문제'로 만들어 제시하는 데 있다 할 것입니다.

변선환 종교재판의 문제를 재론하려는 모임에서 근본적으로 요청되는 시각입니다. 우리는 변선환의 생애 완숙기에 발생했던 종교재판 사건과 이를 중심으로 연루된 문제들을 생각해 보고, 향후 국면을 전망하고 개척하고자 합니다. 하지만 이것이 다는 아닙니다. 그를 한없이 한(恨) 맺히게 했던 그 사건을 중심에 놓고, 그의 족적을 탐구하면 탐구할수록 그가 살아갔던 삶과 그의 학문 세계를 더욱 깊이 되돌아보게 되니, 이 자리를 통해서 우리는 그의 삶을 추모하고 신원(伸冤)하기 위한 색다른, 그러기에 더욱 특별한 몸짓에 뜻을 모으려는 것입니다.

충분히 숙고할 만한 가치가 있고 또 반드시 그래야만 하는 것을 하지 않거나 하지 못하게 되는 상황도 있겠습니다. 정치적 이유는 그중 유력한 원인 중 하나입니다. 실상 종교재판 때도 그랬지만 그 이후에도 소위 전위신학적 주제가 교단 내에서 공개적으로 다루어지거나 그 관점이나 입장이 공적으로 명확히 표명된 적은 거의 찾아보기 힘들었는바, 이는 당시 종교 권력에 의해 조성된 특정한 분위기 때문이었다고 할 수 있겠습니다. 사실 지금도 상황은 크게 바뀌지 않았습니다. 지금도 말하기 전에 주위를 둘러보아야 하고 머뭇거려야 하지 않습니까! 음성은 나지막해야 하고 주제는 은밀해야 합니다.

당시 교단의 결정에 이의를 제기한 이들 중에는 학자들뿐 아니라, 교회 현장의 목회자와 그것도 명망 있는 교회 지도자들도 다수 참여하고 있었습니다. 하지만 그들의 목소리는 얼마 지나지 않아 묻혀버렸습니다. 이 일을 주도했던 특정한 목회자와 평신도 그룹은 그 다양한 목소리들을 부정하고 침묵을 강요하며 비틀어버리기에 충분한 정치권력을 가지고 있었기 때문입니다. 그렇게 조성된 음험한 영향력은 현시점에서도 여전히 존재하고 있습니다.

1

그 일이 있은 지 벌써 삼십 년이 지났습니다. 당시 젊디젊었던 그의 제자들은 세월을 따라 꾸준히 정진하여 이제 선생님이 세상을 뜨신 그 연세 언저리에 닿아갈 만큼 되었습니다. 선생님으로 인해 주어진 과제에 천착하여 살아왔고 그 은덕을 잊지 않았지요. 그동안 학문도 열심히 쌓았고, 신앙적 삶과 실천에 골똘하여 왔습니다. 해마다 가져온 추모 기도회 끝에 이번에는 감리교신학대학과 감리교회 내부에서뿐 아니라 교회 전반과 사회를 아우르는 공론의 장에서 터놓고 생각하고 터놓고 이야기를 나눌 필요가 있겠다 마음먹게 되었습니다. 그동안 교회도 사회도 많이 변했지만, 이 자리에서 우리가 얼마나 교회와 사회에 의미 있게 말을 걸어 볼 수 있겠는지는 잘 알수 없습니다. 다만 말해야 하기 때문에 말하는 것이고, 숙고할 만한 가치는 차고도 넘치기에 함께 숙고하려는 것입니다. 음성은 이제 더이상 나지막하지 않으며 주제는 더 이상 은밀하지 않습니다.

당시 종교재판을 주도했던 이들은 그러한 '전위신학적 주제'는 교회 현장에 전혀 쓸모없을 뿐 아니라 방해 거리이며, 심지어는 사탄적인 것이라고까지 정죄했지만, 그들과 상반된 입장을 취했던 목회자들은 오히려 그들의 신학과 목회 방식에 심각한 우려를 표했으며, 새로운 신학의 출현에 십분 공감하기를 마다하지 않았습니다. 그 우려는 그네들이 견지했던 신앙 노선이 전혀 감리교 신학에 부합하지 않은 것이라는 인식, 즉 그것은 감리교 신학에 대한 무지와 오해라는 평가에서 나온 것이었습니다.

오늘의 시점에서 볼 때, 상황과 문제의 윤곽은 서서히 더욱 뚜렷이 드러나고 있습니다. 나는 다만 한 가지 방식으로, 즉 교회 신자수를 말하기 좋아하는 사람들의 어법을 따라 말해보고 싶습니다. 어떻습니까? 서양의 특정한 교파를 배경으로 한 문자주의적 신앙 노선과 그 선교사들이 가져다준 인습적 교리에 따른 어법이 시간이 흐를수록 한국 사회에서 그 소통 능력을 상실해가고 있음은 기본 상식을 갖춘 이들이라면 모르지 않을 것입니다. 불상을 깨부수는 이들이 활개를 치면 칠수록 아마도 상황은 더욱 악화될 것입니다.

2

불교에 대해 변선환이 취한 입장을 정당하게 이해하기 위해서는, 그에 앞서 "그가 왜 불교와의 대화에 나설 수밖에 없었는지?"에 대해 물어야 합니다. 이 물음이 왜 필수불가결한 것인지에 대한 이해 없이는 이 문제에 관한 한 우리는 한 걸음도 앞으로 나갈 수 없을 것입니다. 그는 기독교 신앙은 반드시 우리가 처해 있는 삶의 정황(사회 문화적 정황과 종교적 정황)이라는 조건을 전제해야 함을 역설했습니다. 그렇지 않을 경우, 우리는 서구 신학에 종속된 상태로 언제나 의존적이며 미성숙한 상태에 머물러 있을 수밖에 없을 것이라 하였습니다. 우리는 한국인이며 그러한 마음 바탕에서 기독교 신앙을 받아들여야 한다는 것이지요. 그러한 사유 형식은 일찍이 함석헌(1901~1989)에게서도 확인할 수 있습니다.

함석헌은 성서 연구가 정당성을 갖기 위해서는 성서 본문 그 자체에 대한 성실한 연구가 있어야 할 뿐 아니라, 또 다른 차원에서 민족적 삶의 정황에 대한 인식을 조건으로 이루어져야 할 것을 요구했습니다. "한국에다가 진리를 살리려는 자는 먼저 한국을 알아야 할 것이요, 한국을 알려는 자는 먼저 한국의 역사를 알아야 할 것이다." 기독교가 와야 하지만, 한국이라는 조건, 한국의 종교·문화·역사적 조건에 대한 이해 없이는 그것은 공허한 것이 될 수밖에 없다는 뜻입니다. 이 입장에 서서 그는 한국 기독교 신앙의 환골탈태를 역설하였습니다.

함석헌이 이렇게 말했을 때, 그는 일정 부분 근대 덴마크의 대표적 신학자 그룬트비(Nikolaj F. S. Grundtivig, 1783~1872)와 흡사한 방식으로 말하고 있는 듯 보이기도 합니다. 기독교와 민족 간의 관계를 이해하는 방식에서 그룬트비는 일찍이 서구 신학계에서는 거의 찾아보기 힘든 관점을 전개한 바 있었습니다: 인간과 민족의 삶은 기독교 없이는 영혼이나 정신세계의 진정한 깊이에 이르지 못하며, 인간과 민족은 오로지 기독교에 의해서 생명을 얻을 수 있다. 하지만 조건이 하나 있다. 기독교가 인간과 민족의 삶을 살리기 위해서는 단순히 전자로부터 출발해서는 안 되고 후자를 조건으로 해야 한다. 이런 시각에서 양자는 서로 구별되면서도 연관된다. 만약 사람들이 예수 그리스도를 믿게 설득하려면, 그들이 실제 살고 있는 장소에서 대면해야 한다. 그렇지 않을 경우 복음은 공허해지고 민족의 삶 역시 해소되어 버릴 것이다.

이런 관점이 그것으로, 이 논점을 그는 "그리스도인이 되기 전에 먼저 인간이 되어라"라는 유명한 명제로 표현한 바 있습니다.

따져볼 때 윤성범과 유동식과 변선환의 신학적 선배요, 감리교 신학의 초석을 놓은 탁사 최병헌이 또한 그렇지 않았던가요? 변선환이 종교재판에 기소되었을 때 표명한 입장을 다시 새겨봅니다.

"헬라 철학이나 독일 철학을 사용하며 만든 서구 신학은 혼합주의가 아니고, 유독 동양 철학의 범주를 가지고 복음을 재해석한 모든 아시아 신학은 아시아적 혼합주의라고 비판하는 이유를 본인은 전혀 알 길이 없습니다. 복음을 아시아의 심성에 울림하는 아시아 종교나 아시아 혁명의 새 언어를 가지고 설명하는 우리 아시아 신학을 개발할 때, 그때 아시아 교회는 독립 신학의 바벨론 포수에서 벗어나서 비서구화된 아시아 기독교인의 주체성을 찾게 됩니다."

그 논지의 핵심은 한국이 서구와는 달리 '종교다원 사회'라는 인식에 있었으며, 따라서 그의 일체의 신학적 추구는 이러한 인식을 바탕으로 삼고 있었음에 유의해야 할 것입니다.

3

변선환은 분명 우리 신학계에서 독보적 선구자 중 한 사람이었습니다. 그는 당시 등장했던 거의 모든 첨단 신학적 흐름과 마주하며 논쟁을 벌이며 그 한복판에서 자신의 세계를 펼쳐 나갔습니다. 실존 신학, 과정신학, 민중신학, 생태 신학, 여성 신학, 종교신학 등이 그 주요 과제였다면 종국에는 자신의 사상을 '종교해방신학'이라는 한마디 말로 표명하고자 했습니다. 이 개념에는 '토착화'와 '민중'이라는 두 가지 핵심어가 함축되어 있었습니다. 단, 그는 그 모든 것을 완료형이 아니라 진행형으로 다루었습니다. 여전히 미완이며 도상에 있었던 중 종교재판에 봉착했던 것입니다.

변선환은 사랑의 사람이었습니다. 그는 하나님의 사랑에 도취되었고 또 그렇게 하나님을 고독하게 사랑하였습니다. 기소자들과 재판관들은 단지 그들이 아는 수준에서, 그들이 경험한 신앙 틀을 절대화시키면서 그들에게 '한시적으로' 주어진 종교 권력을 사용하여 폭행을 가하고 죽여서 내다 버린 변선환이 얼마나 하나님 사랑에 목말라했는지 도무지 알 길이 없었을 것입니다.

> "우리는 고독을 극복할 수 있는 구원의 근거를 다른 곳에서 찾을 수 없습니다. I am that I am. 나는 나라고, 나는 영원한 지존자라고, 나는 영원히 고독 속에서도 결핍을 느끼지 않는 사랑이라고, 나는 영원히 나 홀로의 고독을 이긴 자라고, 두려움 속에 있는 모세에게 말씀하신 살아 계신 하나님. 우리 아버지의 사랑의 품을 떠나서 우리는 어디에서 영원한 삶을 찾을 수 있다는 말입니까? 영원히 살아계신 하나님을 믿는 신앙과 사랑 속에서 이미 고독은 극복된 것이라는 산 증거를 우리는 예수 그리스도의 사실, 그의 십자가의 최후의 순간에서 읽습니다."

그의 하나님 사랑이야말로 그의 신학의 원천이요 원동력이었습니다. 그는 기존의 신앙 내지 교리 체계의 단순한 수용을 거부하는 대신, 다양한 종교들과 맞서서 혹은 그 사이에서 일어나는 긴장 넘치는 대화

과정에서 "어느 종교가 참된 종교적 본질을 나타내는가 하는가"에 관한 물음에 열정적으로 불타올랐던바, 그 행위를 그는 '사랑하는 투쟁'(liebender Kampf)이라는 말로 표현한 바 있습니다.

그렇게 변선환은 또한 교회를 사랑했으며, 신학과 신학공동체 감리교신학대학교를 사랑하였고, 제자들을 사랑하였으며, 민족과 민중을 사랑하였고, 아시아를 사랑하였으며 세상을 일편단심 뜨겁게 사랑하셨습니다.

그 열정적 사랑은 살아서 뛰노는 듯, 호소력을 발휘하며 아름답게 펼쳐지는 그의 글과 문체에 잘 나타나 있습니다. 신학자인 동시에 교육자였으며, 동시에 절반쯤 문학가요 절반쯤 철학자였던 변선환의 사랑은 신학적 사랑인 동시에 교육적 사랑이요, 미학적 사랑인가 하면 사색적 사랑이라 하겠습니다.

그를 평생 동반해 갔던 아내 신옥희 교수와 자식들을 향한 사랑은 또 어떠하였던가요? 그 자취는 종교재판 이후 그리고 그의 사후 그의 삶과 신학을 꿋꿋이 동반해 온 철학자 신옥희의 삶과 학문에서도 여실히 읽힙니다. 변선환 선생님은 언젠가 제게 "내가 불교에 대해 관심을 가지게 된 건 아내 덕분이야"라고 하셨는데 결코 잊을 수 없는 말씀이었습니다.

그렇게 하여 우리는 우물 안 개구리 신세에서 우물 밖, 그 끝을 알 수 없는 광대한 바다로 인도되었습니다. 우리가 생전에 변선환과 그의 정신세계를 알았다면 정말 얼마나 알았을까요? 세월이 흐르니 그분이 직면했던 질문들이 더욱 절박하게 다가옵니다. 우리 시대에 그러한 분이 사셨고, 그 가르침을 받고 사귐을 가질 수 있었던 것은 결코 예사로운 일이 아니었습니다. 독단과 무지와 오해와 폭력과 야만으로 점철되었던 그 종교재판 자리를 상기하며, 선생님께 우리의 사랑을 드립니다.

죽어야 사는 기독교,
타자 부정에서 자기 부정에로

이정배
현장아카데미 원장

　감신대 학장으로 재직(1988~1992)했던 선생님은 그 임기 중에 교수들 모인 자리에서 "학교가 크게 요동칠 것 같다"는 우려를 누차 발설하셨다. 신학대학의 권위가 종교 권력과 돈의 힘에 굴복될 것 같은 두려움을 느끼셨던 것이다.

　당시는 부흥 목사들의 위세가 대단하던 때였다. 대학 예산보다 10배 이상 커진 대형 교회가 여럿 되었고, 그곳 목회자들 몇몇이 대학 이사로 파견되었다. 교회 성장을 절대 가치로 여긴 탓에 이들은 신학, 더욱이 토착화 전통을 잇고자 했던 변선환의 신학을 백해무익한 것, 성장의 방해물로 여겼다. 평소 자신들의 신학적 열등감을 교세의 힘으로 벗고자 한 측면도 없지 않았다. 대학 미래를 위해 10만 평의 토지를 매입할 만큼 행정가로서의 역할도 컸으나 이들은 오로지 '종교다원주의' 올무만으로 선생님의 목줄을 죄었다. 사퇴를 요구하며 감신대 학장직을 흔들어댔던 것이다. 거칠게 말하자면 신학대학을 자신들 수중에 넣을 생각이었다.

물론 여기에 해묵은 감리교 지역 정치도 작동했다. 당시 이북 출신 기독교인들 세력은 점차 줄었고, 부흥사들이 양산한 남쪽 교인들 숫자는 급격히 늘어났다. 평안도에서 태어난 선생님은 교수직을 수행했던 이북 출신 마지막 학자였다. 좀 더 여유롭게 자연스레 세력 교체를 이룰 수 있었으나 부흥 목사들은 자신들 힘의 과시, 정당성 확보 등을 이유로 성급했고, 신학 문제를 이단 시비로 확대시켰다.

교세를 키운 부흥 목사들이 교단 권력자가 되었고, 신학교 이사로 학문에 간섭하면서 마침내 종교재판이 열렸으며, 만장일치로 선생님을 출교시켰다. 이렇듯 교권의 학문 침탈을 예감한 선생님은 이런 교단 분위기를 교수회에 전달하여 대응을 호소했으나 이사회와 연줄 닿은 교수들 몇몇이 오히려 안에서 선생님을 흔들기 시작했다. 교권의 힘, 종교 권력에 편승하고 싶었던 것이다.

1

물론 선생님도 살길이 없지 않았다. 많은 목회자와 제자들이 선생님을 옹호했고, 존 캅을 비롯한 서구 유명 신학자들이 그를 지지하는 서신을 보냈었다. 일간신문에 두어 차례 실린 여해 강원용 목사의 글도 어렴풋이 기억난다. 종교 문제가 이처럼 사회 여론을 주도한 경우도 드물었을 것이다. 필자가 알기로는 그를 아끼던 교단 정치가 중 누군가 선생님께 타협을 제시했다. 종교다원주의에 대한 신뢰를 공개적으로 철회하면 출교는 면해줄 것이라 했다. 교수(학장) 은퇴를 보장하겠다는 것이다. 하지만 선생님은 그것을 살길이 아니라 '죽는 길'로 여겼다. 신학 담론을 정치적 타협의 대상으로 만들 수 없었던 것이다. 신학이 교단의 잣대로 평가되는 것을 걱정했고 신학자들 스스로 자기 검열하는 현실을 깊이 우려했던 까닭이다. 그가 염려한 대로 선생님 사후 우리들 신학 풍토가 그리되었으니 슬픈 일이다.

당시 선생님은 자신을 덴마크 교회에 의해 내팽개쳐진 키에르케고르와 동일시했다. 자신이 사랑하던 감리교회로부터 버려졌지만 후일 순교자의 희생을 가슴 아파할 날이 올 것을 믿으며 버려진 것이다. 자기 동족으로부터 내쳐졌던 십자가상의 예수 역시 그의 심중에 떠올랐을 듯싶다. 자신 속의 분(?)을 삭이기 위해 얼마나 고통스러워했을까를 상상해 봤다. 이런 와중에도 선생님은 학위를 마치고 돌아온 제자들의 앞길을 걱정했다. 당시 선생님은 가장 많은 제자를 키운 학자이자 선생으로 추앙되었다. 그럴수록 제자들이 한국 신학계를 위한 '노다지'가 될 것이니 '노터치'(No Touch)할 것을 부탁했다. 하지만 선생님의 제자로 사는 길 또한 쉽지 않았다. 선생님이 우리의 삶에 '명예'이자 동시에 '멍에'가 된 것이다. 하지만 우리 다수는 기꺼이 멍에를 졌고, 선생님의 명예를 지키고자 이 자리를 만들어 여기에 섰다.

2

당시 교권을 지닌 부흥 목사들은 '교리수호대책위'를 꾸려 선생님 출교를 차근차근 준비했다. 맥락 단절된 가짜 뉴스를 만들었고, 말뜻을 왜곡시켜 평신도들을 선동, 여론을 만들어 갔던 것이다. 특정 보수 신학자의 이론을 금과옥조 삼아 토끼몰이하듯 선생님을 종교재판의 길로 내몰았다.

당시 선생님의 생각은 하늘에서 떨어졌거나 스스로 만든 것이 아니었다. 동·서양 신학자들의 사유를 공감하며 전해준 것이었다. 서구적 사유에 경도된 기독교, 민중을 외면한 부르주아 종교 대신 아시아적 종교해방신학을 주창하였다. 이는 탄생 백 주년을 맞은 심원 안병무의 민중신학에 대한 토착화신학의 대응 차원이기도 했다. 그의 스승 유동식, 윤성범의 토착화를 넘어선 이런 '전회'를 선생님은 자신에게 세례 베푼 신석구 목사의 유산이라 여겼다.

3.1선언 서명을 요청받은 신석구는 당대 선교사들의 지시—정치적 일에 관여하지 말 것, 타종교인들과 협력하지 말 것—를 생각하며 망설였지만 결국 반칙했다. 민족 '독립'을 위해 기꺼이 '선'을 과감히 넘은 것이다. 33인 중 끝까지 변절하지 않았던 신석구 목사를 선생님은 자랑스럽게 생각했다. 종교재판 최후 변론 역시 그는 신석구를 언급하며 시작했던 것 같다. 감리교는 부흥 목사들이 좌지우지할 교단이 결코 아니었다. 종교재판 이후 그들이 접수한 감리교회, 감리교 신학대학교, 과연 성공했는가? 종교재판 바로 그 사건 이후부터 감리교가 쇠락해 갔다는 것이 역사학자들의 평가이자 세인들의 감각이다. 대학도 교단도 그리고 교회도 예전 명성을 잃었고, 인물도 키우지 못해 맛 잃어 짓밟힌 소금이 되었다. 시대 탓도 있겠지만 결국 사람의 문제이고 정신이 실종된 결과였다. 돈이 복음을 굴복시켰고, 자본에 교회를 팔았으며, 교리(교단법)로 자신들 타락을 무마했으니 말이다.

3

우리 감리교 신학 역사는 교회 권력 및 자본의 힘에 굴복당할 만큼 가볍지 않다. 얼마나 출중한 사상이 감리교로부터 비롯했는가를 교단은 알고 있는지 모르겠다.

선교 초기 서구 기독교를 다 같이 수용했음에도 감리교 선배들은 달랐다. 서세동점 시기 복음을 받아들였으나 우리 민족 주체성을 버리지 않았고, 기독교사회주의를 수용, 발전시켜 이를 달리 수용했으며, 교파적 기독교를 넘어 자생적 환원운동을 일으킨 선각자들 모두 감리교 출신들이었다. 이들은 각기 동·서 하늘을 연결 지어 사유했고, 민족을 넘어 가난(계급)을 생각했으며, 교파 대신 기독교의 근원을 질문했다. 필자는 이를 주체성(토착성), 민중성, 전위성(근원성)으로 달리 일컫는바, 당시 이런 사유 체제를 감리교 밖에서 찾기 어려웠다.

이렇듯 민족, 이념 그리고 교리에 대해서 개방적이며 창조적으로 사유했기에 선교의 주제가 개화, 독립이었을 당시 여타 교단에 비해 앞설 수 있었다. 이후 '사상'이 아니라 '제도'로서 교회가 중심되면서 친일 유혹에 굴복했고, 권력에 기생한 반공 기독교가 되었으며, 급기야 부흥사들은 자본주의적 기독교를 만들고 말았다. 교회는 성장했으나 사람을 키우지 못했고, 건물은 커졌으나 영혼을 축소시킨 결과였다.

교회 성장이 틀린 것도, 불필요한 것도 아닐 것이다. 단지 그를 위해 신학을 거부하고 신학자를 내친 것이 문제였다. 초기 역사를 회억할 때 해석 손정도의 기독교사회주의, 해천 윤성범의 성의 신학,

일아 변선환의 종교(해방)신학, 원초 박순경의 통일신학, 조화순의 산업선교는 거부할 것이 아니라 더욱 부각시켜야 할 자산이다. 자본에 영혼을 빼앗긴 성장주의, 교리주의, 교권주의를 교정, 치유할 수 있는 힘이 거기서 비롯하는 까닭이다.

본디 목회와 신학은 쉽게 일치되기 어렵다. 목회적으로 정당해도 신학적으로 틀릴 수 있고, 신학적으로 옳아도 목회적으로 수용키 어려운 것이 당연하다. 하여 긴 시간 서로 존중하며 수렴되는 과정을 기다리는 것이 순리이거늘 30년 전 우리 역사는 이들 차이를 종교재판으로 없애려 했다. 이는 종교적 폭력인바, 사상적 퇴보를 낳았고, 교회를 타락시켰으며, 신앙을 교리로 축소시켰다. 신학교에 신학은 없고 목회 기술만 가르치는 현실도 여기서 비롯했다.

4

30년 전 망우리 금란교회에서 개최된 종교재판 현장 모습이 지금껏 생생하다. 수백 명의 학생이 선생님을 지키려 금란교회로 향했으나 교회 출입문마다 건장한 사람들 몇십 명이 지켜 서서 학생들을 막아섰다. 밀고 밀리는 과정에서 학생들 상당수가 맞아 다쳤고, 그럴수록 재판 반대 구호를 교회 쪽으로 내뱉었다. 교회 안에서는 이미 교인 수천 명이 방청객으로 앉아 '출교'를 소리치며 분위기를 만들고 있었으며, 강단에는 상당수의 종교재판관이 검은 옷을 입고 자리했다. 선생님을 심문하는 그들은 대개 후배였거나 심지어 배운 제자도 있었다.

그날 최후변론 자리에도 선생님은 한가득 책을 싸 들고 가셨다. 본인이 썼던 글과 말 내용이 이런저런 책 몇 페이지에 있다고 밝히며 세상의 소리, 학문의 가르침을 외면치 말 것을 재판관들에게 단호히 일갈했다. 자신을 죽이라 외친 동족들에 대한 예수의 연민을 선생님에게서도 느낄 수 있었다. 상당한 시간 동안 선생님은 종교재판 법정에서 홀로 고독하게 자신을 변증했다. 그때마다 방청석에선 교인들의 조롱과 야유가 터져 나왔다. 결국 그 자리에서 선생님은 '출교' 처분을 받으셨다. 이후부터 선생님을 교회 강단에 세우는 목회자는 처벌을 받았다. 진급 중에 있는 이의 진급을 취소했고, 종교다원론자라는 낙인을 찍어 목회 길도 막았다. 이런 잔인한 현실을 목도한 선생님의 삶이 얼마나 외로우셨을까? 이를 지켜보는 가족들의 심정 또한 형언할 수 없을 만큼 참담했을 것이다.

이런 고통 속에서도 선생님은 글을 쓰셨다. 원불교 대종사인 소태산 탄생 100주년 기념 논문을 오래전에 부탁받으셨던 것 같다. 더운 여름 한강변을 산책하다 돌아와서 글을 쓰다 갑작스레 세상을 떠나셨다. 가중된 고통이 선생님의 삶을 일찍 마감토록 한 것이리라.

나는 선생님의 유고를 들고 가 원광대학교에서 글을 대독했다. 원불교 측에서 행사 전 선생님을 기리는 '묵념의 시간'을 준비해 두었다. 행사 후 만나는 사람마다 "선생님이야말로 참 그리스도인이자 목사였음"을 증언해 주었다. 예수의 죽음을 보고 그가 하느님의 아들이었음을 고백한 최초의 사람이 이방인 백부장이었듯이 말이다. 지금도 선생님의 죽음은 교회 밖에서, 아니 감리교 밖에서는 이렇듯 아프지만 귀하게 기억되고 있다.

하지만 30년, 한 세대가 지났음에도 어떤 성찰과 반성 없는 신학교를 비롯한 감리교단의 현실이 안타까울 뿐이다. 한국적 영성가 이용도 목사를 내쳤던 감리교였기에 사실 큰 기대를 접은 상태이다. 물론 그를 다시 수용했지만 당시 태도가 불경스러웠다. 죄책 고백도 없이 사건 설명과 함께 고작 박수쳐 사건을 종료했던 것에 대해 분노가 생길 정도였다. 살인자(?) 안중근을 내쳤다가 다시 받아들인 가톨릭의 태도와 견줄 때 하늘과 땅 차이를 느낀다.

5

당시 교리수호대책위를 이끌었던 고 김홍도 목사에게 선생님 사후 20여 년이 지난 어느 날 한 통의 전화를 받은 적이 있다. 수업 중인지라 경황이 없었으나 그분은 "나 김홍도야"라는 말로 통화를 시작했다. 전화 이유는 다음과 같았다.

대략 3개월 전쯤 정희수 UMC 감독이 재미 동문들과 함께 미국 드루(Drew)대학에서 "변선환 심포지엄"을 크게 열었다. 저명한 미 대학 교수들이 참여했고, 한국에서도 제자 교수들 여럿이 함께했다. 이 사건을 「한겨레신문」 조현 기자가 "변선환 다시 부활하다"란 제목으로 종교란 전면에 기사화해 주었다. 바로 이 기사를 접한 후 전화를 했던 것 같다. "나 아직 안 죽었어. 까불지들 마"로 말이 이어졌다. 엉겁결에 "저희도 아직 안 죽었습니다"로 응답했고, 수업 중이라 전화를 끊었다. 이제 그분도 고인이 되었고, 교리수호대책위도 역사 속으로 사라졌다. 선생님의 첫 제자들 다수도 현직에서 물러났지만 역사는 바로잡혀야만 한다. 이것이 "저희도 아직 안 죽었다"고 답한 이유일 것이다.

이번 행사를 준비하며 선생님이 소속되었던 서울연회가 종교재판 20년에 즈음하여 '보고서'를 묶어 낸 것을 알았다. 살펴봤으나 앞서 말했듯 한 사람 보수 신학자의 반박에 잇딴 평가를 결론 삼았다. 하여 우리는 새로운 '백서'를 만들기로 했다. 내년 이맘때쯤이면 출중한 감리교 역사 신학자들의 도움 받아 출판되어 있을 것이다. 왜 종교재판이 벌어졌는지, 당시 법정에 섰던 심문관들이 어떤 사람들이었는지, 여론몰이로 진행된 재판 과정이 얼마나 불공정했는지, 왜 그들이 신학(사상)에 사형선고를 내렸는지 그리고 종교재판의 후유증이 얼마나 컸는지를 제대로 짚어 기록으로 남길 것이다.

아울러 그의 탄생 백 주년이 되는 해를 기려—대략 2025년경—선생님의 '평전'도 몇몇 제자들의 수고로 세상에 선보일 예정이다. 그의 삶과 사상을 제대로 풀어내면 과거 자신들 행위를 부끄럽게 여길 사람들이 적지 않을 것이다. 선생님 때문에 학교를 떠나지 않고 목회자로 은퇴할 수 있었다고 고백한 제자들의 고백, 그의 신학을 사실 적합하게 느끼며 힘겹지만 씨름하며 살았던 교단 안팎의 목회자들이 증언도 수록될 것이다. 그의 제자들이 펼쳐낸 다차원적인 삶의 여정들, 즉 학자는 물론 교회 감독, 위대한 설교자, 영성가, 문학가, 연극인, 평화 기획자, 환경실천가, 도시빈민 활동가, 대안학교 선생으로 살았던 흔적들도 모일 것이다.

6

30주년을 맞는 이 시점에도 감리교단에 종교재판의 망령이 떠다
닌다. 선생님 손주뻘 되는 40대 현직 목사가 이런 올무에 걸려 고통
중이다. 기독교만의 그들 세상(중세)에서 일어났던 일로서 끝나야 마
땅할 과거사임에도 말이다. 자진하여 교회를 떠난 사람들 수가 부지
기수인 정황에서 종교재판, 출교란 말은 사회의 웃음거리가 될 것이
다. 자신들 시시비비를 정작 세상 법정에서 가리는 현실에서 종교재
판의 권위가 얼마나 있겠는가? 예수를 희생양 삼았던 유대 성직자들
처럼 그렇게 기독교 역시 그런 구조로 자신을 유지, 존속시켜 왔다.
뭇 유대인을 죽였고, 유색인종을 희생시켰으며, 이웃 종교인들을 부
정했으며, 급기야 성 소수자들을 환자로 취급하고 있다. 자기 부정의
길을 가야 할 기독교가 타자 부정을 통해 자기 정체성을 유지한 결과
였다.

우리 역사 속의 사건들, 4.3을 비롯하여 여순사건, 보도연맹 희생
자들 모두가 동일선상에서 일어난 비극이었다. 반공 이념으로 북을
적대하던 기독교가 이슬람과 반목했고, 이제는 우리 시대의 뭇 낯선
이들에게 정신적 폭력을 가했다. 정작 자신은 자본의 노예로 전락한
종교 권력의 허상에 갇혀있으면서 말이다. 선생님은 이런 기독교가
되는 것을 누구보다 앞서 걱정했다. 그럴수록 전통과 세상을 향한
열린 시각을 갖고 대화를 시작했던 것이다. 자신을 '변 실존', 즉 거듭
변하는 것을 자신의 실존이라 여기면서 말이다. 향후 다른 30년을
달리 살지 못한다면 우리 민족은 기독교를 추방하고 말 것이다. 종교

재판 30년을 맞아 한국교회, 감리교단이 온몸으로 깨쳐 알아야 할 진리가 있다. 그것은 기독교란 본래 '죽어야 사는 종교'라는 사실이다. 그런 종교여야만 우리 민족이 너그럽게 받아 줄 것이다.

끝으로 한 역사적 사실을 소환하여 종교재판 30년 이후를 걱정한다. 1901년 러시아정교회는 성직(교권) 제도와 사유재산 철폐를 주장하는 톨스토이를 종교재판하여 출교시켰다. 하지만 많은 민중은 톨스토이를 지지했고 그의 정신을 따랐다. 그럴수록 러시아정교회는 그의 흔적을 지우고자 기를 썼다. 민중 의식도 점차 희미해져 갔다. 톨스토이를 역사에서 지운 것 같아 그들은 환호했다. 하지만 이후 러시아가 치러야 할 대가는 너무 컸다. 그의 신념과 주장이 공산주의 혁명을 통해 이뤄진 것이다. 더 큰 시민적 저항을 마주하기 전에 한국교회가 유념할 역사적 교훈이리라.

한국개신교회의 몰락을 알리는 조종(弔鐘)

조헌정
향린교회 은퇴 목사

필자는 70년대 초반 박정희 유신 독재 정권 타도라는 정치 사회의 격랑 속에서 신학 공부를 시작하면서 한신대학교의 안병무, 문동환 교수의 영향 아래 학문적으로는 민중신학이라는 큰 줄기 안에서 성서를 이해하고 목회를 해온 사람이지만, 감신의 토착화신학이라는 또 다른 신학의 큰 줄기를 항상 염두에 두고 있었다. 왜냐하면 공부에 몰두하기에는 어수선한 시대였지만, 변선환 교수께서 한신대학교에 오셔서 특강을 하기도 하셨고, 김경재 교수께서는 문화신학이라는 틀을 통해 토착화신학과의 대화에 앞장을 서 오셨기 때문이다. 그럴뿐더러 서남동 교수는 성서를 넘어 우리의 민중 이야기 속에서 민중신학의 뿌리를 찾으려 노력하였기에 필자에게 토착화신학은 주요한 관심사였으며 그때부터 민중신학과 토착화신학이 함께 어우러져야 세계를 선도할 수 있는 한국 신학이 옹글게 익어갈 것이라는 신념을 갖게 되었다.

그런데 미국 장로교에서 목사 안수를 받고 목회를 시작한 지 몇 년이 지나지 않아, 변선환 교수에 대한 마녀재판이 시작되는 모습을 보면서 참으로 어이가 없었다. 당시 독일이나 미국의 주류 신학대학에서는 지구 마을(Global Village) 혹은 지구 공동체(Global Community)라는 세계화의 물결 속에서 종교 간의 대화가 가장 큰 신학적 주제였고, 동양 사상 특히 불교에 대한 관심이 매우 높을 때였다. 필자 또한 필수과목인 〈세계 종교〉 과목을 통해 불교에 대한 이해가 훨씬 높아질 수 있었다. 나의 핏줄에 흐르는 불교 사상을 비로소 미국에 가서 배웠다는 사실은 나의 모태 기독교 신앙이 얼마나 독선적이고 폐쇄적이었는가를 보여주는 일면이다. 그런데 이러한 종교 간 대화에 앞장을 서 오신 세계적인 학자 변선환 교수를 초대형 교회 목사 몇몇이 권력의 힘으로 쫓아내는 것을 보고 박정희의 독재 권력이 그러했듯이 한국교회의 급속한 몰락을 예감하였다.

1

필자가 목회를 하던 1990년대에는 서울의 몇몇 대형 교회가 자랑삼아 자신들의 교회 성장 방식을 알리기 위해 미국의 백인 목사들을 초청하기 시작했다. 새벽 예배로 유명한 한 대형 교회의 교회 성장 세미나에 다녀온 한 백인 목사는 이런 얘기를 했다. 하늘을 울리는 아멘 기도 소리와 함께 새벽 예배가 끝나자 교인들이 가까운 곳에 육교가 있음에도 불구하고 떼를 지어 성경책을 옆에 끼고 오고 가는 차를 피해 가며 뛰어서 도로를 횡단하는 것을 목격하고는 "한국교회는 열(熱, heat)은 있으나 빛(光, light)은 없다!"라는 유명한 말을 했다. 또 필자의 친구로서 교회사 교수였던 백인 목사 역시 "오백 년의 유럽 교회가 오만과 자만에 빠져 결국 오늘날 교회가 텅 비게 되었는데, 백 년 후의 한국교회가 어찌 될지 누가 알겠는가?"라는 의문을 던졌었다. 그로부터 몇 년이 채 지나지 않아 인터넷의 발전 속도와 발맞춰 그동안에는 교회 내부에서만 쉬쉬하며 알려지지 않았던 목사들의 일탈(逸脫) 이야기들이 공개되기 시작하더니 급기야는 '개독교', '먹사', '병신도'라는 댓글들이 봇물처럼 터져 나오기 시작했다. 한편 당시 유명 목사 수십 명이 인터넷방송을 시작하면서 설교 원고를 함께 올렸는데, 원고 글을 직접 인용하여 모순을 지적하는 댓글이 올라오기 시작하자 원고를 모두 내리고 말았다. 비난과 비판도 관심이 있고 애정이 있을 때 일어나는 법이다. 이제는 교회에 대한 비판과 비난조차도 사라지고 말았다. 대놓고 무시(無視)하는 현상이 일어나고 있다. 목사 후보생의 급격한 감소는 물론, 지금 교회 안의 청소년과 어린이들의 숫자가 현실로 증명하고 있다. 필자의 중고등부 시절에는 어른보다 아이들의 숫자가 훨씬 많았었다.

2

우물 안 개구리라는 말이 있다. 사람들은 저마다 자신이 알고 있는 진리를 절대 진리라고 주장하기 쉽다. 그러나 이는 우물 안 개구리와 같이 자기가 쳐다보는 하늘이 전부라고 주장하는 것과 같이 유치하고 어리석은 생각이다. 참 진리는 인간의 언어로 해석되거나 인간의 머리에 다 담을 수도 없다. 우리는 저마다 모두 진리의 한 면만을 바라보고 이해할 따름이다. 같은 하느님의 말씀이라 하더라도 인간으로서의 자기 한계를 모르고 절대를 주장하면 이는 신앙(Faith)이 아닌 하나의 이념(Ideology)으로 전락하고 만다. 인간은 하느님의 형상을 띠고 태어났다고 하는 성서 구절을 한때 백인들은 이를 자기네와 같이 피부가 흰 사람들에게만 해당하는 구절로 이해했고, 그것도 남성들에게만 해당한다고 생각했다. 백인 여성들이 이 범주에 들어가기까지에는 많은 세월이 흘러야 했고, 지금도 여전히 유색인종에 대한 백인 기독교인들의 차별은 겉으로는 사라진 것 같아 보이지만, 그 내면에 여전히 살아 움직이고 있다. 오히려 일반 사람들보다 기독교인들이 더 심한데, 이는 신앙이 이념화되었기 때문이다.

예수 그리스도는 바로 그러한 차별을 없애기 위해 하느님 나라 운동을 펼치셨다. 당시 가난한 자는 성전 예물을 드릴 형편이 안 되었기에 죄인으로 불릴 수밖에 없었고, 하루하루의 양식을 구하기 위해 안식일 규정을 어길 수밖에 없었다. 이에 예수는 저들을 하느님의 자녀로 부르며 지금 땅에서는 뒤처져 있지만 하느님의 나라에서는 앞서 있을 것이라고 선언했으며, 성전에 들어가 채찍을 휘두르셨다. 그러자 제사장들과 율법 교사들과 바리새인들과 사두개인들은 "성전 수호"와 "진리 수호"라는 깃발 아래 한패가 되어 예수를 신성 모독죄와 군중 소요죄로 로마 법정에 고발하였다.

그러나 실상 저들이 지키고자 한 것은 성전과 진리가 아닌 자신들의 기득권이었다. 성전이라는 제한된 공간에 매여 있는 신이 어찌 신이 될 수 있으며, 자유 없는 진리가 어찌 진리일 수 있겠는가? 참

성전과 참 진리는 인간의 그 무엇으로도 방해받을 수가 없다. 교회 밖에도 구원이 있다고 해서 교회가 무너진다면 그건 교회가 모래 위에 서 있기 때문이다. 진리는 구호나 교리로 지켜지는 것도 아니고 어느 누가 독점할 수 있는 것도 아니다. 오히려 진리는 예수 안에서의 자유함을 통해 얻어지는 것이다.

자연의 생태계는 서로 다른 종들이 균형을 맞춰 조화롭게 살아갈 때 그 건강이 유지된다. 어느 한 종이 우세하여 다른 종을 말살할 때 결국은 우세한 종 또한 사라지고 만다는 것은 자연의 이치이다. 세상에 기독교 하나만 존재한다고 가정해보자. 그러면 세상에 평화가 올까? 오히려 더 극심한 분쟁만이 있을 것이다. 남한 기독교 안에 장로교단만도 200개가 넘는 현실이 이를 충분히 증명하고도 남는다.

최근 대구에서 이슬람 사원 건축을 반대하여 동네 사람들 특히 근본주의 기독교인들이 이 반대 투쟁에 앞장서고 있다. 만약 이 소식이 이슬람 국가 사람들에게 알려진다고 생각해 보자. 저들 또한 똑같이 자신의 동네에 교회가 세워지는 것을 반대할 것이다. 지금은 기독교가 식민지 착취를 통해 우세한 힘을 갖고 있지만, 이슬람교는 기독교보다 더 많은 인구와 나라를 갖고 있다. 대형 교회치고 선교사를 파송하지 않은 교회가 없다. 자신들이 파송한 선교사들이 현지에서 당할 핍박을 생각한다면 대형 교회 목사들이 앞장서서 이슬람 사원 건립을 도와야 하지 않을까?

3

　　2017년 독일 종교문화청 산하 베를린박물관에서는 루터 종교개혁 500주년을 맞아 *The Luther Effect*라는 책을 출간하고 이와 관련한 역사적 유물과 자료들을 6개월간 특별 전시한 바 있다. 책의 전반부는 16세기 유럽에서의 개신교 태동과 성장, 갈등의 역사를 다루고 있고, 후반부는 세계 개신교의 현황을 다루고 있다. 그런데 250개 이상의 세계 모든 나라의 개신교 역사를 다 다룰 수가 없기에 시대별 대륙별로 4개의 나라를 선택하여 소개하고 있다. 17세기의 유럽 대륙을 대표하여 스웨덴교회를, 18, 19세기의 아메리카 대륙을 대표하여 미국 교회를, 20세기 아프리카 대륙을 대표하여 탄자니아 교회를 그리고 아시아 대륙을 대표하여 한국교회를 선택했다.

　　조선 초기 선교 역사를 기술하면서 관심을 갖고 주요하게 다루고 있는 부분은 서구 교회가 어떻게 조선 민중들 사이에 녹아 들어갔는가 하는 토착화 신앙이었다. 그래서 여러 기록 사진 중에서 가장 많은 부분을 차지한 것이 삿갓을 쓴 예수의 모습이었다. 그리고 오늘날 한국 개신교회를 설명함에 있어서는 *Divided land, divided church*라는 제목 아래, 세계 최대 교회인 여의도순복음교회와 국악 예배와 정의 · 평화 · 생명의 하느님 나라 운동에 앞장서 있는 향린교회 두 교회만을 자세히 소개하였다. 전시물에 있어서는 순복음교회는 예배드리는 모습의 사진만 있었지만, 향린교회는 외벽에 걸려 있던 대형 현수막 3개와 통일 십자가와 국악 예배가 함께 소개되었다.

4

2013년 WCC(세계교회협의회) 10차 대회가 부산에서 열렸었다. 갖가지 행사가 열렸는데, 그중 중심이 되는 것은 수십 개에 달하는 각종 워크숍이었다. 본부에서 주최하는 워크숍은 물론, NCCK의 여러 기관이 주최하는 워크숍도 여러 개가 있었다. 필자는 *Korean Traditional Hymns in Connection with the Ecumenical Spirits*라는 워크숍을 신청했는데, 다행히 채택이 되었다.

그런데 보통의 워크숍은 적게는 칠팔 명 많게는 이삼십 명의 참여자가 있었는데, 향린교회가 주최한 워크숍에는 이백 명이 넘는 신청자가 몰려 가장 큰 강당에서 두 시간 동안 진행했고, 청중들의 큰 호평을 받은 바 있다. 스웨덴에서 온 한 참석자는 자신이 새찬송가 편집위원으로 있는데, 우리 국악 몇 곡을 넣겠다는 얘기를 공개적으로 하기도 하였다. 우리가 다른 나라의 교회를 방문하면 당연히 그 나라의 전통과 문화가 반영되어 있는 특색 있는 교회를 찾듯이 세계 기독교 지도자들 또한 그러했던 것이다.

지금도 필자는 한국교회들이 서구 신학에 종속되어 서구 교회의 예배 형식이나 신조 그리고 찬송을 당연히 여기고 우리의 것을 무시하는 현실을 매우 안타까워하고 있다. 이천 년 전 예수는 팔레스타인 사람으로서 눈은 까맣고 코는 납작하고 곱슬머리의 흑인에 가까운 사람이었다. 파란 눈의 백인이 아니었다. 지금 우리가 알고 있는 기독교는 백인 서구인들의 토착화 과정을 겪은 신학에 기초하여 형성되고 발전된 것이다.

오늘 우리에게 필요한 것은 성서 안에서 기독교의 원형을 찾아내고 이를 우리의 전통과 문화에 맞게 토착화하는 신학적 작업이다. 이를 해내느냐 못해내느냐에 따라 한국 개신교의 미래가 달려 있음은 물론이다.

변선환은 혼합주의자라는 왜곡

최대광

공덕교회 담임목사

올해는 소위 "감리교교리수호대책위원회"가 결성되어 당시 감리교신학대학교 학장이었던 변선환 교수를 '이단'으로 총회에 고발하여 감리교교단에서 쫓아낸 지 30년이 된 해이다.

이 사건 이후에 목사 안수를 받고 지금껏 살아오면서 가끔 감리교회 주변을 떠도는 '재판'에 관해 듣자면, 교회 안에서가 아닌 경찰이나 검찰에 고소, 고발하여 재판을 진행했다는 내용들이 대부분이었다. 복잡한 소송 절차에 별 관심이 없는 나와 같은 대부분의 목사는 이런 고소나 고발의 많은 부분을 차지하는 것이 감독이나 감독회장의 자격 문제에 관한 것이라고 기억할 것이다. 재판 결과에 따라 감독의 권한이 효력을 갖느냐 마느냐가 평범한 사람들이 갖는 재판에 대한 소박한 관심일 것이다. 그리고 결과가 어떤 식으로 나오든 재판이 있었다 하면 설왕설래하는 담론 중 하나는 "왜 교회 안에서 해결할 수 있는 것을 '사회법'에 호소하여 일을 복잡하게 만드느냐?

교회는 나름의 교회법이 있지 않느냐?"라는 말이었다. 한마디로 우리 스스로 자정 능력이 있는데, 왜 '세상'의 법정에 호소하느냐는 말이다. 그런데 소위 '사회법'에 감독의 자격이나 교회의 제반 문제를 고소하거나 고발한다 하여도 판결의 기준이 되는 것은 결국 감리교 「교리와 장정」이다. 감리교 교리와 장정을 제대로 지켰느냐 하는 것을 법원이 판결하는 거다. 결론적으로 교회나 교단에서 일어나는 재판의 문제는 감리교회 내 재판위원들과 그 결정을 별로 믿을 수 없으니, 법원에서 다퉈보자 이 말이다.

1

이와 같은 불신은 30년 전 "감리교교리수호대책위원회"에서 했던 고발장을 보면 더 명확해진다. 30년 전의 고발인들의 기소장을 읽어 보면 그 내용도 믿을 수 없는 것일 뿐 아니라, 그 재판 결과도 믿을 수 없는 결론이었다. 아마도 이런 역사가 감리교단에서 벌어지는 재판을 불신하게 된 원인이 아니었을까?

이 기소장에 대한 변선환 교수의 "기소장에 대한 해명의 글"을 보면, 이런 생각이 들 때도 많이 있었다. '만일 이 건의 피고자인 변선환 교수가 저들의 고발과 총회의 판결에 불복했다면 어땠을까?' '만일 변선환이 감리교교리수호대책위원회를 무고와 명예훼손으로 고소했다면 그 판결과 파장이 어땠을까?' 단순한 추측이지만, 종교 간 다양성을 인정하고, 특히 변선환이 소개했던(주장이 아니라 소개다!) 신 중심의 종교다원주의, 곧 하나의 본질과 다양한 현상이라는 지극히 서구 철학적 개념 아래 종교는 신을 이해하는 인간의 체계일 뿐이라는 지극히 상식적인 시각을 법원에서 「교리와 장정」을 참고로 해서 '이단'이라 낙인찍었을까?

변선환은 힉(J. Hick)의 신 중심적 종교다원주의를 소개하고, 폴 니터(Paul Knitter)의 『오직 예수 이름으로만?』(No Other Names?)을 번역했지만, 미국이나 유럽에서는 종교학적 연구 방식을 '종교신학'(theology of religion)으로 받아들인 지 이미 오래다. 말이 나왔으니 말인데, 만일 감리교교리수호대책위원회의 논리라면 기독교까지 다양한 종교 중 하나라고 연구하는 '종교학'은 '이단 제조사'로 법정에 고소해야 옳을 것이다. 물론 사회적 웃음거리가 될 것이 뻔하지만 말이다.

사회 법정으로 끌고 가지 않은 변선환은 아마도 감리교교리수호대책위원회의 목사들보다 감리교를 더 사랑했을 것이다. 왜냐하면 이들의 후예들은 지금도 툭하면 사회법에 고소, 고발했기 때문이다.

기소장을 읽어 보면, '증거 없는', '카더라'가 증거로 수집되어 있다는 것을 알 수 있다: "일본에 선교사 보낼 필요가 없어. 저들은 다 자기들의 종교로 구원받아…"(일본의 호텔에서 권유순 목사에게 한 말)라고 주장하여, "예수 그리스도의 유일성과 그를 믿고 영접하는 모든 사람은 구원을 얻을 수 있다는 구원의 보편성과 유일성을 내버리고 반 기독교 사상을 고취"했다고 말하고, "뉴욕의 한 법당에서는 불교의 부흥 발전을 위한 강연회에서 강의를 하는…(최원택 목사 증언, 1608 Labunam Ave. Flushing N.Y. 11358. U.S.A) 등의 반기독교적 배교행위를 자행"했다고 용감하게 말하고 있다. 증거도 없이 누군가의

'말'에 의존하고 있다. 그리고 "구라파의 교회들을 죽이고 미국의 교회들을 죽이고 온 세계 교회를 죽이려 드는 자유주의신학 사상의 다원주의의 위험성과 허구성을 극렬하게 보여주었"다고 말하고 있다. 유럽과 미국 교회의 교세 이탈이 자유주의신학과 다원주의 때문이라고 말하고 있다. 이게 진짜인가? 증거가 없다. 데이터도 없다. 그냥 자기 생각일 뿐이다.

또한 기소장에는 "자유주의신학의 이단 사상에 편승하여 Satan 마귀의 가장 큰 도구로서 그 일익을 담당"했다고 변 교수를 몰아세우고 있다. 자유주의신학이 이단 사상이란다. 여기에 Satan이라고 '영문'으로 표기하고 있다. 지금도 이것을 보면 뿜어 나오는 웃음을 절제할 길이 없다. "자유주의신학=이단=Satan 마귀"란다.

자유주의신학이란 다른 것이 아니다. 성서를 주석함에 있어 문학 '비평'을 하는 신학을 자유주의신학이라 한 것이다. 한마디로 성서의 축자영감설을 믿지 않고 사회학과 문화를 포함한 문학작품으로 성서를 이해하는 것이다. 그래서 이 가운데 '숨어' 있는 저자의 계시적 체험, 곧 하나님과의 만남과 결단을 찾아내는 작업이 주석과 신학적 작업이다. 이런 작업을 한다면 다 자유주의신학이다. 그렇다면 모든 교단 신학교는 지금 '자유주의신학'을 가르치고 있는 것이다.

또한 기소장은 이성을 가지고 있는 동·서양의 모든 신학자를 싸잡아 'Satan'의 제일 큰 도구라며 명예훼손하고 있는 것이다. 이러면서 기소장은 변선환이 "감리교단의 당면 선교 과제인 7천 교회, 200만 신도운동에 가장 큰 장애 요인과 올무가 되고 있는 것이 명백한 사실"이라는 명백하지 못한 말을 하고 있다. 진짜 변선환 때문에 신도 수가 줄어들었는가? 그렇다면 신도 수를 다 까먹은 개체 교회 목사들도 출교 당해야 하는가?

죄인을 문책하려면 증거를 가져와야 한다. 그런데 증거가 너무나 추상적일뿐더러 논란과 다툼의 여지가 많고, 이런 증거 없는 '카더라'를 증거라고 제출한 것을 가지고 한 사람을 죽음으로 몰아넣는 기소장을 인정하여 이단으로 선언한 재판을 어떻게 상식적으로 인정할 수 있다는 말인가? 이만큼 기소장은 엉망이고, 재판도 엉망이었다. 그런데 항소도 없고, 상고도 없고, 재판 하나로 끝. 이런 폭력이 어디 있는가?

2

그럼에도 불구하고 변선환이 대담한 신학적 '다툼'의 한 요소가 기소장에 들어 있다. 이것은 실제 종교다원주의의 문제이며, 기소장에서 왜곡한 '혼합주의' 문제다.

당시의 기소장은 이렇게 시작하고 있다: "위 자는 파니카의 신학을 지지하며 혼합주의적인 기독론을 발전시켜 '기독교 밖에 구원이 없다는 교리는 신학적인 토리미의 천동설에 지나지 않는다'(「크리스챤신문」 1990. 12. 8.)고 하는 다원주의 입장을 지지 및 찬동하면서 말했으며…." 사실 이에 관해서는 변선환도 장문의 응답을 하고 있으며, 본인의 신학적 입장을 표명하고 있다. 그리고 바로 이 지점이 이번 글을 쓴 요지가 될 것이기도 하다.

먼저 기소장에는 파니카(Raimon Panikkar)를 '혼합주의'라고 했는데, 혼합주의란 아이티의 부두교와 같이 기독교와 토착 종교를 결합하여 '부두교'라는 종교를 만든 것을 혼합주의라고 하는 것이지, 성서와 기독교의 전통을 우리가 가지고 있는 문화와 철학으로 해석하는 것을 말하는 것은 단연코 아니다. 이에 관해 구체적으로 해설하면서 설명하고 있는 변선환의 "기소장에 대한 해명의 글"을 읽어 보자:

> 혹자는 인도 신학자 M. M. Thomas, Stanly Samartha, Raymond Panikkar의 신학을 힌두교적 혼합주의라고 비판하며 정죄합니다. 그러나 희랍 철학이나 독일 철학을 사용하여서 만든 서구 신학은 혼합주의가 아니고 유독 힌두교나 불교나 유교와 같은 동양 철학의 범주를 가지고 복음을 재해석한 모든 아시아 신학은 아시아적 혼합주의라고 비판하는 이유를 본인은 아무리 생각하여도 이해할 길이 없습니다. 혼합주의는 한국에서 통일교회의 혼혈주의와도 관계가 되어서 오해되기도 하지만 역사적으로 많은 오해를 가져오게 하는 오염된 용어가 되었습니다. 그러므로 파니카는 Syncreticism이라는 말 대신에 Prolepticism이라는 말을 씁니다.
> _ 변선환, "기소장에 대한 해명의 글"

3

독일의 철학자 칼 야스퍼스(Karl Jaspers)는 서양의 문화를 "헤브라이즘과 헬레니즘의 결합"이라고 말하고 있다. 더 정확히는 서구의 문화가 '기독교' 문화라면 이 기독교 문화라는 것이 헤브라이즘과 헬레니즘의 결합이라는 것이다. 이 양자가 어떤 형식으로 결합되었는가?

초대 교부 중 하나이면서 기독교, 특별히 루터(M. Luther)에 의해 개신교 신학의 형성에 절대적 영향을 끼쳤던 어거스틴(Augustine)은 마니교의 이원론을 극복하는 데 있어 플로티누스(Plotinus)의 철학에 절대적인 영향을 받았다는 것은 주지의 사실이다. 그런데 플로티누스가 기독교인인가? 서양의 수도원 전통에 역시 절대적 영향을 끼친 영적 삶의 가이드 라인이 "부정-비춤-연합"이라는 3단계 구조인데, 그 원조도 역시 이교도인 플로티누스다.

중세를 만들었던 신학은 토마스 아퀴나스(Thomas Aquinas)의 『신학대전』이다. 그런데 이런 토미즘이란 아리스토텔레스의 신학적 재해석이다. 토마스 아퀴나스가 말한 '부동의 동자'(Unmovable Mover)라는 신의 위상은 아리스토텔레스(Aristoteles)에서부터 나온 것이다. 창조된 세상을 하나의 움직임과 생성으로 본다면 제 근원적 운동의 시작을 신으로 본 것인데, 아리스토텔레스 역시 기독교인이 아니다. 이교도다. 서구의 철학은 플라톤(Plato)과 아리스토텔레스의 초월과 운동의 영역을 중심으로 해석한 흐름이며, 위에서 언급한 플로티누스는 이 양자를 종합하려 했으나, 플라토니즘에 아리스토텔레스의 운동을 가미하여 창조를 유출로 해석한 신플라토니스트다. 플라톤과 아리스토텔레스의 양대 철학은 신학을 형성했고, 특별히 플로티누스는 서양의 수도원과 신비주의에 절대적인 영향을 끼친 사람이다. 세 사람 모두 다 이교도다.

그런데 서양 기독교에 대해서는 그 누구도 '혼합주의'라고 하지 않는다. 야스퍼스는 '혼합주의'(Syncretism)가 아니라 '결합'(Synthesis)이라고 했듯이, 파니카 역시 Prolepticism이라 했다고 말한다. 설명하자면 복잡해지지만 한마디로 '전위적'이라는 말이다. 사실 이 말도 필요 없었다. 명쾌한 해답은 그가 위에서 밝혔듯이, 다음 문장에서 표현되어 있기 때문이다: "유독 힌두교나 불교나 유교와 같은 동양 철학의 범주를 가지고 복음을 재해석한 모든 아시아 신학은 아시아적 혼합주의라고 비판하는 이유를 본인은 아무리 생각하여도 이해할 길이 없습니다."

왜 서양은 괜찮고 우리는 안 되는가? 바로 이런 생각이 문화제국주의적 생각이고, 오리엔탈리즘적 사고방식이 아닌가? 신약 성서 자체도 이미 헤브라이즘을 헬레니즘으로 해석한 토착화신학적 작업의 일환이기도 하다. 요한복음은 하나님의 말씀인 히브리어 '다바르'(Dabhar)를 서양 철학적 '원리' 개념인 '로고스'(logos)로 해석하지 않았는가? 그리고 로고스가 '육화'된 존재를 그리스도로 보았고, 그리스도란 '왕'을 뜻하는 메시아를 넘어 초월적 신과 인간과 우주를 결합하는 중재자인 육화된 로고스로 본 것이 아닌가?

이미 위에서 살펴본 바와 같이 서양의 기독교에서 플라톤과 아리스토텔레스, 플로티누스의 후예들이 구성한 철학을 성서와 전통을 이해하는 방식으로 받아들이는 분야가 조직신학이다. 기소장에는 변선환의 '자유주의신학'인 종교다원주의를 문제 삼으면서 "탈 기독교

적, 탈 고백적, 탈 사도적, 탈 복음적"이라고 말했다. 그렇다면 서양
의 조직신학이라는 학문 자체가 "탈 기독교적, 탈 고백적, 탈 사도적,
탈 복음적"이 아니겠는가?

　　종교다원주의는 변선환의 종착역이 아니었다. 그는 종교다원주
의를 '소개'했는데, 그 이유는 동·서양 종교를 같은 위상에 놓고 보
아야 한다는 것이었다. "기소장에 대한 해명의 글" 제일 앞에 변선환은
이렇게 말했다: "본인의 신학은 '종교해방신학'(Liberation Theology
of Religion)을 지향하고 있습니다." 박수도 마주쳐야 소리가 난다고,
기소장에는 '종교다원주의'를 말했는데, 변선환은 '종교해방신학'을
지향한다고 말하고 있다. 이것이 무슨 말인가?

5

　　변선환은 서양 기독교와 동양의 종교들은 같은 위상에 놓고, '한
국적 신학'을 만들려 했다. 종교다원주의가 서양의 개념을 끌고 들어
와 종교적 평등을 시도한 것이라면, 그가 말하는 한국적 신학, 곧
'종교해방신학'은 한신대의 민중신학과 감신대의 토착화신학을 창의
적으로 재구성하여 민중신학의 비종교성 혹은 '비영성적' 역사주의
를 비판하고, 토착화신학의 '비역사성'을 비판하면서, '종교성을 포함
한 역사성'을 신학적으로 재구성하려 했던 것이다. 이와 비슷한 사람
은 러시아의 철학자 베르댜예프(Nicolas Berdyaev)나 유대 철학자
이자 문예비평가인 벤야민(Walter Benjamin)이 될 것이다. 베르댜예
프는 '기독교' 신앙이 사라진 물질화된 서양의 문명을 노예의 문명이

라고 비판했고, 예수 정신이 사라진 기독교 역시 노예화라 비판했다. 그리고 하나님의 형상을 '인격'으로 보며, 하나님 형상의 회복하는 '인격주의'를 물질주의적 노예화를 극복하는 단초로 보았다.

벤야민은 사적유물론을 메시아니즘적으로 재구성하면서 급진적 진보성 혹은 극단적 '역사성'에서 필연적으로 나타날 수밖에 없는 공리적 상황, 곧 소수자들의 소외나 아픔에 문제 제기한다. 벤야민은 급진주의에서 공리적으로 소외될 수밖에 없는 사람들과 생각들까지도 끌어안으려 했으며, 이것이 그의 메시아니즘이었다. 변선환도 이와 같이 종교와 영적 체험을 역사성과 결합하려 했던 종교해방신학을 창의적으로 구성하려 했으나 싹부터 잘린 것이었다. 기독교교리수호대책위원회는 학문의 자유와 창의성을 억압했고, 지금까지 감리교 내 창의적 신학의 운동을 '자기검열'하는 폭력을 자행하고 있는 것이다. 종교재판은 30년이 지났다. 그런데 지금도 여전히 진행형이다.

이제 좀 자유롭게 숨을 쉬며 살고 싶다. 남의 말을 빌려 하나님을 이해하는 것이 아니라, 내가 이해하고 싶다. 그리고 머리로만 이해하는 것이 아니라, 내 가슴팍에 '딱' 하고 와 닿아 나의 말과 생각으로 하나님을 고백하고 싶다. 그리고 이 고백이 나의 내면적 체험으로 그치는 것이 아니라, 하나님 나라를 향한 구체적 실천의 삶을 살고 싶다. 이것이 잘못됐는가? 잘못되지 않았다면, 변선환도 잘못이 없다!

길이 그친 그 지점에서 다시

송병구
색동교회 담임목사

어느덧 30년이다. 할 말이 많은 듯하나 말문이 막혀 글쓰기가 두려워진다. 솔직히 말하면 말과 길을 잃고 지내왔기 때문이다. 30년 전 길을 잃은 그 지점에서부터 우리는, 감리교회는 미래로 가는 길을 만들지 못했다는 생각이 든다. 감리교회다운 신학은 차차 설 땅을 잃었고, 그 본산인 신학교는 점점 불임의 세월을 맞고 있다. 입학 연령의 인구가 줄고, 코로나19 때문만이 아니다. 교회가 희망으로 이끌 길을 잃은 까닭이다.

미적미적 30년 전의 자료를 뒤적거리는 중에 뉴스앤조이 기자가 전화를 걸어 왔다. 30년 전 종교재판에 대한 글을 쓴다면서 제자 그룹에 후하게 나를 포함시키며 사진 혹은 영상자료 등을 요청한다. 굳이 '애제자' 여부에 대해 변명할 필요는 느끼지 않았다. 다만 그럴 만한 자격이 될지 돌아볼 기회를 얻었다. 그렇다고 30년 전의 일에 대해 서사적 의미를 과도하게 부여하는 일도 멋쩍게 느껴진 것도 사실이다.

그렇게 30년을 살아왔다. 1992년 당시 나는 두 가지 언로의 편집자 역할을 자임하며 기록자로 존재하였다. 그중 하나로 감리교신학 대화모임 준비 자료집을 엮었다. 「감리교의 오늘과 내일, 그 신학적 조명」이다. 이젠 연보라 표지가 희뿌옇게 다 닳았다. 자료집은 두 신학자를 대신하여 변명하고 있지만, 일방적 지지나 비판이 아닌 과정과 절차에 대해 근본적인 문제를 제기하고 있다. 교리의 뼈대를 고수하고 진실을 수호하겠다며 목소리가 넘쳐날 즈음, 보다 성숙한 대안을 제시하려는 시도였다.

1

내용 중 1991년 10월 30일 저녁 8시경에 진행된 제19회 총회(곽전태 감독회장, 광림교회) 상황의 진행을 일점일획도 빠뜨리지 않고 촘촘히 속기록에 남기려는 노력이 그 배경이다. 각주를 참고하여 꼼꼼히 읽어보면 30년이 지난 2022년 10월의 총회 실황과 크게 다르지 않다는 것을 확인할 수 있다. 30년 전에 비해 조금도 지혜로워지지 못한 우리 세대의 부끄러운 모습이 만화경처럼 비친다. 예고편처럼 앞으로 더 큰 갈등이 기다리고 있다.

당시 준비위원회 이름으로 서문 "복음진리 앞에 정직하기 위하여"에 이렇게 적었다.

"이것은 진리에 관한 문제이지 정치 문제가 아니다. 우리는 결코 물러나

거나 타협할 수 없다." 이것은 요즈음 교단 내에 비상한 관심의 초점이
되고 있는 두 교수의 출교 판정을 앞장서 추진해 왔던 분들이 처음부터
내세웠던 주장입니다. 옳습니다! 애초에 이 문제를 교권 쟁탈전 정도의
정치 문제로 보려던 시각이 안팎에서 제기될 때 뜻있는 목회자와 신학자
들은 그것을 부인했습니다. 이 문제는 진리의 문제라고 본 것입니다.
진리에 대한 신학적 물음! 이것이 없이는 문제의 본질과 핵심에 이를 수
없다고 본 것입니다. 그런데 왜 진리 수호의 싸움이 교단 정치의 싸움으
로 전락했습니까? 왜 공개적인 만남과 대화의 장이 실종되어 버렸습니
까? 진리가 수억 원을 들인 홍보로 지켜집니까? 진리가 밀실에서의 세력
확장 전략으로 수호됩니까? 진리를 지키기 위해서라는 명분이면 고소
인이 곧 재판인이 되어 어떤 변호나 진리 규명의 노력도 신중하게 고려
하지 않은 채 미리 준비한 판결문을 읽어 내려도 좋은 것입니까? …
_「감리교의 오늘과 내일, 그 신학적 조명」, "책을 펴내며"

2

또 다른 편집자로서 역할은 「감리회보」였다. 혼란기마다 문제의
식을 전하던 호외 성격의 회보는 2009~2010년에는 「감리교 신문」
으로 이름을 바꾸어가며 10여 차례 발간된 적이 있다. 어쩌면 그 시
기마다 긴급한 상황을 흥분하며 전했지만, 기록을 남김으로써 역사
적 평가를 기대했던 측면도 있었다. 유감스럽게도 「감리회보」의 원
본은 찾을 수 없고, 다만 1992년 5월 7일 금란교회에서 열린 재판
방청기 "이 재판에는 인간의 얼굴이 없다"를 스크랩으로 남겨 두었

다. 다시 기록자의 입장에서 전문을 인용한다.

당당했다. 13인의 재판위원들은 스스로 내린 엄청난 결정에 조금도 동요하지 않고 자신만만했다. 그들 중 다섯은 장로였는데 건축업자, 보험대리점업, 부동산투기꾼, 그리고 실업자 등등… 아마 그들의 의연함은 재판 결정에 대한 신학적, 교회사적 무지에서 비롯되었음에 틀림없다. 고소인들 역시 긴장된 낯을 감추지 않았으나 재판 진행에 만족해했다. 방청 제한 인원인 40명 전부를 보디가드로 가득 채워놓은 김홍도 목사, 무덤을 팔아 그리스도의 몸인 교회를 망쳐온 유상렬 장로, 여전히 자신도 통일교 시비에서 벗어나지 못한 채 오히려 통일교 신드롬을 부추기는 데 혁혁한 공을 세운 금란교회 이규철 전도사는 '헤롯과 빌라도가 바로 그날 밤에 다정한 사이가 된 것처럼'(눅 23:12) 나란히 앉아 시종 재판 분위기를 주름잡았다.

변선환 학장에 대한 재판은 1시간 12분 만에 끝났다. 심사위원장이 내린 구형은 "출교!" 재판 중 변 학장은 자신이 48년간 신학을 했다고 말했다. 그러나 고재영 재판위원장을 비롯한 신학적 천재들은 단 15분 만에 심문을 마쳤다. 한사코 신학 논쟁을 거부한 그들은 의사진행조차 파행으로 이끌었다. 대입학력고사도 서술형으로 바뀌는 마당에 경직되게 'O'와 'X'만을 강요한 그들은 신앙과 신학의 구분을 명쾌하게 해냈다. "우리는 당신의 신앙을 진단하는 것이요!"

천만에도 그들의 관심과 태도는 신앙적이지 못했다. 오히려 신학적 열등의식의 발로인 듯싶었다. 현대신학을 고고학의 프리즘으로 바라본 그들의 심문은 구석기시대의 투석전을 능가했다. 재판위원의 도도함은 계엄령 하의 높은 법대에 앉은 군사 재판정 장면을 쉽게 떠올렸다. 냉소적인 싸늘한 비웃음, 입을 맞춘 검사와 법관, 계획된 수순과 음모적인 시나리오, 그리고 한 건 올리려는 재판위원들의 편견에 가득 찬 경쟁적인 발언들은 마녀재판에 나선 중세기의 검은 비로도의 까마귀 떼를 연상케 했다.

그들은 강도와 다름없었다. 신앙 양심을 유별나게 강조하면서도 피고인에게는 너무 염려하지 말고 입을 꼭 다물라고 했다. "진술은 문서로 하시오. 당신의 변명을 듣기 위한 시간은 없소!" 촌분의 설명과 이해를 구할 짬은커녕 최후 진술을 위한 단 한줄기의 외마디도 지를 사이 없이 재판은 막을 내렸다.

교권을 등에 업은 신흥 성장주의자들과 설익은 근본주의와 유사 복음주의로 채색한 소위 그들의 신학자들은 의기양양하게 재판에서 승리했다. 그것은 제1막의 종결이었다. 변 학장은 재판정문을 나서면서 "이 재판에는 '인간의 얼굴'이 없다"고 중얼거렸다. 그는 돌아가면서 심사위원장의 붉은 낯을 위로했다.

계속된 홍 교수에 대한 재판은 단 30분 만에 끝났다. 재판위원에 대한 기피신청과 변호인 선임이 거부당한 채 궐석으로 진행되었다. 논리의 비약을 즐기는 재판위원들은 신학의 세례를 받아보지 못했음은 물론 감리교 신학의 문턱 밖에 서 있는 이들이었다. 감리교 장정은 도깨비방망이었던가? 변, 홍 두 교수에게 적용된 법 조항은 장정 '17단 9조' 등 5개 조항이 완벽하게 일치하고 있었다.

사회학자 빈스완거는 자살의 가장 큰 이유로 미래폐색증을 들었다. 감리교단에 내일이 있는가? 온통 벽으로 둘러싸여 갇힌 하늘, 그러나 역사의 제2막은 분명히 열리리라.

_「감리회보」, "재판방청기"

3

유감스럽게도 30년이 지났지만 역사의 제2막은 아직 열리지 않았다. 미래로 가는 길은 방향을 잃은 채 그저 시류를 탓하며 밀려가는 중이다. 감리교회와 감리교 신학이 여전히 정체성의 구색조차 제대로 갖추지 못한 까닭이다.

당장 1992년 총회는 차지하고라도 2022년 총회 역시 격랑으로 휘청거렸다. 30년 전에도 드물게 WCC와 NCC 탈퇴를 운운한 적은 있지만, 지금은 몇몇 건의안에 따라 곧 100년 역사를 바라보는 한국기독교교회협의회 탈퇴를 투표로 결의하자고 아우성을 벌였다. 찬반 토론에서 집단지성은 찾아볼 수 없었다. 앞으로 사회적 진보 의제가 계속 제기될 때마다 감리교회는 더욱 수렁에 빠질 것이다. 시대정신을 내다보는 등불과 혜안이 없으니 퇴행과 퇴보라는 역행의 길이 훤히 보인다.

이러한 현상이 30년 전 종교재판의 후유증이라고 한다면 과장일까? 지금도 아쉬운 것은 그때처럼 대화의 부재이고, 절차의 비합리성이다. 우리 자신에 대한 성찰과 날 선 비판의식은 무모한 기대다. 지금 감리교회는 30년 전보다 더 무거운 반지성에 짓눌려 있다. 공교회 의식은 사라진 지 오래다. 불법이 일반화되고, 서로 먹고 살기 위해 어쩔 수 없는 일이라며 두둔하기에 이르렀다.

교리 수호의 결과가 더 많은 경건과 헌신을 가져오기보다, 더욱 비릿한 비신앙적 행태와 물질주의를 가져왔다면 그것은 과연 진리였을까? 종교재판에서 압도적으로 승리한 무리는 앞장서서 저마다 교회를 세습하였고, 기득권을 공고화하는 데 골몰하였다. 이젠 대형 교회든 개척 교회든 규모를 불문하고 편법 세습과 성직 매매는 웬만한 사람들조차 당사자가 된 지 오래다.

4

종교재판 30년은 무엇을 남기고, 또 낳았을까? 감리교의 현실은 더욱 악화되고 혼란스러워졌다.

「기독교사상」은 2020년 8월호에서 특집으로 "2010년 이후 교단 총회의 흐름"을 다루었다. 감리교의 경우 피상적인 현상 진단에 그치지 않고 더욱 근본적인 데까지 나아가야 한다고 짚었다.

> 지난 10년 기간 감리회 총회의 발자취를 간략하게 살펴보았다. 4년이란 긴 시간 동안 총회의 부재 사태는 초유의 일이었다. 불행한 시기를 거친 이래 비록 불상사 없이 총회가 몇 차례 더 열렸다고 해서 과연 정상화되었다고 말할 수 있을까? 유감스럽게도 2016년 10월에 취임한 감독회장은 선거무효 소송으로 불명예스럽게 물러났으며, 대신 2019년 총회실행위원회에서 선출된 감독회장 직무대행은 현재 감리회를 대표하고 있다.
>
> 지금도 미래를 예측할 수 없는 임시성은 계속되고 있으며, 지속 가능

커녕 난형난제의 모습은 여전히 진행 중이다. 총회 소집이 아예 불가능했던 10년 전과 비교한다면 과연 지금은 나아진 것일까? 그동안 감리회가 주력해 온 정치제도의 개선을 통한 정상화 시도는 한계가 분명해 보인다. 지금 필요한 것은 감독제와 선거법 개정보다 더 근본적인 감리회의 회복이다.

_「기독교사상」 740호, "무신불립(無信不立)의 기독교대한감리회 총회 10년"

돌아보면 아쉬움이 많다. 1992년 서울연회 재판위원회는 재판 이후 「교리사건 재판자료」를 두텁게 펴냈다. "변선환·홍정수의 교리사건"이란 부제를 붙인 일종의 백서였다. 진리를 수호한 승자의 관용처럼 반대 의견과 비판 기사도 두루 포함하였다. 그만큼 일방적인 힘을 과시할 만큼 스스로 우위에 있었다는 것을 반증한다.

글을 마무리하며 자문한다. 지금도 감리교회는 그 전통 속에 존재하고 있다. 사실 언제 우리 한국교회가 또 감리교회가 공의와 진리 앞에서 단 한 번이라도 진지해 본 적이 있던가? 우리는 한국 감리교회의 선배들로부터 유산을 상속받았으나 또한 원치 않는 부채도 물려받았다. 그 부채는 우리 감리교회를 거꾸로 가게 만들고, 역사를 되돌려 놓기도 하였다.

오늘의 자리에서 회복하고, 현재화해야 할 것은 무엇일까? 중요한 것은 길이 끊긴 그 지점에서 다시 길을 여는 일을 계속하는 일이다. '길과 진리와 생명'이신 예수님과 고난의 길, 가시밭길도 마다치 않고 꾸준히 성실하게 동행하는 그 길이여야 할 것이다.

감리교 종교재판에 대한
내·외부의 시선

감리교 종교재판,
한국적 '보편종교'를 향한 진통과 선취

이은선

한국信연구소 소장

지금으로부터 30년 전 1992년 5월 7일, 변선환 선생님은 동료이자 후배 교수 홍정수 교수와 함께 그가 평생 사랑하며 온몸과 마음을 바쳐 섬겨왔던 한국 감리교회로부터 '출교'를 선고받았다. 그 출교는 1991년 12월 2일 김홍도 목사(금란교회)와 유상렬 장로가 대표하는 "교리수호대책위원회"가 두 교수의 신학을 서울연회에 고소하면서 이루어졌다. 당시 판결문 말미에는, "이 이후에 계속 피고와 같은 주장에 동조, 지지, 옹호 및 선전하는 자는 기독교대한감리회 내에서 동일한 '범법자'로 간주되어야 한다"라는 부언이 붙어있었다고 한다.

30년이 지난 오늘, 선생님을 한 명의 '범법자'로 만든 이 사건을 다시 불러내서 그때 진정 무슨 일이 있었던 것일까를 묻고, 선생님이 출교 후 3년 여의 시간을 큰 고통 속에서 사신 것을 생각하며 그런 가운데 1995년 8월 7일 이 땅에서 마지막 일로 원불교 소태산 탄신

100주년 기념 강연을 위한 "한일 양국의 근대화와 종교"를 쓰다 책상 위에서 돌아가신 것을 다시 떠올리자 가장 먼저 든 생각이 히브리 성서 욥에 관한 것이었다. 상투적으로 그들 고통의 양을 비교하자는 것이 아니다. 그보다는 욥이라는 시대의 저항가가 당시 일반적으로 널리 퍼져있던 하나님 상(像)과 (정)의, 징벌이나 구원 등에 관한 이야기를 전복시키고, 그것을 다른 새로운 '보편 이야기'(a common story)로 세우기 위해 얼마나 치열하게 논리(logics)와 사유(理)로써 저항해나갔나 하는 것이 선생님의 오랜 학문과 치열한 설교가로서의 삶과 투쟁에 많이 오버랩되었기 때문이다. 히브리성서에 당시 욥이 그 새로운 보편 이야기의 탄생을 위해서 겪었던 고통과 고뇌가 여러 가지로 그려져 있지만, 이번 본인에게는 다음의 강변이 가장 크게 다가왔다.

> 너희는 내 항변도 좀 들어 보아라. 내가 내 사정을 호소한 동안, 귀를 좀 기울여 주어라. 너희는 왜 허튼소리를 하느냐? 너희는 하나님을 위한다는 것을 빌미 삼아 알맹이도 없는 말을 하느냐? … 하나님이 너희를 자세히 조사하셔도 좋겠느냐? 너희가 사람을 속이듯 그렇게 그분을 속일 수 있을 것 같으냐? … 나라고 해서 어찌 이를 악물고서라도 내 생명을 스스로 지키려 하지 않겠느냐? 하나님이 날 죽이려고 하셔도 나로서는 잃을 것이 없다. 그러나 내 사정만은 그분께 아뢰겠다. 적어도 이렇게 하는 것이 내게는 구원을 얻는 길이 될 것이다. … 나를 좀 보아라, 나는 이제 말할 준비가 되어 있다. 내게는, 내가 죄가 없다는 확신이 있다(욥 13:6-18).

1

우리가 잘 알듯이 당시 선생이 일어나 항거한 보편 논리는 "교회 밖에는 구원이 없다"라는 것이었다. 그것은 원래 중세 가톨릭교회의 논리였지만 1965년 제2 바티칸회의를 통해 가톨릭교회도 그것을 넘어서고 있었다. 하지만 한국 개신교, 그중에서도 한국 토착화신학의 전통을 1백 년 이상 이어온 감리교회는 그를 넘어서려는 선생을 출교시켰다. 당시 출교를 감행한 사람들 중 재판관 15명은 대부분이 위에서 언급한 김홍도 목사 주관의 교리수호대책위원회의 위원들이었고, 함께 신학을 변론할 자리에 있지 않았지만, 선생은 그에 대해서 어떤 변호인도 없이 홀로 자신의 변론에 쓸 묵직한 책 보따리를 들고 와서 그의 항거를 이어갔다고 한다.

우리가 잘 알듯이 당시 선생이 그 시대의 지배 논리에 대항해서 새롭게 내세운 명제는 "교회 밖에도 구원이 있다"라는 것이었다. 그런데 본인은 이 명제에서 그 중심축이 '교회 밖'에 있는 것이 아니라, '구원'에 있었다는 것을 먼저 강조하고자 한다. 즉, 일반, 특히 교리수호대책위원회의 관심과 집중은 '교회 밖'이라는 언어에 있었지만, 본인이 보기에 선생 언술의 진정한 이유(所以)와 출발점(所從來)은 그와는 달리 '구원'에 있었고, 다른 말로 하면 그것은 선생의 '하나님 사랑'이 이유였다는 것이다. 곧 선생이 '교회 밖'을 그렇게 강조한 이유는 하나님 사랑과 구원을 참으로 귀하게 여겨서 그 귀한 것을 더욱 많은 사람에게, 곧 교회 밖 세상 모두에게 전하고자 했기 때문이라는 것이다. 욥은 세 친구가 찾아와서 소위 당시 널리 퍼져있던 하나님의 칭의론을 들어서 욥이 얼마나 불신의 사람이며, 하나님의 정의를 거슬러 왔고, 그래서 지금 당하는 고통이 바로 그런 하나님을 믿지 않는 교만과 거짓 지혜로 말미암은 것이라고 정죄했지만, 욥은 결코 거기에 굴복하지 않았다. 대신에 자신의 다른 말과 항변으로 그 친구들의 논리가 거짓이며, 그들이 말하는 하나님 사랑이나 신앙은 순전한 것이 아니고, 다만 앵무새처럼 자기기만과 가식 속에서 기득권의 수호를 위해 이미 고사한 이론을 상투적으로 내뱉는 것임을 죽기까지 항거하며 밝히고자 했고, 그러다가 다시 큰 하나님을 깊게 경험하면서 그들의 배타와 허위의 일반 이야기를 깰 수 있었다. 그러한 욥이나 이제 참 하나님 신앙과 사랑을 위해서 교회 밖으로 우리 시선을 돌려야 한다고 외친 선생님의 절규를 본인은 다음과 같은 성서 구절이 잘 밝혀준다고 생각했다.

> **다만 하나님을 사랑하는 것이 너희 속에 없음을 알았노라. … 너희가 서로 영광을 취하고 유일하신 하나님으로부터 오는 영광은 구하지 아니하니 어찌 나를 믿을 수 있겠느냐?**(요 5:42-44).

2

선생이 그렇게 한국교회의 주류 논리와 칭의를 뛰어넘어서 한 분 하나님에 대한 깊은 사랑과 믿음으로 그 구원을 전하고자 '교회 밖'으로 나가며 돌파한 경계와 영역은 놀랍도록 다면적이다. 그것은 선생 신앙이 얼마나 역동적이고 살아있는 것이었는지를 잘 보여준다. 다시 말하면 선생의 하나님은 결코 어떤 과거의 교리나 논리, 인간이 만들어놓은 낡은 경계와 고착에 매이지 않는 역동하는 창조의 영(靈, spirit)이었고, 그 살아계신 하나님이 그의 논리(理)였다는 것이다. 그래서 그 영은 불고 싶은 대로 부는 바람처럼 그렇게 시대의 온갖 경계를 분리를 뛰어넘어서 낯설고, 다르고, 타자의 영역과 시간일 뿐이라고 배척당하고 혐오 받아오던 곳과 때로 넘어가셨다. 그런 믿음과 신앙의 선생은 먼저 한국교회가 그동안 자신의 더 오랜 뿌리였음에도 배척하고 낯설어하던 한국 종교와 문화 속으로 들어가셨다. 이와 더불어 우리 실존의 깊은 내면으로도 들어가셔서 참된 하나님 신앙과 예수를 따르는 일이란 각자 우리 내면의 실존 속에서 예수와 같은 삶을 살 수 있는 근거(生理)를 발견하고, 그처럼 사는 길임을 보여주셨다. 위의 성서 구절이 밝혀주는 대로, 예수를 믿고 따르는 일은 한 분 하나님을 믿는 일의 표현이며, 그 가운데서 우리도 예수와 똑같은 일을 할 수 있음을 강조하셨다. 이 믿음을 전통적인 동아시아 신유교 언어로 하면 '리일분수'(理一分殊, principle is one, but its manifestations are many)의 믿음이라고 생각한다.

급기야 선생의 하나님 나라의 확산을 위한 이런 행보는 더욱 심화, 확대되어서 여전히 일정 부분 '타자'로 남아 있던 아시아 종교와 문화를 오히려 주체와 시작점, 텍스트라고 고백하는 지경으로 넘어갔다. 그래서 선생님의 "타종교의 신학", "한국적 종교해방신학"(Korean liberation theology of religions)은 자연스럽게 아시아 민중의 고통과 고난, 비참이 우리 신학의 참된 출발점과 목적이 되어야 한다고 고백하도록 했다. 마지막 유고가 된 "한·일 양국의 근대화와 종교"

에서 선생은 한국인들에게 한국 종교 속에 담지된 적극적인 요소를 더욱 가깝게 만나면서 지금까지 서구를 배워서 이루고자 한 '근대화'를 내실화해서 "토착화된 근대화"로 만들어가야 한다고 요구하셨다. 하지만 본인은 선생의 이와 같은 요청은 거기서 더 나아가서, 오히려 서구가 지금까지 붙잡혀 있던, 자아와 주체 중심의 서구 근대주의를 넘어서 그 근대를 '참된 근대'(authentic modern), 또는 아시아적 '포스트 근대'(post-modern)가 되도록 하라는 요청이 되어야 한다고 본다. 다시 말하면 아시아와 한국의 오랜 내재신(理一分殊)적 전통은 유일하신 하나님 사랑을 믿을 수 있는 근거(理一)를 단지 기독인들이 말하는 '교회 안'이나 인간, 또는 자신들이 실체론적으로 구분해 놓은 어떤 시간과 공간에 한정해서 보는 것이 아니라, 매우 급진적이고 불이적(不二的)으로 이 세상 만물(萬物)과 각자에 내재한다는 것(分殊, 各具一太極/理)으로 끊임없이 밝히고 있다. 그러므로 서구가 이제 이러한 아시아적 인식과 신앙으로부터 배워서 자신들의 좁은 자아와·인간 중심주의, 성직이나 남성중심주의 등의 근대를 넘어서는 근거로 볼 수 있다는 것이다. 그것이야말로 진정 17세기 서구 유대교 사상가 스피노자(1632~1677)가 언급한 서구적 '보편종교'(religio catholica)도 넘어서 '한국적 보편종교'(Korean religio catholica, 韓國 眞敎)로 더욱 나가는 길이라고 보는 바이다.

유럽 17세기의 스피노자는 당시 신·구교 사이의 갈등과 전쟁이 극심한 가운데 종교(기독교)가 여전히 중세의 왕처럼 군림하고자 하며, 인간 누구나의 보편적 생명 정조를 짓밟으려 하자 그 토대가 되었던 과거 인습의 하나님 상(像)과 인간상을 전복하며, 다시 새로운 기초(코나투스)의 제시로써 참된 인간 공동체를 위한 '보편종교'(a common religion)를 주창했다. 그의 이러한 창조적 항거와 순교자적 희생 덕분에 이후 유럽은 자신들의 근대를 활짝 열 수 있었고, 그러한 스피노자의 이상은 오늘 21세기에도 여전히 선한 영향력을 끼치는 것을 본다.

3

일찍이 '인간' 또는 '인간성'을 지칭하는 '인'(人)이나 '인'(仁)이라는 한자어가 고대 한국인을 지시하는 고유명사였지만, 나중에 그것이 인간 일반을 가리키는 보통명사가 되었다는 이야기가 있다. 이로부터 한국인의 종교 전통으로부터 듣고자 하는 '한국적 보편종교'는 서구의 보편종교 이상보다 더 나갈 수 있다고 생각한다. 이미 한국은 하나님의 영역을 '공'(空)이나 '절대 무(無)'라고 부를 정도로 광대하고, 깊이와 그 속을 알 수 없을 정도로 무궁(無窮)하다고 밝히는 불교적 하나님 이름을 가져왔고, 조선 5백 년 유교 역사는 '사단칠정논변'(四端七情論辨)이라는 뛰어난 논리 항거를 통해서 바른 하나님 상(理)과 인간상(氣), 거기서 더 나아가서 오늘 21세기 지구 위기의 시간에 더욱 긴요하게 요청되는 바른 사물상(人物性同異)의 정립을 위해서 오랫동안 항거해온 저항과 투쟁의 역사를 가지고 있다.

이런 모든 경험을 통해서 한국인들은 서양 기독교 신앙이 들어와서 처음에는 하나님과 거룩의 영역을 획기적으로 확장하는 일에 주력하더니 점점 더 그 반대로 교회 밖과 안을 나누고, 세상과 하나님,

신앙과 지성, 성직자와 평신도, 대형 교회와 작은 교회, 강남과 강북, 담임목사와 부목사 등을 나누며 힘 있고 권력 있는 그룹에 의해서 모든 것이 인클로저(enclosed) 되는 것을 보면서 그것이 얼마나 부자연스럽고, 하나님 사랑의 참모습이 아니며, 그래서 거기에 더는 '구원'이 있지 않다는 것을 직감한다.

한국적 보편종교는 그래서 더욱 나가서 더 넓고 크며, 다양하게 만물의 생명 됨과 그 하나님(天)의 자녀 됨(天地生物之心)을 선포하고자 한다. 온 세상과 모든 시공을 하나님 나라라고 선포하는 한국적 보편종교는 그리하여 더는 과거 2천 년 유대인 청년만을 유일하고 배타적인 그리스도로 숭배하는 한국교회의 '그리스도 우상주의'를 믿지 않는다. 대신에 '복수(複數, plural)의 그리스도'를 말하고, '여성 그리스도'의 도래를 이야기하며, 또한 한국교회의 권력이 자신들 권력과 특권의 최종 토대로 삼는 예수 부활의 독점을 인정하지 않는다. 오히려 이런 모든 것보다 인간과 만물 모두에게 차별 없이, 하나님의 선행 은총으로 선물 주어진 보편적 '공동 인간성(仁)'에 근거해서 오늘의 교회적 차별과 억압은 말할 것도 없고, 지금 한국 사회와 정치, 교육과 세계 유물주의와 무신론의 자본주의가 몰고 오는 극심한 비인간화와 반(反)자연의 폭압과 폭력에 항거하고 싸우는 일에 집중하면서, 그것이 다른 하나님 신앙이고 예배가 되는 것을 부인하지 않는다. 만일 한국교회가 이러한 일을 함께하지 못하고, 계속 왜곡되고 고사한 하나님 상을 강요하면서 거짓 정보와 편협한 신앙, 성차별과 폭행, 차별과 권력 숭배 등으로 그 일을 막는다면 이제 한국 기독인들은 모두 그러한 교회를 떠남으로써 한국적 보편종교의 저항을 이어간다는 것을 밝히고자 한다. 더는 그러한 교회 안에는 구원이 없기 때문이다.

4

그런 가운데서 2022년 5월 서구 교회의 선교로 세워진 한국의 대표적 (보수)교단에 속한 새문안교회에서 초청한 미국 역사신학자 존 코클리 교수는 "기독교는 번역의 종교"라는 말을 했다. 그는 기독교 신앙과 하나님 상이 각 지역의 문화에 의해서 재해석되어 온 역사라는 것을 밝히며 "하나님도 자신을 특정한 인간으로 번역하셨다"고 하며, 기독교의 역사는 그렇게 사실상 "성육신의 확장"이라는 것도 지적했다.

그런데 이 이야기는 바로 오래전 우리의 또 다른 토착화신학자 해천 윤성범 선생이 유교 전통의 언어로 말씀하신 "성(誠)의 신학" 이야기와 다르지 않음을 본다. 그 '誠'을 한국 정신의 핵으로 밝힌 윤성범 신학이 사후 전집으로 출간되도록 후세대 변선환 선생님은 큰 수고를 하셨는데, 한국인들에게 가장 친근한 언어 중의 하나인 '誠'(성실성)이란 바로 그 글자의 형상이 지시하는 대로 '하나님 · 말씀'(言)이 '육신'이 되신 일(成), 곧 '성육신'(誠)의 일이 되고, 다시 더 보편의 언어로 하면 바로 '번역'의 일이 되는 것이며, '토착화'를 말하는 것이다.

아시아의 성서 『중용』(中庸)은 이미 '성'(誠者)을 '하늘의 도'(天之道)라고 칭했고, '그를 따르는 일'(誠之者)이 '인간의 도'(人之道)가 된다고 했다. 그런데 선생 사후 한 회고자에 의해서 그는 참으로 '성실성'(誠)의 사람이었고, "진정 성지자(誠之者)입니다"라는 평을 받았다면, 선생님은 어떻게든 자신의 하나님 사랑을 온 세계와 세상, 다음 세대로 이어주려는 하나님 사랑 번역의 달인이었고, 그런 의미에서 그는 참사람, 참 하나님의 사람으로서 또 다른 그리스도가 되신다는 것을 말해준다고 여긴다. 그는 자신의 그러한 그리스도의 일을 자신을 넘어서 더 이어줄 제자들을 많이 길렀고, 그 제자들은 그리하여 '노다지'이니 '노터치'하라고 소리쳤다. 그러면서 제자들에게 자신을 밟고 넘어서 더 나아가기를 요청했는데, 그렇게 그는 우리의 참된 스승으로서 참으로 선한 하늘의 효자(孝子)이고, 우리 모두에게 그렇게 귀한 문명의 계승자가 되신 것이라 생각한다.

선생님의 사후 20주년을 기해서 나온 책인『선생님 그리운 변선환 선생님』을 보면 그가 얼마나 뛰어난 '네트워크'의 달인이었고, 세상이 이렇게 자꾸 변하는데 어떻게 내 책을 엮어낼 수 있느냐고 하면서 진정 이미 이룬 것에 대한 집착이나 자아에서 벗어난 참 하나님 사람으로서의 자유를 사신 분이었음을 보여준다. 그는 우리 신앙과 하나님 사랑은 결코 한 번에 모든 것을 확보하는 '보장'(guarantee)이 아니라 다만 '기회'(chance)일 뿐이며, 그래서 그 기회 앞에 겸허히 끊임없이 물으며 이미 얻은 것을 비우며 내려놓고 다시 사는 것이 참된 신앙이라는 것을 보여주셨다.

오늘날은 우리 세계가 다시 더 '가상세계'(virtual world)로 확장되는 시대이다. 그러나 그 가상세계조차도 여기 이곳의 하나님 사랑(敬)에 근거한 진실(誠)과 성실(信)이 기초하지 않는다면 그 가상세계는 오히려 인간을 억압하고 파괴하며, 하나님의 창조물인 이 세계와 만물을 큰 위기로 몰고 갈 것이다.

그런데도 한국교회가 과거의 교회 안에 갇혀서 그 구원에 집착하며 폐쇄와 다름에 대한 혐오와 갈라치기로 일관한다면, 그 폐해는 단지 교회나 종교 안의 문제만이 아니라 온 사회, 온 나라, 온 세대로 퍼져나갈 것이다. 오늘 한국 사회에서 광화문 태극기 부대로 대표되는 그룹의 많은 거짓 정보가 한국교회를 진원지로 한다는 말을 매우 염려스럽게 보는 이유이다. 이제 한국교회는 참 회개로 그러한 상황을 예견하시고 어떻게든 그를 넘고자 하신 선생님의 선취의 고통을 돌아보아야 한다. 선생님은 그 일을 감당하기 위해서 스스로가 먼저 순교자의 길을 가셨다. 그런 선생님을 한국교회는 하루속히 신원(伸冤)하여 오늘 온 세계가 간절히 요청하는 참된 통합과 통섭의 하나님 번역이 더욱 드러나는 길을 터주실 것을 강청한다.

불가결의 상호보충
— 하나의 시도

한인철
연세대학교 명예교수

　　변선환 교수가 기독교대한감리회로부터 종교재판을 받고 출교된 지 30년이 지난 지금, 한국 개신교의 새로운 미래를 위해 변선환 교수로부터 계승해야 할 가장 중요한 신학적 통찰은 무엇일까? 이 글은 이런 물음에서 출발한다. '불가결의 상호보충'이라는 개념이 바로 그것이라 생각한다.

　　'불가결의 상호보충'은 변선환 교수가 불교와의 대화를 염두에 두고 사용한 개념으로, 크게 세 가지를 함축한다고 본다. 첫째, 오늘의 한국 개신교는 심각한 한계에 직면해 있다는 것, 둘째, 한계를 극복하기 위해서는 새로운 것을 배울 수 있어야 한다는 것, 셋째, 새로운 것을 배울 때 한국 개신교는 변화할 수 있다는 것이다. 이 글은 이 세 가지를 검토해보고자 한다.

1

오늘날 한국인들은 한국의 개신교를 어떻게 보고 있을까? 2022년 3월 31일부터 4월 4일까지, 전국 성인 남녀 1,000명을 대상으로 국민일보와 〈사귐과섬김〉 부설 코디연구소가 "기독교에 대한 대국민 이미지 조사"를 한 적이 있었다. 먼저 가장 선호하는 종교를 물었다. 불교 1위, 천주교 2위, 개신교 3위였다.

천주교를 포함해 타종교에 구원이 있느냐고 물었던 개신교로서는 충격적이다. 그런데 이보다 더 충격적인 것은 호감도였다. 불교는 66.3%, 천주교는 65.4% 그리고 개신교는 25.3%였다. 여기에 또 하나 충격적인 것은 개신교에 대한 신뢰도였다. 신뢰도는 18.1%였다. 타종교의 구원을 묻는 개신교에는 과연 구원이 있느냐고 되묻는 이유가 여기에 있다.

왜 이렇게 되었을까? 조사보고서에 따르면, 첫째는 교회 지도자들의 비윤리적인 삶, 둘째는 교인들의 배타적이고 독선적인 언행, 셋째는 재정 불투명성, 넷째는 교인들의 비윤리적인 삶이 그 이유였다. 한마디로 '삶의 결핍'이 불신의 핵심적 이유였다. 그렇다면 예수를 믿는 사람들이 왜 그 삶은 결핍되어 있는 것일까?

크게 세 가지 기독교 내적인 원인이 있다고 생각된다. 첫째는 니케아신조, 둘째는 사도신경, 셋째는 사영리이다. 니케아신조의 핵심은 예수와 하나님은 본질상 같다는 것이다. 상당수 개신교인이 예수를 하나님이라고 믿고 있는 것은 니케아신조에서 비롯되었다고 볼 수 있다. 사도신경에는 예수의 탄생과 죽음 사이에 삶이 빠져있다.

예수 믿고 구원받는 데 예수의 삶은 중요하지 않다는 것을 암시하고 있다. 사영리는 예수가 우리를 구원하기 위해 십자가에서 죽었으니, 예수 믿어야 구원받는다고 가르친다. 한국의 개신교는 '사영리 기독교'라 불러도 좋을 만큼 사영리를 그 신학적 기초로 하고 있다.

이 세 가지가 상호작용하면 어떤 결과를 만들까? 한 마디로 '예수는 믿되 예수처럼 살지 않는 개신교인'을 양산하는 것이다. 왜 그럴까?

첫째로, 우리는 예수처럼 '살 수 없다'. 예수는 하나님이고, 우리는 죄인이기 때문이다. 둘째로 우리는 예수처럼 "살 필요가 없다". 예수 믿고 이미 구원받았기 때문이다. 셋째로 우리는 예수처럼 "살려고 해서도 안 된다". 하나님인 예수처럼 살려는 것은 하나님이 될 수 있다는 교만이고, 믿음이 아니라 행함으로 구원을 받으려는 것과 같기 때문이다.

물론 이렇게 원색적으로 주장하는 개신교인은 많지 않다. 그러나 개신교인들의 의식 저변에는 이러한 생각이 깔려있음이 분명하다. 그렇다면 이를 치유할 길은 없을까? 예수 믿는 사람들이 예수처럼 살게 할 길은 없을까? 초기 기독교와 초기 불교에서 그 길을 찾아보고자 한다.

질문은 크게 세 가지이다. 첫째, 초기 기독교와 초기 불교에서 예수와 석가모니의 삶은 중요했는가? 둘째, 예수와 석가모니는 어떻게 불렸고, 그 호칭은 이들의 삶과 직접 연관이 있는가? 셋째, 제자들은 어떻게 불렸고, 그 호칭은 이들이 예수와 석가모니처럼 살려고 했음을 보여주고 있는가?

2

초기 기독교에서는 예수의 가르침, 활동 그리고 그의 죽음이 예수 전승의 중심축을 구성했다. 가르침의 핵심은 '하나님의 나라'였다. 예수는 이를 설명하기 위해 '경구'(警句)와 '비유'를 주로 사용했다. 경구와 비유를 통해 예수가 하고자 했던 것은 동시대 권력자들이 지배하는 옛 세상에 도전하면서, 하나님의 뜻에 의해 다스려지는 새로운 세상으로 사람들을 초대하는 것이었다.

초기 기독교는 예수의 활동이 '가르침의 실천'이었음을 강조한다. 동시대의 가난은 두 가지 문제를 발생시켰다. 질병과 기아. 이에 따라 예수의 활동은 질병에 따른 고통을 치유하고, 배고픈 사람들과 공동식사를 하는 데 중심을 두었다. '고통의 치유'와 '공동식사'는 하나님 나라의 비전을 나누는 자리였고, 하나님 나라를 실현하는 자리였고, 그 자체가 하나님 나라의 한 모형이었다.

예수의 죽음은 그의 '가르침과 활동의 불가피한 결과'였다. 예수의 하나님 나라는 권력자들에게 위협적이었다. 이 때문에 동시대 권력자들은 예수를 죽이는 데 공조한다. 예수에게는 마지막 관문이었다. 죽임당할 것을 각오하고 끝까지 하나님 나라의 가르침과 활동을 지속할 것인가? 예수는 십자가 처형의 위협 앞에서도 포기하지 않았다. 그는 '죽는 순간까지' 자신을 지켰다.

초기 기독교는 예수가 하나님 나라를 가르치고, 행동으로 실천하고, 죽는 순간까지 그 길을 포기하지 않았다는 점을 강조한다. 그렇다면 초기 기독교는 이러한 예수를 어떻게 이해했을까? 학자들은 한

결같이 초기 기독교의 예수는 '선생'이었다고 말한다. 일부 학자는 가르침에 초점을 맞추어 예수를 교사로 호칭하지만, 초기 기독교의 예수는 교사 이상이었다.

잘 가르치는 사람은 훌륭한 교사이다. 그러나 가르친 대로 살지 않으면 위선자로 불린다. 가르친 대로 살았더라도, 죽기 전에 그 가르침과 삶을 포기하면 변절자로 불린다. 그러면 잘 가르치고, 잘 살고, 죽는 순간까지 그 가르침과 삶을 지켜낸 사람은 무어라고 부르는가? 그것이 선생이다. 초기 기독교는 바로 이러한 의미에서 예수를 '선생'으로 이해했다.

이러한 선생 예수를 따랐던 제자들은 어떻게 불렸을까? 예수 자신은 '친구'로 불렀다. 요한복음 15장 14절에 이런 구절이 있다: "내가 너희에게 명한 것을 다 행하면 너희는 내 친구이다." 예수의 가르침을 따라 사는 사람은 예수의 친구라는 말이다.

반면 초기 기독교에서 일반적으로 예수의 제자들은 어떻게 불렸을까? 스퐁에 따르면, '길(道)을 따르는 사람들'(followers of the way)로 불렸다고 한다. 초기 기독교인들은 예수의 길을 따라 예수와 같은 길을 가는 사람들로 이해되었다는 말이다. 이것이 기독교의 원형이었다.

3

초기 불교의 경우는 어떨까? 초기 불교 또한 석가모니의 삶이 그 중심축을 이루었다. 석가모니의 삶에서 가장 중요한 것은 '깨달음'과

'가르침'이었다. 초기 불교는 석가모니 출가 후 깨달음을 얻기까지 6년간의 과정을 중요하게 생각한다. 수많은 스승과 고행자들을 만났지만 깨달음을 얻지는 못했다. 자신 또한 극단의 고행도 해 보았지만 역시 깨달음을 얻지는 못했다. 그리고 스스로 깨달음에 이르렀다. 석가모니에게 깨달음을 줄 수 있는 것은 신(神)도 다른 사람도 아니었다. 나 자신이다. 그러한 의미에서 나는 내 삶의 주인이다.

석가모니가 깨달음을 얻은 후 한 일은 주로 가르치는 것이었다. 깨달음 이후 입적까지의 45년은 가르침의 시간이었다고 해도 과언이 아니다. 깨달음의 내용이 가르침이었고, 가르침의 핵심 주제는 '괴로움'이었다. 그는 괴로움의 실체, 원인, 소멸 그리고 올바른 삶의 길을 사성제와 팔정도 그리고 십이인연으로 정리하여 가르쳤다.

초기 불교는 이러한 석가모니를 어떻게 이해했을까? 첫째로 석가모니는 '깨달은 사람'으로 불렸다. 초기 불교는 이러한 깨달은 사람을 '붓다'라고 불렀다. 적어도 초기 불교에서 붓다라는 호칭은 석가모니의 전유물이 아니었다. 누구라도 '깨달은 사람'은 붓다로 불릴 수 있다. 다른 점이 있다면, 석가모니는 먼저 깨달았을 뿐이다.

둘째로 초기 불교에서 석가모니는 '스승'으로도 불렸다. 여기에서 스승은 주로 '가르치는 사람'을 가리킨다. 석가모니의 삶이 자신이 깨우친 바를 실천에 옮기는 과정임이 분명했지만, 초기 불교는 그가 가르치는 사람이었다는 점을 보다 강조한다. 석가모니 또한 자신이 입적하면 자신을 대신할 수 있는 것은 가르침뿐이라며, 자신과 가르침을 동일시했다.

그러면 초기 불교에서 석가모니의 제자들은 어떻게 불렸을까? 석가모니 역시 제자들을 '벗'이라고 불렀다. 상하의 구분이 없다는 말이다. 누구나 석가모니의 깨달음에 이를 수 있고, 누구나 붓다가 될 수 있다. 석가모니는 먼저 깨달았고, 제자들은 나중에 깨달았을 뿐이다. 석가모니의 제자들이 그의 벗일 수 있는 이유가 여기에 있다.

석가모니는 또한 제자들을 '수행자'로 지칭한다. 수행은 석가모니의 가르침을 통해 깨달음에 이르는 과정이라 할 수 있다. 석가모니의 가르침은 깨달음을 가리키는 손가락에 불과했기 때문에 가르침을 통해 깨달음에 이르는 것은 전적으로 제자들의 몫이다. 석가모니가 제자들을 수행자로 지칭하고, 끊임없이 수행을 강조한 것은 바로 이 때문이다.

4

이 글의 논지는 "초기 기독교와 초기 불교가 한국 개신교의 삶의 결핍 현상을 치유할 단초를 제공할 수 있는가" 하는 것이다. 예수는 믿되 예수처럼 살지 않는 개신교인이 예수를 따라 예수처럼 살 수 있는 개신교인으로 탈바꿈할 수 있는가? 세 가지 측면에서 검토한 초기 기독교와 초기 불교의 모습은 그 가능성을 충분히 제시해 주었다고 생각된다.

첫째로 예수와 석가모니에게 있어서 가장 중요한 것은 삶이었다. 예수와 석가모니의 삶이 없었다면, 초기 기독교와 초기 불교는 존재하지 않았을 것이다. 초기 기독교는 예수의 가르침, 활동 그리고 죽음에 초점을 두었고, 초기 불교는 석가모니의 깨달음과 가르침에 초점을 두었다.

둘째로 예수와 석가모니에 대한 호칭은 분명히 이들의 삶에 기초를 두고 있었다. '선생' 호칭은 예수의 가르침, 활동 그리고 죽음을 동시에 내포하고 있었고, '깨달은 사람'(붓다)과 '스승'이라는 호칭은 정확히 석가모니의 깨달음과 가르침에 근거를 둔 것이었다.

셋째로 제자들에 대한 호칭은 제자들이 예수와 석가모니의 삶을 이어 같은 삶을 살고자 했음을 보여주고 있다. '친구'와 '길을 따르는 사람들'이라는 호칭은 제자들이 예수와 같은 길을 가는 사람임을 보여주었고, '벗'과 '수행자'라는 호칭은 제자들이 석가모니의 가르침을 통해 석가모니와 같은 깨달음에 이르고자 했음을 보여주었다.

초기 기독교와 초기 불교가 보여주는 이러한 세 가지 모습은, 제자라는 것은 선생을 믿고(trust) 선생의 가르침에 따라 선생처럼 사는 것이라는 점을 여실하게 보여준다. 바로 이러한 점에서 초기 기독교와 초기 불교는 심각한 삶의 결핍 현상을 보이고 있는 한국 개신교를 치유할 충분한 기초를 제공한다고 본다.

여기에 덧붙여 초기 불교가 주는 두 가지 교훈, 인간은 자기 삶의 주인이라는 것 그리고 가르침을 통해 삶에 이르기 위해서는 끊임없는 수행이 필요하다는 점은 한국 개신교가 배워야 할 초기 불교의 특별한 공헌점이라 생각한다. 이 두 가지 교훈까지 한국 개신교가 배울 수 있다면, 훨씬 더 성숙한 개신교로 거듭날 것이다.

자신이 삶의 진정한 주인이 되어, 예수가 가르치고 앞서 사신 대로, 예수와 같은 길을 가기 위해, 죽는 순간까지 끊임없이 정진하는 예수의 길벗, 이러한 개신교인을 꿈꿀 수는 없을까?

변선환 선생님 출교 30년을 맞아, 선생님의 가르침을 따라 이러한 기독교를 꿈꾸어 본다.

비판과 정죄 사이
― 종교재판에 대한 작은 소묘

장왕식

감리교신학대학교 은퇴교수

비판은 정당했으나 정죄는 타당하지 않았다. 게다가 출교의 처분까지 내린 것은 큰 역사적 오점으로 남았다.

변선환, 홍정수 두 교수를 출교시킨, 30년 전의 소위 '변-홍사건'과 연관된 종교재판과 관련해 많은 이에게 아직도 이 사안은 매우 민감한 문제이고, 의견이 두 파로 나뉘는 논쟁거리다. 따라서 이 사안에 대해 토론을 계속할수록 갈등이 증폭되면서 혼란만 늘어날 확률이 높다. 이런 이유로 필자는 미리 두괄식의 명제를 통해 분명히 입장을 표현하며 시작한 것이다.

여기서 "정죄는 타당하지 못했고 출교는 오점을 남겼다"는 판단은 물론 필자의 것이지만, 필자의 그런 결론을 절대적인 것으로 받아들일 사람들은 물론 없을 것이다. 엄밀히 말해서 필자는 물론이고 이 지구상의 그 어떤 누구에게도 이런 중대한 사안에 대해 절대적 판단을 내릴 자격은 주어져 있지 않다고 모두 믿고 있기 때문이다.

인간에게 왜 그럴 자격이 주어져 있지 못한지에 대해 철학적인 설명을 하라면 필자는 얼마든지 자세히 기술할 수 있다. 하지만 굳이 필자가 그런 설명을 늘어놓지 않아도 모든 인간은 직관적으로 이 말의 뜻을 수긍할 것이다. 다시 말하지만, 여전히 '직관적'이라는 모호한 개념을 사용하여 논점을 회피하려는 의도를 필자는 갖고 있지 않다. 무슨 심오한 철학적 개념이 동원되어야만 그 말이 이해되는 것은 아니기 때문이다. 그저 본 사안과 같이 논쟁적인 이슈를 다루는 문제에 관한 한 그 어떤 고매한 사상가나 정치가도 모두가 합의에 이를 절대적 판단을 도출하는 것이 불가능하다는 말을 필자는 표명하고 있을 뿐이다.

하지만 그렇다고 하더라도 최소한의 근사치 판단을 내려서 대부분의 사람이 동의할 수 있도록 만드는 방법이 전혀 없지는 않다고 생각한다. 특히 기독교인들에겐 그런 방법적 도구가 매우 가까이에 있다고 믿는다. 필자는 성서가 바로 그런 것이라고 생각하는데, 특히 이렇게 좌우로 입장이 선명하게 나뉘고 토론할 때마다 의견만 갈리는 곤란한 문제를 대할 때일수록 가장 좋은 궁극적 판단의 기준은 가까이에 있는 성서에서 찾을수록 해결이 쉽다.

마침 이 문제와 관련해 적용할 수 있는 아주 적절한 예수의 말씀이 있다. 누구나 알고 있는 쉬운 구절이다. "너희 중에 죄 없는 사람이 먼저 그 여자를 돌로 쳐라"(요 8:7). 이 말씀은 너무 많이 들어본 것이라 식상하게 느껴질 정도이지만, 그래도 심판을 내리는 문제에 관한 한, 이것보다 예수의 입장을 한마디로 축약해 내는 요절은 없다. 잘 알다시피 이는 간음하다 잡혀 온 여인을 정죄하는 문제에 대한 것이며, 당시의 법에 따르면 돌로 쳐 죽이는 것이 예수가 내릴 수 있는 최종 심판이어야만 했다. 하지만 예수의 응답은 의외였다. 관용과 용서가 그가 택한 결론이었다.

1

예수의 대응이 의외였다고 말하는 이유는 분명히 예수가 당시의 법을 어겼기 때문이다. 잘 알다시피 통상적으로 예수는 사실 법을 잘 지키는 분이었다. 심지어 그는 율법에 대해서 비판을 가하다가도, "내가 율법을 폐기하러 온 것이 아니라 완성하러 왔다"고 말씀하실 정도로 준법주의자의 면모를 늘 유지했었다. 또한 그는 율법을 어기는 자에 대한 심판에 대해서도 자주 언급했는데, 그에 따르면 하나님 나라에 들어갈 수 있는 자격은 언제나 법을 지키는 자에게만 주어진다. 마지막 날에 하나님은 결국 양과 염소를 구분하고, 곡식과 가라지를 선별하며 심판할 것이다. 그러므로 하나님께서 주신 법을 지켜라. 이렇게 예수는 늘 법과 심판에 대해 강조하셨다.

이렇게 예수처럼 하나님의 법과 심판을 강조하면서 선과 악, 옳은 것과 그른 것의 이분법을 자주 활용하시던 분이 갑자기 관용과 용서를 베풀다니, 당황스럽고 의외다. 도대체 예수는 간음하다 잡혀온 여인을 무슨 근거로 용서할 수 있는가? 우리는 이를 어떻게 해석해야 할까? 예수는 다음과 같이 말씀하고 계신 것이 아닐까? 모든 인간은 하나님의 자녀로서 법을 지켜야 한다. 그런 사람에게만 하나님 나라의 시민이 될 자격이 주어진다. 그러나 심판의 날이 다가올 때, 하나님의 나라에 들어갈 자격에 대한 최종 심사와 판단은 인간의 몫이라기보다는 신의 몫이다.

결국 예수는 심판에 대한 하나님의 역할과 권위를 강조하는 데 있어 추호의 망설임이 없었고 일관성을 보여 왔지만, 막상 인간인 자신에게 판단의 권한이 주어졌을 때에 그는 평소와 달리 행동했다. 왜 그랬는가? 비록 그 자신이 하나님의 아들이라는 것을 알았다고 할지라도, 심판의 최종 권한은 신 자체이신 아버지 하나님에게만 있다고 보았기 때문이다. 인간이 내리는 모든 판단은 신 자체만이 소유하고 있는 절대적인 심판의 권위 아래 종속되는 것이지 결코 그것보다 우선해서는 안 된다는 것을 예수 스스로 인정한 것이다.

심판에 대한 이런 해석만이 신학적으로 논리에 타당하고 건전하다고 필자는 믿는다. 예수도 판단할 줄 안다. 나아가 예수도 비판을 즐겼다. 부도덕함과 부정의는 물론이고, 하나님을 사랑하지 않는 모든 행위에 대해서 그는 비판했다. 하지만 최종적인 심판 행위는 그의 몫이 아니었다. 그것은 절대자이신 아버지 하나님의 몫이며 그의 고유 권한이다.

그러나 필자가 아무리 이렇게 성서에 근거해서 예수가 강조한 용서와 관용의 중요성에 대해 신학적 논리로 설득해도, 사람들은 여전히 의견이 갈릴 것이 분명하다. 그가 누구이든 대부분 자신이 견지하고 있는 신앙과 신학적 입장에 따라서 해석할 것이며, 따라서 사람들은 여전히 다양한 입장으로 나뉘고 분파될 것이 틀림없다. 이런 이유로 앞에서 필자는 종교재판과 관련한 심판에 대해 언급하면서, 하나의 인간이라면 그 어느 누구도 절대적 심판자로서의 자격을 갖지 못한다고 말한 것이다. 필자는 자신이 택한 성서 해석 방식이 옳다고 믿지만, 그에 대한 최종 판단의 몫은 인간의 몫이 아니라 하나님의 것이기 때문이다. 그러니 이젠 더 이상 이렇게 의견이 갈리는 신학적 문제에 집착하지 말고, 방식을 바꾸어 토론해 보자.

만일 이렇게 우리 앞에 놓여 있는 문제가 해석학적 차이를 일으켜서 결국 갈등만 증폭시키는 결과를 가져올 뿐이라면, 이를 신학적 토론에 의지해 전개하기보다는 실제적이고 실용적인 관점에서 다루면 어떻겠는가? 그러면 보다 많은 사람이 수긍하는 판단이 나오지 않겠는가? 그렇다면 이젠 다음과 같이 질문해 보자. 도대체 변-홍 사건을 처리하기 위해 열렸던 종교재판이 교회적 차원에서는 효과가 있었는가? 직설적으로 말해 종교재판은 교회에 실질적 도움을 주었는가?

물론 종교재판이 한국 기독교의 부흥을 위해서 효과적이었다고 보는 해석이 있을 수 있다. 이런 해석을 내리는 입장에서 보면 변 교수와 홍 교수의 출교 사건은 한국교회의 발전을 저해할 뻔했던 급진적 자유주의신학의 싹을 미리 제거하여 자칫 멈출 뻔했던 교회의 부흥을 지속 가능하게 만든 유의미한 사건으로 취급될 것이다.

하지만 이런 해석은 곧장 반박에 부딪힌다. 왜냐하면 오늘의 관점에서 볼 때 이는 사실이 아니기 때문이다. 돌려 말하지 말고 다시 표현해 보자. 정말 종교재판을 통해서 한국교회는 지속 가능한 부흥을 이룰 수 있었는가? 만일 그것이 효과가 있었다면, 우리가 오늘날 직면하고 있는바, 교회가 쇠퇴해 가고 있는 현실은 어떻게 설명되어야 하는가? 만일 종교재판이 한국교회의 성장을 가로막는 세력을 처단하는 데 주목적이 있었다면 그 목적의 달성은 실패에 가까웠다고 말해야 하지 않겠는가?

실제로 종교재판은 교회에 대해 마이너스의 요인이 되었다는 지적이 없지 않다. 비크리스천의 입장에서 보면, 종교재판은 교회가 세상에 대해 관용적 입장을 보여주려는 진보 신학을 억압함으로써 교회가 지닌 고집스런 배타성만 부각시켰으며, 이로 인해 기독교에 대해 부정적 인상만 강화시킨 사건일 뿐이다. 이렇게 종교재판은 실제로 교회에 좋지 않은 결과를 가져온 바 있다. 잘 알다시피 오늘날 많은 세속인은 기독교를 더 이상 긍정적으로 평가하지 못하겠다고 말하거나 심지어 신뢰하지 못한다고까지 주장한다. 이때 그들에게 물어보면, 가장 큰 이유는 기독교의 배타성 때문이다. 기독교, 특히 개신교는 타종교들에 대해서 그리고 여타 자신과 다른 입장이나 그룹에 대해서 언제나 배타적이고 독선적이기에 그런 종교에 귀의하고 싶지 않다고 말하는 것이다. 물론 세속의 비-크리스천이라고 해서 무조건 모두가 기독교의 적극적 선교 자세에 비판만 가하는 것은 아니다. 그들도 인정할 것은 인정한다. 하나의 종교는 언제나 자신의 독특함, 우월함을 주장할 권한을 갖는다는 사실을 그들도 잘 안다. 그러나 그들은 종교의 최고 가치가 관용에 있으며, 특히 기독교의 최고 가치는 용서와 사랑이라고 생각한다. 그렇기에 교회가 다른 종교에 대해서 유난히 배타적인 입장을 취하고 자신과 다른 집단에 대해 비하할 때, 세속인들은 기독교의 그런 태도가 기독교의 가치를 떨어뜨린다고 주장한다. 그들의 이런 이해로 인해 기독교의 배타주의는 교회에 대한 부정적인 인상을 강화하는 요소로 여겨져 왔으며,

따라서 선교의 효과를 반감시키는 데도 적지 않은 영향을 끼쳤다. 앞에서 종교재판이 교회의 부흥에 실질적 효과를 낳지 못했다고 말한 것은 바로 이런 이유에서다.

2

이제까지 필자는 종교재판의 효과가 일으킨 부정적인 결과와 모습에 대해서 기술했다. 그러나 아무리 필자가 이렇게 여러 논거를 들어가며 종교재판에 대해 나름의 평가를 내린다 해도 이런 식의 회고는 어찌 보면 무가치한 일이다. 종교재판이 일어난 것이 1992년이거니와 벌써 30년 이상 흘러간 지금, 피고였던 변선환 교수는 더 이상 세상에 없고, 그를 출교시켰던 주도적인 인물들도 대부분 하늘나라로 갔다. 따라서 종교재판에 대해서 잘잘못을 따지고 그것의 미숙함에 대해 비판하는 것은 실상 무의미할지도 모르는 일이다.

그러나 회고와 기억은 언제나 나름의 가치를 지닌다. 우리가 과거의 사건에 대해서 더듬어 보고 그것에 대해 평가하는 것은 결국 미래에 대비하기 위함이기도 하다. 그렇다면 새로운 기독교의 정립을 위한 지름길에는 무엇보다 잘못된 과거의 반복을 멈추는 일이 중요한데, 그러나 이와 관련해 솔직히 한국의 교회는 아직 가야할 길이 멀어 보인다. 한국의 기독교가 직면하고 있는 오늘의 수많은 과제와 충격들은 과거 종교재판의 시기에 직면했던 도전들에 비할 바 아니기 때문이다. 이로 인해 많은 사람이 종교의 미래에 대해 어둡게 진단한다.

오늘날 사람들이 종교의 미래에 대해 비관적 전망을 내놓는 가장 강력한 이유 중의 하나는 아마 세속화일 것이다. 여기서 세속화로서 의미하는 바는 오늘의 현대인들이 더 이상 종교에 대해 큰 가치를 두지 않으며, 오히려 비종교적인 삶에 몰두한다는 사실을 말한다. 현대인들은 종교가 사람들로 하여금 덕스러운 품성을 갖도록 만드는 데 그리 효과적이지 못하며, 사회의 갈등을 멈추고 안정시키는 데 있어서도 도움을 주기보다는 오히려 방해가 된다고 생각한다. 이로 인해 종교는 더 이상 시민의 삶을 풍요롭게 하고 행복하게 하는 데 그리 희망적이지 못하다고 사람들은 느낀다.

3

우리는 종교에 대한 이런 평가가 결코 과장되거나 무리한 것이 아니라는 것을 잘 안다. 실제로 종교가 사회에 미치는 영향력에 대한 구체적인 통계 조사를 들먹일 필요도 없이 종교는 오늘의 사회에서 영향력이 미미하다고 느끼는 이들이 점점 늘어가고 있는 것이 사실 이다. 이런 평가와 해석은 기독교 혹은 개신교에게 더욱 가혹하게 적용되고 있다. 그 결과 개신교는 각종 통계 조사에서 교인 수가 가장 급격히 줄어드는 종교 중의 하나며, 사회에 대한 영향력에 있어서도 긍정적인 평가보다는 부정적인 평가의 수치가 훨씬 높은 종교로 나타난다.

우리는 여기서 종교재판에 대해서 회고하고 있으며, 그것이 오늘의 한국교회에 어떤 영향을 끼쳤는지 쓰고 있다. 그럼에도 필자가 여기서 종교재판에 대한 회고와 관련해 한국교회의 현주소에 대해 계속 거론하고 있는 이유는 종교재판이 최종적으로 한국교회의 지속적 부흥에 별 효과가 없는 결과를 초래했다면, 우리는 그것에 대한 회고와 평가에 있어서 보다 솔직한 자세를 지녀야 한다고 보기 때문이다. 여기서 종교재판에 대해서 솔직한 자세를 지니자고 말할 때, 필자가 염두에 두고 있는 사실은 엄밀히 말해 변-홍 사건과 연관된 종교재판에서는 득보다는 실이 많았다는 것이다.

종교재판에 대해 이렇게 해석해야 하는 이유에 대해서는 이미 앞에서 충분히 설명했다. 그런데 이에 덧붙여 지적되어야 하는 보다 중요한 또 다른 사항이 하나 더 있는데, 즉 이렇게 부정적 결과가 나온 이유 중의 하나에는 그 종교재판이 한국교회의 미래와 관련해 잘못된 예측에 근거해 이루어졌다는 사실이 포함되어야 한다는 점이다.

다시 말해서 한국 사회가 이토록 빠르게 세속화의 길을 겪을 것이라 예상되었다면, 종교재판에 대해서 우리는 매우 신중했어야 했다는 것이다. 물론 비판의 권한은 누구에게나 있고, 그것이 보수주의이든 진보주의이든 모든 입장에서의 자유로운 상호비판이 허락되어야 한다. 그러나 이미 보았듯이 신학적으로 볼 때 정죄와 심판은 결코 인간의 몫은 아니다. 나아가 실용적인 결과의 관점에서 문제를 따져보아도 그 효과는 미미했다. 이런 점에서 볼 때 종교재판은 과거의 교회가 만들어 낸 매우 치명적인 오점 중 하나로 기록될 것이다.

4

그러나 더 큰 문제는 앞으로의 교회에 대한 전망과 관련된다. 우리의 사회에서 각 집단의 목소리들은 점점 더 다양해지고, 이로 인해 절대성과 유일성을 강조해 온 기독교의 목소리는 더욱더 상대화되고 묻혀가고 있다. 이제 기독교는 자신의 독특성을 강조하는 방식을 바꾸지 않으면 도저히 문제를 해결할 수 없는 상황에 직면했다. 무조건적이고 독선적인 배타주의로 무장한 채 자신의 가치를 외치는 방법론은 더 이상 사회에서 환영받지 못하고 있으며, 보다 포용적이고 관용적인 자세를 취하도록 요구받고 있다.

따라서 기독교는 이제부터 자신의 고유한 특징으로서의 관용과 사랑에 대해 더욱 강조해 나가지 않을 수 없게 되었다. 옛 방법을 계속 고수하는 한 기독교는 다문화와 다종교가 대세인 세속 사회에서 더 이상의 응원 받지 못할 것이며, 부흥은 물론 선교조차 지금보다 어려워질 것이다.

그렇다고 이는 기독교가 세속의 문화에 대해 기독교가 서서히 동화되어 나가야 한다고 주장하는 것이 아니다. 기독교가 그런 태도를 취하게 되면 오히려 교회의 미래에 최악의 결과를 초래할 것이다. 잘 알다시피 오늘의 세속은 세속대로 자신의 곪아 터진 문제로 인해 더욱 신음하고 있으며, 해결의 방법을 찾지 못해 전전긍긍하고 있다. 사실 세속인들은 이전보다 더욱 자신을 문제를 해결해 줄 메시아가 나타나기를 애타게 기다리고 있다.

이렇게 본다면 아직도 기독교는 자기 목소리의 충분한 지분을 확보하고 있는 셈이다. 따라서 이제라도 늦지 않았다. 기독교가 자신감을 갖고 자신을 재정비하면서 세속의 도전에 대해 슬기롭게 대처해 나갈 수 있다면, 교회의 미래는 여전히 희망적일 수 있다. 이것이 종교재판을 회고하면서 우리가 깨닫는 교훈일 것이다.

실존적 신앙의 회복을 위하여

전현식

연세대학교 은퇴교수

약 1년 전, 20여 년간 가르치던 연세대 신과대학에서 은퇴하고, 미국 집에 돌아와 오랜만에 텃밭도 가꾸며 그동안 기러기 교수 생활에서 느끼지 못했던 함께함의 기쁨과 존재의 여유를 누리고 있었다. 몇 달 후 한국에서 부친 책들이 도착했다. 좁은 공간이지만 서재를 마련하여 책꽂이를 조립하고, 책들을 주제별로 정리하여 꽂았다. 며칠 후 소파에 앉아 서재에 꽂힌 책들을 무심코 바라볼 때, 그동안 모교에서 연구하고 강의했던 일들이 주마등처럼 스쳐 지나갔다. 그 신학적 분위기에 잠겨있을 때, 적지 않은 책 가운데 유독 나의 눈에 들어온 책이 있었다. 다름 아닌 변선환 교수님이 번역하신 발터 슈미탈스의 책 『불트만의 實存論的 神學』이었다.

어떤 부름에 이끌리듯 그 책을 꺼내어 펼쳐보았다. 학부 졸업 후 4년간의 직장생활을 뒤로하고 1987년 필자가 서른 살의 늦깎이로 감리교신학대학에 학사 편입하여 신학에 발을 들여놓았을 때, 구내

서점에서 구입한 책이었다. 몇 군데 줄이 쳐 있었지만, 그 당시 신학 초년생이 그 책을 충분히 이해하지 못한 것은 당연했을 것이다. 학교에서 연구와 강의를 하며 이 책을 참고하긴 했지만, 정독하지는 못했다.

오랜만에 찾아온 여유 속에서 목차를 훑어보며 필자가 평소 크게 관심을 가졌던 신앙, 구원 사건, 해석학, 종말론의 주제들에 눈에 들어왔다. 특히 부록으로 변선환 교수님이 쓰신 "M. 하이데거와 R. 불트만의 실존론적 신학"이라는 글이 눈에 띄었다. 281개의 각주를 단, 거의 100페이지 달하는 상당히 긴 논문이었다. 불트만 신학의 입문서로 높게 평가되는 발터 슈미탈스의 원서의 훌륭한 번역서와 이 책을 이해하는 데 도움을 주기 위해 쓰신 긴 논문을 정독했다. 물론 이 번역서와 부록 논문은 변선환 교수님의 방대한 신학적 여정의 작은 부분에 불과하지만, 이를 통해 다시 한번 한국 신학의 큰 궤적을 남긴 변선환 교수님의 학문의 폭과 깊이와 무게를 느끼며, 그 안에서 드러나는 신학적 수월성과 신앙적 열정에 다시 한번 감탄하지 않을 수 없었다. 그리고 역자 후기를 읽으며 감리교 신학의 학문적 절정의 시기가 이때가 아니었나 생각했다. 마르부르크대학에서 함께 가르치며 학문적 동지적 관계를 유지했던 하이데거와 불트만이 우연히도 1976년에 서거했을 때 감리교신학대학이 추모강연회를 열었고, 이어 80년도에 변선환 교수님의 불트만 세미나와 사모님이신 신옥희 교수님의 하이데거 세미나가 감신 대학원에서 함께 열렸다. 두 세미나를 관통하는 핵심은 실론적(existentialist) 철학과 신학 그리고 실존적 신앙(existential faith)이었을 것이다.

1

필자는 하이데거의 실존주의철학과 불트만의 실존론적 신학, 특히 실존론적 해석학으로서 비신화화를 부분적으로 강의하며, 대학원에서 데리다, 들뢰즈와 리쾨르의 세미나를 개설한 적은 있어도 정작 이들이 깊게 영향을 받은 두 거인의 철학과 신학을 세미나로 개설한 적은 없었다. 지금 와서 돌이켜 보면 변선환 교수님과 신옥희 교수님은 평생 학문적 동지로서 필자가 강의를 시작하기 20년 전에 이미 두 세미나를 열어 한국 신학의 분위기와 방향성을 선도하고 있었고, 동료, 후학 및 제자들은 그 학문적 수월성과 신앙적 열정을 더욱 심화, 발전시켜야 했다. 하지만 필자가 1987년도에 감리교신학대학에 들어갔을 때, 이미 감리교 신학은 그 본질과 위치와 방향성이 퇴색되고, 종교 권력에 의해 서서히 포위되고 있었다.

기독교 복음과 진리의 수호라는 허울 좋은 명분 아래 진행된 신학교에 대한 교회 권력의 통제와 지배는 어제오늘의 일이 아니지만, 특히 감리교교리수호대책위원회를 만들어 변선환 교수님의 종교해방신학에 대한 교권의 신학에 대한 검열, 더 나아가 종교다원주의를 이단으로 정죄하고, 그분을 출교시킨 시대착오적 야만적 폭거는 어떤 이유로도 정당화되거나 일고의 변명의 가치도 있을 수 없다. 맹목적 교회 권력에 내재된 야만성, 폭력성, 우상성을 스스로 명백히 드러내 보여줄 뿐이다. 그 야만적인 종교재판 이후, 특히 감리교교단, 신학, 교회는 신학적 진리와 신앙적 열정을 잃고, 함께 쇠락의 길로 접어들었다는 것을 누구도 부인하지 못한다. 물론 교권에 눈이 먼

일부 독단적인 목사들에 의해 주도된 마녀사냥식 종교재판이었지만, 종교재판 30주년을 맞으며 이제라도 감리교교단이 감리교 신학과 교회의 위기적 현실을 직시하고, 과거의 위대한 유산을 돌아보고, 미래의 열린 비전을 내다보며, 변선환 목사님의 시대착오적 출교 처분을 취소하고 복권시키는 신앙적 결단을 내려야 한다. 그 신앙적 결단의 길만이 감리교회와 신학과 교단이 함께 신앙 공동체로 회복되는 르네상스의 길이다.

2

감리교 신학은 신앙을 이해하는 신학의 본성으로 돌아가야 한다. 감리교 교회는 하나님의 말씀을 선포하는 목회의 본질로 돌아가야 한다. 감리교교단은 신학교와 교회에 봉사하는 섬김의 권위로 돌아가야 한다. 신학과 교회와 교단은 그 존재 이유인 신앙의 본성으로 돌아가야만 한다. 그 신앙의 길만이 예수 그리스도 안에 계시된 하나님의 말씀의 부름에 복종하는 길이기 때문이다. 왜 종교재판이 철저히 시대착오적 야만적 폭력이며, 변선환 교수님이 보여주신 실존적 신앙의 길만이 점점 쇠락해 가는 감리교 신학과 교회와 교단이 함께 구원(redemption)과 부흥(renascence)의 길로 나아가는 길인지 제시해 본다.

첫째, 어떤 종교 권력도 신학자의 신앙 및 신학을 심판, 정죄할 수 없다. 그 이유는 신앙이란 하나님과 신앙인의 관계 안에서 발생하는 단독적인 실존적 신앙(singular, existential faith)이기 때문이다.

필자는 변선환 교수님의 부록 논문 "M. 하이데거와 R. 불트만의 실존론적 신학"에서 기독교 신앙의 단독성(singularity)을 다시 한번 확인한다. 하이데거의 '현존재'(Dasein), 즉 '세계 내 존재'(being in the world)로서 인간 실존(human existence)의 역사성, 시간성, 미래성을 차용하여 신앙적 실존에 대한 종말론적 재해석을 시도한 불트만의 실존론적 신학을 탐구하면서 변선환 교수님은 기독교 신앙의 실존적, 종말론적 차원을 밝히 드러내 주었다. 기독교 신앙적 실존은 세계 내 역사적 존재로서 과거를 돌아보는 동시에 미래로 자신을 개방하며, 미래로부터 말을 걸어오시는 하나님의 부름, 즉 종말론적 현재의 순간에 실존적으로 결단하며 응답한다. 불트만이 말하듯, 신앙이란 전적 타자(Wholly Other)에 대한 절대복종(absolute obedience)이다. 실존적 신앙의 선택, 응답 및 결단은 개인 실존의 자유 안에서 이루어지는 하나님의 말씀에 대한 절대복종이다. 하나님의 부름에 대한 인간 실존의 절대복종은 단독적 개인의 자유로운 결단이며 책임이다. 자유로운 절대복종이 바로 기독교 신앙이다.

자유로운 절대복종의 역설적 신앙이 어떻게 가능한가? 기독교 신앙은 하나님의 은총인 동시에 신앙인의 응답이다. 즉, 단독적 실존적 신앙은 예수 그리스도 안에서 궁극적으로 드러난 하나님의 자기 계시의 은총인 동시에, 그 은총에 전적으로 응답하는 신앙인의 절대복종이기 때문이다. 단독적 실존적 신앙에 대한 심판은 결코 있을 수 없다. 신앙이란 예수 그리스도의 선포 안에서 인간 실존을 만나주시는 하나님의 은총에 대한 궁극적 신뢰, 헌신 및 복종(ultimate trust, commitment and obedience)이다. 신앙은 하나님과 신앙인 사이의 신뢰 관계의 본질(quality)에 있다. 하나님과 개인의 내적 본질적 관계 안에서 발생하는 신앙은 하나이다. 자기 회개 이외에 어느 누가, 어느 권력이 신앙인의 하나님에 대한 전적 신뢰를 심판할 수 있는가?

신앙이 하나님에 대한 신뢰, 헌신 및 복종이라면, 신학이란 '이해를 추구하는 신앙'(faith seeking understanding)이다. 즉, 신학은 신앙(faith)을 이해하고자 노력하는 해석학적 학문이다. 이 점에서 실존적 신앙은 단독적, 고백적이지만, 학문으로서의 신학은 변증적이며 보편적인 양면적 성격을 지닌다. 다시 말해 신학은 주어진 역사적 문화적 삶의 맥락 안에서 고백적 신앙의 보편적 적절성을 추구하는 인간의 해석학적 작업이다. 이런 의미에서 하나님의 은총에 대한 고백적 신앙이 하나라면, 고백적 신앙을 보편적으로 이해하고자 노력하는 신학은 다양할 수밖에 없고, 해석된 의미와 진리는 다의성을 지닐 수밖에 없다.

신학의 해석학적 의미와 진리의 적합성에 대한 세 가지 기준은 성서의 충실성(faithfulness), 인간 실존의 가해성(intelligibility), 상황의 적절성(relevance)이다. 즉, 신학자의 신학적 담론이 성서에 충실하고, 인간 실존에 이해될 수 있으며, 상황에 적절할 때, 그 신학적 작업은 적합하다. 변선환 교수님의 종교해방신학은 위의 세 가지 신학적 기준을 결코 벗어나지 않으며, 그 기준들을 충족시키고도 남는다. 물론 감리교단은 감리교신학의 정체성, 위치와 방향성에 대한 논의, 조언 및 비판은 있을 수 있다. 다양한 신학에 대한 건전한 비판(criticism)은 있을 수 있지만, 신학자의 고백적 신앙의 보편적 적절성을 추구하는 신학적 담론에 대한 심판(judgment)이나 정죄(condemnation)는 있을 수 없다. 여기서 교권의 신학적 무지 및 독단적 야만성을 지적하지 않을 수 없다. 성서와 신학에 대한 문자주의적, 율법주의적, 독선적인 자기주장일 뿐이다.

성서는 분명히 말한다. "너희가 심판을 받지 않으려거든 심판하지 말아라. 너희가 남을 심판하는 그 심판으로 하나님께서 너희를 심판할 것이요… 어찌하여 너는 남의 눈속에 있는 티는 보면서, 네 눈속에 있는 들보는 깨닫지 못하느냐?"(마 7:1-3, 새번역).

이 구절은 하나님께서 스스로 계시하시며 우리에게 다가오시는 살아있는 구원의 말씀이다. 신앙인은 그 말씀에 오직 경청하고 응답하며 복종할 때, 하나님은 우리를 만나주시며, 신앙적 실존 안에서 그 말씀은 사건으로 발생하며, 자기 계시의 하나님(구원 사건)을 체험하게 된다.

하나님의 자기 계시, 신앙인의 실존적 응답 및 결단, 말씀 및 구원 사건의 과정 안에 어찌 이웃에 대한 심판이 있을 수 있겠는가? 성서는 종교 경험, 즉 하나님의 말씀을 기록하고, 신학자는 그 말씀을 인간의 삶의 구체적 상황 안에서 해석하여 그 의미와 진리를 드러낸다. 목회자는 성서의 해석학적 과정에서 이해된 하나님의 말씀을 인간의 말로 교회 강단에서 선포하며, 신앙인은 선포된 말씀에 신앙적으로 응답하여 말씀을 구원 사건으로 체험한다. 신학자, 목회자, 신앙인의 상호대화적인 해석학적 과정 안에 옳고 그름의 문자주의적 심판이나 정죄는 들어설 여지가 없다. 교회 권력은 왜 신학자의 신앙과 신학을 검열하고 심판하며 정죄하려 드는가? 무엇보다 신학의 부재 및 무지이다. 신앙을 이해하는 신학이 부재한데, 어찌 참된 신앙에 이를 수 있겠는가? 이웃을 심판하는 우상적 신앙, 즉 맹목적 신념을 버리고 성서의 말씀에 경청하는 온전한 신앙으로 돌아가야 한다.

둘째, 신앙(faith)과 신념(beliefs)을 구분해야 한다. 신념은 신앙에 대한 공적 형식 및 표현이다. 신앙이 하나님에 대한 신뢰 및 사랑이라면, 신념은 신앙 및 우리가 믿는 것을 명제로 표현한 것이다. 여기서 신념(신조 및 교리)이란 교회 공동체에 중요하며 필요하다. 왜냐하면 신조나 교리는 교회 공동체의 정체성을 부여하며, 그 공동체를 결속시킨다. 그러나 우리가 신앙(신뢰, 복종, 사랑)과 신념(신조, 교리, 명제)을 구분하지 못하고, 신념을 신앙으로 혼동할 때 심각한 문제가 발생한다. 신앙의 대상이 하나님에서 신조 및 교리로 둔갑하는 우상숭배가 발생한다.

우리는 율법의 행위(works)에 의해서가 아니라, 신앙(faith)으로 은총(grace)에 의해 의롭게 되며 구원에 이른다(롬 3:28). "오직 의인은 믿음으로 말미암아 살리라"(롬 1:17). 성서에서 말하는 믿음은 신앙(faith)을 번역한 것이다. 우리는 부지불식간에 성서에서 말하는 믿음을 신념(beliefs, 신조 및 교리)과 동일시하는 잘못을 범한다. 따라서 필자는 이런 혼동을 피하기 위해 믿음 대신에 신앙이라는 단어를 선호한다. 한마디로 신앙(faith)과 신념(beliefs)을 구분해야 한다. 신앙(faith)이 하나님에 대한 신뢰, 헌신 및 사랑이라면, 신앙의 공적 표현인 신념(beliefs)은 신조, 교리 및 명제를 의미한다. 여기서 신조 및 교리를 의미하는 종교적 신념의 일상적 의미에 주목할 필요가 있다. 일상적으로 '믿는다'(believe)라는 신념(beliefs)은 자신의 의견, 생각 및 주장을 의미한다. 우리는 어떤 것을 잘 알지 못하고 확실하지 않을 때 '믿는다'라고 말한다. 따라서 신조 및 교리를 의미하는 신념은 본질적으로 자신의 생각, 주장 및 확신이다.

3

이에 반해 신앙은 예수 그리스도 안에 계시되고, 성령 안에 현존하시는 하나님의 사랑에 대한 전적 신뢰며 헌신이며 응답이다. 우리는 자신의 고백적인 실존적 신앙으로 하나님의 은총에 의해 구원을 받는다. 신념, 즉 자신의 생각, 주장 및 확신으로 의롭게 되고 구원을 받지 못하는 것은 당연하다. 교회사에서 확인하듯이, 신념(교리와 명제)은 타자를 정죄하며 교회를 분열시키지만, 신앙(신뢰와 사랑)은 타자를 영접하고 교회를 일치시킨다.

불행히도 우리는 자신의 신념을 신앙으로 오해하여 참된 신앙인이라고 착각하는 경우가 많다. 신앙의 대상은 오직 하나님이시다. 하나님은 전적 타자(Wholly Other)이며 신비(mystery)다. 신앙이란 전적 타자에 대한 절대복종이다. 피조물과 완전히 다른 전적 타자의 말씀과 부르심에 응답하는 길은 절대복종일 뿐이다. 신앙의 절대복종은 하나님과 이웃에 대한 사랑의 계명이다. 예수 그리스도는 말씀하신다. "네 마음을 다하고 목숨을 다하고 뜻을 다하여 주 너의 하나님을 사랑하라 하셨으니 이것이 크고 첫째되는 계명이요 둘째도 그와 같으니 네 이웃을 네 자신과 같이 사랑하라"(마 22:37-39). 신앙과 사랑은 인간의 자의적 선택이 아니라 하나님의 절대 계명이다.

신앙의 본성은 하나님과 이웃에 대한 온전한 사랑(whole love, 마음과 목숨과 뜻을 다하는 사랑)에 있다. 유한한 인간인 우리가 어떻게 전적 타자에 대한 절대복종, 이웃에 대한 온전한 사랑에 이를 수 있는가? 신앙은 하나님의 은총이며 동시에 은총에 대한 인간의 전적 신뢰다.

셋째, 진리는 판단(judgment)의 문제가 아니라 드러남(disclosure, 계시)의 문제이다. 하이데거는 플라톤으로부터 데카르트에 이르는 서구 유럽의 전통적 형이상학을 제작자 형이상학(productionist meta-physics)으로 규정하고, 재현적, 현존적, 제작적 사유의 폭력성을 고발하며, 해체 및 재구성을 시도했다. 특히 존재(Being, 존재한다는 것은 무엇인가)의 의미를 물으며, 대상적, 재현적 사유를 해체 재구성하여 실존론적, 전인적 사유(holistic thinking)를 회복시켰다. 이런 전(pre)이론적, 전과학적, 비대상적(non-objectifying) 사유 안에서 존재는 파악과 재현의 대상이 아니라 탈은폐(disclosure)되는 사건이다.

전통적 진리관, 특히 대응설이 말하듯, 진리란 진술(신념)과 사실(사태)의 일치, 즉 옳고(true) 그름(false)의 판단의 문제가 아니다. 하이데거는 진리를 희랍적 사유의 알레테이아(*aletheia*), 탈은폐의 문제로 추적했다. 현대인의 진리관을 지배하는 올바름의 진리는 탈은폐로서의 근원적(original) 진리로부터 파생되는 부차적 진리일 뿐이다. 근원적 사건으로서 존재(Being)란 존재자들(beings)의 드러남을 의미한다. 사물들이 세계 안에서 드러나지 않는다면 우리가 어떻게 그 대상을 재현할 수 있는가? 드러남의 진리는 판단의 진리에 선행하는 근원적 진리이다. 판단으로서 진리는 과학 기술적 환원적 사유에 잘 들어맞는다. 현대인의 사유를 지배하는 과학 기술적, 재현적 인식은 우리가 살아가는 과학 기술적 영역에 필요하다.

하지만 종교적, 기독교적 진리의 모델은 하이데거가 추적한 탈은폐(드러남)로서의 근원적 진리에 해당된다. 종교적 진리는 판단의 문제에 선행하는 드러남의 근원적 진리를 말한다. 그렇다면 기독교 진리는 판단의 문제인가? 계시의 문제인가? 대답은 명확하다. 기독교 진리는 하나님의 자기 계시이다. 하나님의 자기 계시에 대해 신앙인이 실존적으로 응답하고 복종하는 신앙의 길 이외에 어느 누구도 어떤 교회 권력도 하나님의 계시의 진리를 판단할 수 없다. 하나님의 자기 계시의 신비는 인식 및 판단의 대상이 아니다. 여기서 문제는 교회 권력이 교회 집단을 유지하고 결속시키기 위해 신념(교리) 체계에 집착하는 데 있다. 교리를 수호한다고 해서 교회가 유지되지 않는다. 신앙 공동체의 성장 및 부흥은 참된 신앙의 회복에 있다. 신앙 공동체는 하나님에 대한 신앙과 헌신과 사랑으로 돌아가야 한다.

4

종교 권력의 기독교 복음과 진리의 수호라는 미명 아래 자행된 변선환 교수님의 종교재판의 야만적 폭거는 무엇보다 그들의 신학적 무지와 신앙의 부재에서 기인한다. 신학교는 신학을 가르치고, 교회는 말씀을 선포하고, 교단은 신학과 교회가 자기 본연의 사명을 잘 수행할 수 있도록 봉사하는 데 있다. 하루바삐 변선환 목사님의 출교를 취소하고, 그 신분과 명예를 회복시키는 것이 서서히 쇠락해 가는 감리교회를 다시 살리는 새로운 출발점이 될 것이다. 이것은 단지 추상적, 선언적 명제가 아니라 신앙, 신학, 교회의 본질과 사명에 대한 근본적 이해 및 실천으로부터 나오는 것이다.

현재 감리교회가 처한 신앙적 위기의 본질을 직시하고, 신학교, 교회, 교단 모두 각자의 자리에서 뼈저리게 자성하며, 자기 본연의 사명으로 돌아가야 한다. 신학은 신앙을 이해하는 신학의 본성으로 돌아가라. 교회는 하나님의 말씀을 선포하는 목회의 본질로 돌아가라. 교권은 교회에 봉사하는 섬김의 권위로 돌아가라. 그리하여 신학을 신학답게, 교회를 교회답게, 교권을 교권답게 하라. 감리교회의 르네상스의 길은 우리 모두가 시대를 앞서가신 한국 신학의 위대한 거목이며 감리교 신학의 영원한 스승이신 변선환 교수님이 보여주신 성서적인 실존적 신앙을 회복하는 것으로부터 시작된다.

일아 변선환의 '종교다원주의'

지승원
한동대학교 명예교수

변선환 선생님 출교의 가장 중요한 이유는 그가 종교다원주의자라는 것이었다. 그러나 과연 그러한가를 우리는 무엇보다 다시 물어야 한다. 동시에 그의 신심과 가르침이 출교 처분을 하지 않을 수 없을 정도로 교회에 해로운 것이었는가도 물어야 한다.

그가 학교에서 가르치기 전에도 이미 많은 한국 기독교인들이 다문화 종교 사회에 적응하여 다른 종교에 대해 관용적 태도를 취하고 있었다. 이들은 종교가 다름으로 인해 가족과 지인들과의 관계가 파탄에 이르는 것을 원치 않는다. 그뿐만 아니라 자신의 내면세계나 일상생활에도 전통 종교의 윤리나 내세관이 스며들어 있다는 것을 알고 있다. 변 선생은 이런 한국 기독교인의 정서를 신학적으로 다듬어내었을 뿐이라고 본다.

1

첫 번째 질문에 대해서는 1992년 11월 대구 현대종교문화연구소 세미나에서의 발언에 주목하려 한다.

"토인비는 '아마 천년 후의 역사가는 20세기에 일어났던 가장 중요한 사건으로 동양 종교와 서양 종교가 진지하게 인류의 미래를 생각하면서 대화하기 시작했던 것을 기록할 것이다'라고 말했다. 칼 야스퍼스는 '인간은 삶의 방식이 바뀌면 거기에 따라서 새로운 정신의 고향, 마음의 집을 지어야 하는데 그것이 종교이다. 그래서 종교가 바뀌게 된다'라고 말했다. 그런데 오늘 우리가 살아가고 있는 시대는 심상치 않은 수없이 많은 문제를 안고 있다. 그 어느 특정 종교 하나의 힘만 가지고 해결하기에는 문제가 너무 복잡하고 넓다. 종교 간의 대화와 협력이야말로 인류의 미래를 밝힐 마지막 등불이라고 생각된다.

하나님이 당신의 모습을 이 역사 안에 나타낼 때는 여러 문화의 차이에 의해서 달리 얼굴을 나타내는데, 기독교에는 이렇게 얼굴을 나타냈지만, 다른 종교에는 저렇게 얼굴을 나타냈다. 그래서 기독교 안에 나타나 있는 얼굴하고는 다른 하나님의 얼굴, 진리의 모습을 보게 되는데 그것을 서로 이야기하고 서로 배워서 좋은 것을 받아들여 자기 스스로 풍부하게 해야 한다. 만일 그리스도교가 탈바꿈하지 않고 그대로 남아 있다고 한다면, 역사상 수없이 많이 나타났다가는 사라지고 한 그 죽은 고대 종교의 유물이 파리 루브르 박물관이나 런던의 박물관에 죽은 모습으로 안치되어 있듯이 그리스도교도 그렇게 되지 않는다고 누가 보장하겠는가? 그래서 앞으로 그리스도교가 이런 새로운 시대에 살아남으려면 다른 세계종교들과 함께 대화하고 탈바꿈하면서 인류의 미래를 위해서 협력하는 새로운 모습으로 나타나야 할 것이다."

2

주제 발표 후 종합 토론에서 이런 질문이 제기되었다.

"기독교 가운데 줄기차게 흐르는 것은 하나님이 이 세상을 구원하신다는 계시적 구원사의 입장인데 그것마저도 다른 종교들의 본질과 동등한 입장에서 하는 대화는 어렵지 않겠느냐 하는 문제입니다. 말씀해주시면 감사하겠습니다."

변 선생의 답변은 이렇다.

"이런 모임에 참여하게 되면 내 신앙의 정체성이 흔들려진다는 이야기를 많이 듣습니다. 사실입니다. 그런데 우리가 이제까지 신앙생활해왔던 과거를 돌이켜 보면 내 나이가 많아지고 또 학문이 깊어지는 데 따라서 신앙이 계속 흔들려져 왔다는 것을 알 수 있습니다. 그래서 정체성은 고정된 경직성 속에 있는 정체성이 아니고 유동성 속에 있는 정체성이라고 다이내믹하게 생각하는 것이 좋을 것입니다. 그리고 계시 신앙이 흔들려져서 되겠나 하고 얘기합니다. 계시 신앙이 얼마나 중요한 것인가 하는 것을 모르는 바는 아닙니다. 그런데 기독교 신학의 형태가 그리스도 중심주의에서 하나님 중심, 성령 중심적인 모델 등으로 자꾸 바뀌어 갑니다. 이런 점에서 계시 신앙 자체가 흔들리는 것이 아니고 신학의 변화에 따라서 강조점이 달라지는 것입니다. 다음으로 한 말씀 드린다면, 키에르케고르가 심미적인 실존, 윤리적인 실존, 종교적인 실존의 세 단계로 이야기했다는 것을 알고 있는데, 종교적인 실존 가운데 종교 A: 일반적인 종교, 종교 B: 예수 그리스도에 대한 계시 신앙, 즉 기독교입니다. 그런데 우리 기독교인에게 있어서 종교 B가 아무리 중요한 것이라고 하더라도 종교 A 없는 종교 B라는 것은 도그마 덩어리입니다. 그렇기 때문에 진리를 찾으려고 신음하고 고뇌하는 종교성 A의 그 상한 영혼이 없다고 한다면, 종교성 B라고 하는 교리가 아무리 훌륭하다고 하더라도 그것은 빈 대답이 되지 않겠습니까? 진정한 살아있는 물음이 있게 될 때 거기에 대한 대답으로 종교성 B가 참된 구체적인 살아있는 대답이 되는 것이지 종교성 A 없는 종교성 B는 차라리 종교성 B 없는 종교성 A보다 못하다고 생각합니다.”

3

주제 발표문에 비추어 보면, 그를 출교 처분한 주체의 특징은 한마디로 '역사의식의 부재'로 요약할 수 있다. 칼 바르트는 "한 손에 성경을, 다른 한 손에는 신문을 들라"라고 했다는데, 이들 손에는 성경도 신문도 들려 있지 않았다. 세상 돌아가는 데 눈 감고, '성경 속의 역사'도 '성경의 역사'도 아랑곳하지 않았다. 아마 감리교 교리적 선언도 들고 있지 않았을 것이다. 단지 머릿속에 든 몇 개의 도그마만이 이들을 지배했을 터이니, 그런 우물 안 개구리들이 할 일은 그것 밖에 없었다.

변 선생은 분명 과정철학이 밝혀낸 관계적 존재로서의 인간, 하나님과 인간과 세계가 한데 어우러진 유기체로서의 하나님 나라에 대한 계시적 통찰을 보유하고 있었다. 이런 신관과 세계관에는 일원론, 이원론, 다원론 등 실체 관념에 입각한 구분이 있을 수가 없다. 그를 종교다원주의자라 한 것은 구시대의 '철학적 잣대'('성경적 잣대'가 아니다)로 그를 재단한 것이다.

하나님 나라, 곧 한없이 큰 하늘의 그물을 빛과 생명으로 채우는 것은 사랑 하나밖에 없다. 위의 종합토론에서 그가 말한 종교 A와 종교 B, 종교성 A와 종교성 B의 상관관계는 그가 얼마나 사람을 사랑하는가를 여실히 드러내 보여주고 있으니, 정녕 그는 사랑의 사람이요 하나님의 사람이다. 이에 비해 타종교를 경멸하고 비하하는 것은 인간의 분별심, 심하게 말해 종교 권력을 독점하려는 저급한 욕망의 표출일 뿐이다.

이런 자들은 서슴없이 선악을 알게 하는 나무의 열매를 따 먹고 하나님처럼 행세한다. 그게 죽는 길인 줄도 모르니 딱하기 그지없다. 이들은 사랑이 없으면 권력도 부도 능력도 다 울리는 꽹과리에 불과하다는 것을 알아야 한다.

지금 세계는 종교 간의 대화와 협력을 요청하고 있다. 실제로 재난의 현장에서는 이런 일들이 일어나고 있다. 6.25 전쟁에도 다양한 종교적 배경을 지닌 수십 개 국가가 참전했다. 다문화 종교 군대가 한국과 한국교회를 공산주의의 마수로부터 구출해 낸 것이다. 이 은

혜를 망각하면 상대방도 그러할 것이다. 진리는 시간의 시험을 이기고 살아남는다. 시간은 변 선생 편이다.

종교재판정에 선 '종교다원주의'

김정숙
감리교신학대학교 교수

　'종교다원주의'는 지금도 신학생들에게는 암묵적인 '금기어'이고, 교회에서는 실수로라도 결코 입 밖으로 발설해서는 안 되는 '금단의 열매'와도 같은 언어다. 신학대학교에서 사용하는 조직신학 교재들의 마지막 챕터는 일반적으로 "세계 종교들" 혹은 "종교들"이라는 제목으로 세계의 다양한 종교들과 기독교의 관계를 다루는 내용이 나온다.

　학부에서 정치학을 전공했다는 한 대학원생이 수업이 끝나고 강의실을 나가면서 하는 말이 "교수님, 다 이해가 가는데 그런데도 긴장되고 무서워요." "뭐가 무서운데?" "종교다원주의요." 수업 내용을 통해 다루는 내용은 객관적으로 타당하게 이해가 되는데 '종교다원주의'라는 용어 자체가 어쩐지 겁먹게 한다는 의미다. 왜 그럴까? 어쩌다 '종교다원주의'라는 용어는 공포와 긴장을 야기하고 심지어 분노를 유발하는 단어가 되었을까? 이는 아마도 명시적으로는 아니라 할지라도 적어도 암묵적으로 우리 기독교대한감리교회에서 '종교다원주의'라는 용어에는 '변선환 교수', '종교재판' 그리고 '출교', '이단' 등등 줄줄이 이어지는 관련어로 인해 족쇄로 작용하는 '한국 기독교의 프레임'이 된 언어이기 때문일 것이다.

프레임이란 액자나 창문 등의 '뼈대', 곧 '틀'을 뜻하는 것으로 확장된 의미에서 사회적인 현상 그리고 종교적 상황 혹은 어떤 사안 등의 본질을 해석하고 규정하는 '틀'이 곧 프레임이다. 그러나 어떤 사태나 상황 혹은 사안의 본질을 해석하고 규명하는 의미에서 사용하는 프레임이 오늘날에는 너무도 자주 사안의 본질을 감추고 진의를 왜곡하는 용도로서 프레임을 사용한다는 문제가 있다. '종교다원주의' 용어 역시 참된 본질이 왜곡되고 진의를 감추는 프레임들이 많이 작동하는 용어가 되고 있음에 틀림없다. 적어도 내가 속한 감리교회에서는 그렇다는 말이다.

1

그렇다면 공포심을 유발하고 때로 불안과 분노를 자극하는 '종교재판', '출교', '변선환 교수' 등의 프레임을 벗겨낸 '종교다원주의'의 본래적인 의미는 무엇일까?

'종교다원주의'의 문자적 의미는 우리가 살아가는 세계에는 다양한 종교가 있다는 사실을 전제하며 증언하는 현상학적으로 객관적인 용어다.

오늘 지구촌에는 셀 수 없을 만큼 많은 종교가 공존하고 있으며,

동시대를 살아가는 세계의 거주민들은 각자의 종교를 자의적이건 타의적이건 선택하여 신앙생활을 하고 있다는 면에서 우리 현대인들은 종교가 다원화된 세계에서 살아가고 있다는 것을 지시하는 언어다. 종교의 역사를 통시적으로 분석하거나 혹은 공시적으로 분석하더라도 부인할 수 없는 종교다원주의의 현실이라는 것을 우리 모두는 알고 있다. 인류의 역사가 곧 종교의 역사이며, 더 나아가 역사 이전에서부터 '종교성'의 다양한 표현이 있었던 것처럼, 원시 부족 시대에는 각 지역마다 또는 각 부족마다 다양한 형태의 원시 종교가 있었다는 사실을 인류학자들은 증언한다. '축의 시대'라 일컫는 기원전 8세기부터 기원전 3세기 동안 세계의 각처에서 위대한 정신들이 태어나고, 위대한 종교 전통들, 대종교들이 발생되고 형성되었다는 것 역시 우리가 종교다원주의의 현실을 살아가고 있다는 것을 보여준다. 그런 의미에서 본다면 종교다원주의의 현상은 다름 아닌 소위 '종교 박물관'이라고 할 수 있는 우리 민족의 현실, 곧 종교의 자유를 보장하는 대한민국의 종교 상황의 현주소라고 할 수 있을 것이다.

다양한 종교들이 공존하는 현상을 지시하는 문자적 의미로서의 종교다원주의를 넘어 '소위' 신학적 개념으로서 종교다원주의는 어떤 의미를 갖는가?

종교다원주의의 개념은 시대마다 혹은 지역마다 복합적 의미를 갖겠으나, 기독교와 다른 종교들의 관계를 다루며 그 차이점을 비교하고 논쟁하는 신학적 용어로서의 '종교다원주의' 개념은 20세기 들어서 서구 유럽에서 시작되었다. 신학적인 개념의 '종교다원주의' 연구가 우리나라와 같이 다종교적인 역사 배경을 가지고 있는 아시아 국가들이 아니라 서구 유럽에서 처음 시작되었다는 사실은 이해하기 어려운 면이 있다. 본질적 의미에서 종교다원주의의 신학적 개념이 유럽 신학자들 사이에 사용되기 시작한 배경에는 종교학자 그리고 기독교 신학자들이 자신들의 무지를 인정하는 자각적인 차원에서 혹은 자신들의 교만함을 자성하는 차원에서 시작된 것이라고 할 수 있을 것이다. 핍박과 박해를 받던 소종파 기독교가 로마제국의 국교가 된 이후로 서구 유럽의 사람들에게 유일한 종교는 기독교였으며, 그들에게 기독교는 최고의 보편적인 종교이며 절대적인 종교였다. 유럽의 기독교 제국에서는 한 인간이 탄생하면서부터 으레 받아야 하는 유아 세례로부터 지나간 인생을 회개하고 마무리하며 내세의 생으로 이어주는 종부 성사에 이르기까지, 기독교는 한 사람의 영혼과 일생을 지배했을 뿐만 아니라 서구 유럽 국가의 전 시민들의 생사를 기독교가 총괄했다고 해도 과언이 아닐 것이다.

그들은 기독교가 아닌 다른 종교를 그저 저급한 이방 종교로, 이슬람은 무찔러서 정복해야 할 적으로, 기독교를 비판하는 사람은 무조건 이단으로 정죄하고 처형하면서 근 2000년을 면면히 이어왔다. 그들에게 기독교는 다른 종교들과는 비교 불가한 종교의 차원을 넘어선 절대적이고 유일한 위상과 권력을 지닌 종교 위의 종교였다. 가톨릭 중심이었던 유럽의 기독교는 종교개혁 이후로 구교와 신교의 갈등과 분열 속에서도 기독교의 유일성과 절대성은 변함이 없다. 유럽을 중심으로 성장하고 유럽의 지배 권력으로 확장된 기독교 신학자들이 세계의 다른 종교들에 관심을 기울일 필요도, 특별한 이유도 없었을 것이라는 의미다.

신대륙의 개척과 식민지 확장으로 기독교보다도 더 오래된 대종교들과 높은 수준의 문화와 깊은 영성이 있다는 사실이 알려지고 위대한 아시아 종교 전통들이 존재해 왔다는 사실을 더 이상 무시하고 부인할 수 없는 현실이 되었을 때에 비로소 서구 유럽에서 '종교다원주의'의 신학적 개념이 사용되었다. '종교다원주의'의 신학적 개념들 통해 세계 종교에 대한 연구 그리고 기독교와 세계 종교와의 관계에서 대해서도 연구가 시작되었다.

초기에는 기독교의 절대적 위상을 주장하고 다른 종교들에 대한 상대적 열등성을 부각시키는 데 초점을 맞췄다. 세계 종교에 대한 연구가 진행되고, 아시아에서 시작하고 성장한 대종교들, 힌두교, 불교 그리고 유교에 대한 깊은 인식을 가지게 되면서 다른 종교들에 대한 존중심 그리고 경이감을 느끼며 그동안 다른 종교를 비하했던 자신들의 교만을 성찰하고, 세계 종교로부터 배울 점을 찾는 종교다원주의 연구도 진행되고 있다. 그런 연장 과정에서 미국의 신학대학원 등지에서 널리 쓰이는 조직신학 교재에는 "세계 종교들"이라는 주제로 종교다원주의에 관한 신학적 문제를 다루고 있다. 엄밀한 의미에서 "세계 종교들"이라는 주제는 소위 기독교 국가들의 입장에서 긴급하고도 심각하게 다루어야 하는 신학적인 주제는 아니라고 할 수 있다. 비록 오늘날 서구 유럽의 성당과 교회를 참석하는 기독교인들이 얼마나 되는가의 여부를 떠나 유럽인들의 그리고 미국인들의 종교적 정체성은 여전히 기독교인이라는 사실은 변함이 없기 때문이다. 때문에 기독교의 문화와 전통 속에서 태어나고 자라온 유럽의 기독교인들에게 다른 종교들에도 과연 구원이 있는가 혹은 없는가의 비약적인 논쟁은 그들에게는 주요 관심의 영역이 아니라는 의미다. 그들에게 '종교다원주의'의 문제는 기독교만큼이나 오래된 세계 종교 전통과 문화들을 존중하면서도 기독교의 진리와 복음에 충실한 기독교인이 될 것인가에 있다고 할 수 있다.

2

유럽의 기독교 국가들과는 달리 우리나라는 오랜 역사를 통해 다양한 종교들이 공존하고 있는 나라다. 무교로부터 불교, 유교, 대종교와 동학 그리고 기독교에 이르기까지 크고 작은 무수히 많은 종교가 수천 년에 걸쳐 한반도를 중심으로 민족의 역사를 이루어왔다.

민족의 정신과 삶의 터전을 형성해온 무교와 불교 그리고 유교와 같은 한반도 토착 종교들과 비교해서 비교적 최근에 유입된 기독교는 가톨릭이 약 250년 그리고 개신교가 약 150년의 상대적으로 짧은 역사를 갖는다. 우리나라의 종교 박물관과 같은 종교적인 현상은 문자 그대로 '종교다원주의'의 상황이며, 따라서 기독교와 다른 종교의 관계를 이해하고 어떤 관계성을 형성하며 공존할 것인가에 대한 문제는 우리에게는 필연적이고도 중요한 실존의 문제라고 할 수 있다. 따라서 수많은 종교가 공존하는 현실에서 한국 기독교인들은 기독교의 진리에 충실하면서도 다른 종교인들과 더불어 각자의 삶에서 하나님의 뜻을 실현하며 살 수 있을 것인가가 '종교다원주의'의 본질적인 문제일 것이다.

변선환 교수는 "교회 밖에도 구원이 있다"는 신학적 입장을 견지함으로 1992년 기독교대한감리교회 서울연회 종교재판에서 "종교다원주의자"라는 이단의 낙인으로 출교당했다. 반만년의 역사라는 민족의 역사에서 기독교가 들어오고, 교회가 세워지고, 예수 그리스도의 구원의 복음이 전해지고 전파된 지 고작해야 250여 년, 인류를 구원하시는 영원한 '하나님의 사랑'은 250년도 안 되는 시간 안에 제한될 수 없으며, 교회라는 공간에 갇힐 수 없다는 변선환 교수의 신학적 입장을 기독교대한감리교회가 출교로 단죄한 것이다. 250년을 제외한 한반도의 모든 역사를 하나님의 창조와 구원의 영역에서 제외한다는 것인지에 대해 서울연회 종교재판부는 언급하지 않았다. 한반도 땅에 기독교가 유입되기 이전의 모든 조상은 하나님께 구원받지 못한 저주받은 존재라는 것인지, 하나님의 예정에서 제외된 존재라는 것인지, 아니면 결단코 구원받아서는 안 되는 버림받아야 마땅한 존재라는 것인지, 재판석에 앉아 변선환 교수에게 출교를 선언한 감리교 목사들은 종교다원주의에 대한 자신들의 신학적 입장에 대해 그 어디에도 명확하게 진술하지 않았다.

종교의 역사와 민족의 역사를 분리할 수 없는 대한민국에서 살아가는 기독교인들에게 '종교다원주의'의 문제는 우리의 실제적이고 필연적인 문제라고 할 수 있다. 그러나 기독교대한감리교회 종교 재판부에게 '종교다원주의'라는 용어는 우리 민족의 종교 현실을 고뇌하고 하나님의 보편적인 구원의 사랑을 숙고하는 본래적 의미의 신학적 개념이라기보다는 분노를 유발하고 두려움과 긴장을 유발시키는 율법적인 개념, 본질을 왜곡하는 프레임으로 환원해 버렸다. 그들에게 종교다원주의란 그저 다른 종교인들은 결코 구원받을 수 없다는 '금지의 언어', 더 나아가 다른 종교인들이 구원받는 것은 결단코 용납할 수 없다는 '분노의 언어'였음에 틀림없다.

3

기독교의 가장 근본적인 신앙고백은 창조 신앙이다. 삼위일체 하나님은 세계를 창조하신 하나님이시기에 기독교만을 그리고 교회만을 창조한 하나님이 아니라는 것을 전제한다. "그가 태초에 하나님과 함께 계셨고 만물이 그로 말미암아 지은바 되었으니 지은 것이 하나도 그가 없이는 된 것이 없느니라"(요 1:2). 삼위일체 하나님이 행하시는 창조와 섭리의 과정과 영역이 기독교와 교회 울타리 안에 제한될 수 없는 것처럼 우리가 고백하는 예수 그리스도의 구원 사역 역시 기독교와 교회 영역 내에만 제한될 수 없다는 것을 의미한다.

삼위일체 하나님의 창조와 섭리와 구원의 사역은 이스라엘과 서구 유럽의 시공간을 넘어 전 세계로 확장되며, 전 우주를 관할하신다는 것이 기독교의 신앙고백이다. 그래서 우리는 초월적이고 내재적이며, 절대적이고 상대적이며, 무한하고도 유한한 하나님, 이렇게 상반되고 모순되는 모든 측면을 포괄하시는 하나님을 '삼위일체 하나님'이라고 부른다. 따라서 삼위일체 하나님의 구원 사역에 대해 신 중심적 모델과 그리스도 중심적 모델로 나누고 논쟁하는 것은 올바른 이해 방식이 아닐 것이다.

종교란 본성상 배타성을 갖는다. 구원은 전적으로 하나님의 주권에 속한 것이며, 구원받은 자의 감격이 고스란히 묻어 나오는 '종교의 언어'는 '체험의 언어', '고백의 언어'다. 종교는 궁극적이고 영원하며, 초월적 존재의 만남과 체험에서 신앙이 비롯되며, 그 신앙이 사랑과 믿음으로 고백되기 때문이다. 그래서 초월자를 향한 사랑과 신앙은 전적이고 절대적이기에 다른 존재와 비교하고 판단할 여지가 끼어들 틈새가 없다. 분열된 사랑은 사랑이 아니듯 파편화된 신앙역시 신앙이라고 할 수 없기에 초월자에 대한 배타적 사랑과 전적인 믿음은 그저 때로 침묵으로밖에 표현될 수 없는 '무언의 언어'다. 그래서 초월자에 대한 우리의 언어는 겸손의 언어, 감사의 언어인 것은 용서받은 감격 속에서 나오는 죄인임을 고백하는 '회개의 언어'이기 때문이다. 내 신앙의 고백이 다른 사람의 신앙고백을 판단하고 비판할 수 없듯이 초월자를 향한 나의 신앙이 다른 종교인들의 신앙을 폄하할 수 있는 근거가 될 수 없다. 자신의 사랑에 전적이고 그 사랑에 성숙한 사람만이 다른 사람의 사랑을 존중하고 존경할 수 있는 것처럼 자신의 종교에 성숙한 사람만이 다른 종교와 종교인들을 존중하고 존경할 수 있다. 그래서 절대자를 향한 나의 전적이고도 배타적인 사랑은 절절한 고백의 언어로 표현되고, 감동의 언어가 되어 다른 사람들에게도 그리고 다른 종교인들에게도 진실 어린 감동을 전달한다. 그래서 복음 전파의 언어는 강요와 압박의 언어가 아니라 진실과 감동을 전하는 '고백의 언어'가 되어야만 한다.

4

한국교회가 그 어느 때보다 어려운 상황에 처해 있다는 것은 통계 지표를 보지 않아도 느낄 수 있다. 염려스러운 것은 인구 감소에 의한 단순한 수적 감소가 아니라 한국교회와 기독교인을 향한 혐오와 비난의 소리가 증가하고 있다는 점이다. 교회에서 젊은이가 떠나가고 있으며, 상처받은 영혼들이 교회를 찾는 것이 아니라 교회에서 상처받은 영혼들이 교회를 떠나고 있다.

오늘 한국교회가 직면한 위기는 불교, 유교와 원불교 등 다른 종교들 때문이 아니다. 자기 폐쇄적인 한국 기독교, 기독교인들의 이기적이고 기대치에 미치지 못하는 미성숙함 그리고 모두를 적으로 밀어내며 세우는 기독교의 유아기적 정체성이 모든 이들로 그들의 등을 돌리게 한다.

초기의 한국 기독교는 오늘날과 같은 사회적 지탄과 멸시는 없었던 듯하다. 나라가 어렵고 위기에 처했을 때 한국교회 지도자들은 다른 종교의 지도자들과 민족의 해방을 위해 머리를 맞대고 독립선언문을 작성하였으며, 모두 하나 되어 어깨를 나란히 하고 3.1 독립만세운동을 이끌었다. 변선환 교수의 종교재판 30주년, 늦었지만 지금이라도 '종교다원주의'에 대한 왜곡된 프레임을 벗겨내고 새롭게 인식해야 할 때다.

변선환 교수의 신원이 회복되기를 바라며

윤정현

대한성공회 은퇴 사제

진리는 현실에서는 늘 지고 사형선고를 받는 것처럼 보이지만, 긴 안목으로 보면 역사에서는 늘 승리해 왔던 것을 본다. 따라서 필자는 어느 종교의 신앙을 지키고 교리를 전파하는 것보다 진리 추구라는 관점에서 영성 생활을 하고 있다. 교리나 신념 체계는 그 자체가 진리가 아니라 진리를 담는 그릇에 불과하다고 생각하고 있기 때문이다. 그릇은 시대에 따라 다양하게 발전해 왔다. 그러나 교리라는 그릇은 옛날이나 지금이나 변하지 않고, 시대가 바뀌고 세계관이 달라져도 그 구조이다. 시대의 변화에 따라 교리는 탄력 있게 해석되고, 진리를 담을 그릇으로서 그 역할을 충실히 해야 한다. 그래야 새 술은 새 부대에 담을 수 있다. 그러나 변하지 않고 옛 신앙을 고수하려고만 한다면 헌 부대에 술을 담아놓는 꼴이라 할 수 있다.

| 2부 _ 감리교 종교재판에 대한 내·외부의 시선

1

　진리 추구, 정의와 평화, 약자에 대한 관심과 공감력을 가져야 할 종교가 교리와 신념 체계를 지키고, 종교 제도를 유지하고 관리하기 위한 수단으로 변할 때, 그 해악과 위험성은 심각해진다. 더욱이 건전한 판단력을 잃을 때 오는 위험성은 중세 교회의 마녀사냥과 이단자를 잔인하게 처형했던 사건에서 확인된다. 그 위험성은 시대가 다르고 이성이 깨인 오늘날에도 무늬만 다르게 우리에게 다가오고 있다. 30년 전의 변선환 교수의 파면과 출교의 종교재판이 대표적인 예라고 여겨진다.

　신학자들의 찬사를 받았던 도미니크회(Dominican) 수사 신부인 토마스 아퀴나스(1225?~1274)의 『신학 대전』(Summa Thelogica)에 다음과 같은 이단 박멸의 언급은 우리를 놀라게 한다.

　　화폐 위조자와 기타 행악자들이 세속 당국에 의해 즉시 사형의 형벌을 받는다면, 이단자에게는 더욱더 그렇게 할 이유가 있는데, 그들이 이단으로 유죄 판결을 받자마자 파문을 시키는 동시에 사형에 처해야 한다. 그러나 가톨릭교회 쪽에서는 이단에 빠진 사람의 회개를 바라는 자비 때문에 당장 처벌하지는 않지만 사도가 지시하는 것처럼 '일, 이차 권고 후에' 아직도 그가 고집을 부린다면 카톨릭교회는 더 이상 그의 회개를 바랄 수 없으며 다른 사람의 구원을 위해 그를 파문하고 가톨릭교회로부터 분리시키며, 사형시켜 세상에서 없애기 위해 세속 법정에 인도한다 …. 아리우스(Arius)는 알렉산드리아에서 하나의 불꽃에 불과했으나 그 불꽃은 금방 꺼지지 않고, 전 지구가 그 불꽃에 의해 소모되었다"(『신학대전』 3권).

교리와 신념 체계를 보호하기 위한 명분이지만 가톨릭 신앙의 맹신적인 지지가 얼마나 잔인하고 악마적인지를 잘 보여주는 사례이다. 더 나아가 거룩한 신심과 교리로 포장한 종교 권력과 지도자의 욕망에 의해서 신자들에게 무조건 따르고 순종하라는 가르침으로 나타난다. 맹신의 강요는 어떠한 것도 정당화할 수 있게 하는 종교의 자기분열 현상을 드러낸다.

2

15세기 이후 마녀사냥에서 종교의 자기분열 현상을 찾아볼 수 있다. 특히 중세 시대에 기독교를 절대화하여 권력과 기득권을 유지하기 위한 종교적 상황에서 비롯된 광신적인 현상을 들 수 있다. 이교도와 무신론자들을 억압하기 위한 마녀사냥은 15세기 초부터 산발적으로 시작되어 16세기 말과 17세기까지 일어난 비인간적이고 악마적인 사건이다.

당시 유럽 사회는 악마적인 마법의 존재, 곧 마법의 집회와 밀교가 존재한다고 믿고 있었다. 이러한 마법을 부리고 전달하는 자가 바로 마녀라고 여겼다. 원래 이교도를 박해하기 위한 수단이었던 종교재판은 악마의 주장을 따르고 다른 사람과 사회를 파괴한다는 마법사와 마녀를 처단하기 위한 권력자의 지배 수단으로 바뀌게 되었다. 온갖 고문을 자행하고, 본보기로 가장 참혹하게 화형시켰다. 지켜보는 사람들로 하여금 지배자의 권위나 교회의 신앙 체계에 도전할 생각을 감히 하지 못하게 한 것이다.

이와 같이 맹신은 나와 다른 신을 섬기거나 다른 믿음을 가지고 있는 사람에게 사형선고를 내릴 수 있고, 같은 종교의 같을 신을 믿을지라도 나와 다른 의식이나 교리에 벗어난 행위를 죽이기도 한다. 십자가의 이름으로 처형하고, 북아일랜드 벨파스트의 팝에서 한 것처럼 폭탄을 던지기도 한다. 종교가 다르다면 거룩한 전쟁이라는 이름으로 무엇이든 닥치는 대로 파괴하고 죽이고 몰살시킨다. 대량 살상도 서슴지 않는 것을 흔히 볼 수 있다.

3

민주화되고 기술문명이 발달한 오늘날에도 왜 이러한 일이 일어날까? 종교 권력이 갖는 권위에 대한 욕구와 인간 탐욕이 밑바탕에 도사리고 있기 때문이다. 특히 자본주의 사회에서 시장경제 체제의 세계화 과정에서 종교는 사회적 연대성과 약자와 함께하는 공감력을 상실하고, 이웃 사랑의 정신을 망각하기에 이르렀다. 인간의 탐욕은 인간의 자유가 아니라 자본의 자유를 불러와 인간을 섬겨야 할 자본이 오히려 인간을 억압하고 노예화하게 되었다.

자본의 노예가 된 인간은 탐욕에 의해 사고가 왜곡되어 정의롭고 공의로워야 할 종교인마저 편견을 갖게 한다. 종교가 권력화될 때 편견은 심화되어 신앙의 맹신과 오만의 싹이 자랄 수 있는 온상이 된다. 더 나아가 맹신과 오만은 분노 조절이 되지 않는 사람들과 결합할 때 어리석음으로 일을 저지르게 된다. 밑바닥에는 내 종교만 옳고 타종교는 구원이 없다는 배타적인 신앙이 작용하기 때문이다.

　나 혼자만 살 수 없는 시대에 우리는 살고 있다. 문화와 가치의 다양성을 존중하고 더불어 살아가야 하는 다원주의 사회가 되었다. 진리를 담는 그릇이라고 할 수 있는 교리체계도 시대에 맞게 바뀌어야 한다. 시대에 따라 다양하게 그릇이 만들어지듯이 교리도 새롭게 진리를 담을 수 있도록 만들어야 한다.

4

　이미 30년 전에 변선환 교수는 이웃 종교와의 대화를 시도하면서 "교회 밖에도 구원이 있다"고 말하였다. 변 교수는 "1951년 위팅겐 회의가 교회 중심주의, 배타주의, 개종주의 선교를 표방하는 제국주의, 즉 서구 식민지주의에서 벗어나야 한다는 것을 선언한 이래 꾸준히 진행되어온 국제 기독교 사회의 상식"을 반영한 것이라고 여겨진다. 그 사상 위에 변 교수의 토착화신학과 종교다원주의가 전개되었다고 본다.

　1990년 7월부터 1993년 9월까지 필자는 한국기독교교회협의회 (NCCK) 교육부장으로 일하고 있었다. 당시 문화 이해와 토착화에 다소 열려 있는 신앙을 가지고 있는 감리교가 변선환 교수를 이단으로 몰고 출교시킨 데에 적지 않은 충격을 받았다. 그때 우리 사회는 이주 노동자의 수가 증가하여 그들의 인권에 관심을 가지게 된 시기였다. 이주 노동자의 문화와 종교를 이해하고, 다원화된 사회 속에서 그들의 인권을 돌보아야 할 상황이었다. 그러나 변 교수님을 이단으로 몰고 출교시킨 종교재판은 시대 상황에 역행하는 일이었다. 다른 교단보다 열린 생각을 가진 감리교가 보수화된다는 것은 다른 교파가 더 근본적이고 배타적인 신앙에의 길로 나아가는 것임이 강 건너 불을 보듯 뻔한 일이기 때문에 교회일치운동을 주도하는 한국기독교 교회협의회의 교육부장인 필자에게 변 교수의 종교재판은 더 큰 충격으로 다가왔다. 종교가 '권력'이 될 때 얼마나 무섭게 변질되는지 그리고 맹신과 편견이 인간 정신을 어떻게 말살하는지를 보면서 많은 교훈을 얻게 되었다.

이 일이 있은 후 1993년 7월에 나는 청원군 내수면 묵방리로 내려가 농촌 교회에서 일하면서 1995년에 서강대학교 대학원 종교학과에 입학하였다. 종교다원화 시대의 이웃 종교와의 대화를 공부하면서 넓은 시각의 종교 이해를 하게 되었고, 자연스럽게 변선환 교수의 책을 읽게 되었다.

서강대학교 대학원 종교학과 3학기를 마친 후 영국 교회의 초청으로 1996년 9월에 영국 버밍엄대학교 대학원에서 공부하게 되었다. 석사, 박사과정을 마칠 때까지 변선환 교수의 타종교 이해는 나의 논문을 쓰는 데 많은 도움이 되었다. 버밍엄대학에서 세계적인 종교다원주의자, 존 힉(John Hick)을 접하고 이웃 종교와의 대화, 인류 평화를 위한 상호 공존과 협력을 위해 나는 다석 유영모의 신관 해석학인 "없이 계시는 하느님"(Non-Existent Existing God)이라는 제목으로 박사논문을 썼다.

탈종교 영성의 시대를 맞이하여 신학은 재구성되고 있다. 또한 탈식민주의의 시대에 토착화신학이 뿌리를 내리고 있어 우리 문화와 사상으로 성서를 재해석하기에 이르렀다. 토착화에는 다원적인 문화와 신심의 복합구조의 심층이 있다. 그 심층에는 기독교의 하느님에 상응하는 신성(Godhead)과 거룩함이 있다는 것을 열린 마음으로 볼 때가 되었다.

변선환 교수 종교재판 30주년을 맞이하여 성명서를 내고 기념행사를 하기에 필자는 종교평화를 위해 일하는 '고창좋은길벗들'이란 단체의 이름을 빌려 기쁜 마음으로 참여하였다. 이제 감리교가 시대의 징조를 읽고 지금이라도 늦지 않았으니 변선환 교수의 신원을 회복하고 교단의 명예도 되찾기를 바란다.

온유와 겸손을 통한 예수의 제자됨

최현민

종교대화 씨튼연구원 원장, 수녀

이정배 목사님으로부터 변선환 목사님의 종교재판 30년에 대한 글을 청탁받고 아주 오래전 만나 뵌 적이 있던 변 목사님을 떠올렸다. 필자는 석사논문으로 교토학파와 연관된 "히사마쯔 신이치(久松眞一)의 선(禪)사상"에 대해 준비하던 차에 교토학파를 연구해오신 변 교수님 자택을 찾아가 뵌 적이 있다. 그때 변 목사님은 내게 이런저런 조언을 해 주셨는데, 당시 그분의 말씀보다는 자상한 성품을 지닌 분이라는 인상이 지금 내게 남아 있다. 그 밖에 서강대 종교신학연구소에서 열린 콜로키움에 오셔서 질문하고 토론하시는 모습에서 끊임없이 배우려는 자세를 지닌 분이라는 인상도 받았다.

어떤 사람을 만났을 때 그와 나눈 대화보다 그 사람에게서 풍기는 향기가 더 오래 남는 것을 살면서 더 느끼게 된다. 사람에게서 흘러나오는 기운은 그 사람이 어떻게 살아왔는지를 몸으로 보여주기 때문이 아닌가 싶다.

1

30년 전에 변 목사님께서 종교재판을 받으셨다는 사실을 다시 돌아보니 마녀사냥이 있었던 16세기에 일어날법한 일이 이 땅에서 일어난 게 아닌가 하는 생각이 든다. 과연 "구원이 교회 밖에도 있다"는 변 목사님의 주장이 종교재판을 통해 그분이 속한 교회 공동체에서 출교를 당할 만큼 그렇게 엄청난 것이었을까? 나는 그러한 결정을 한 이들의 구원관이 무엇이고, 교회관은 어떤 것인지 궁금하기만 하다. 무엇이 그들로 하여금 그런 결정을 내리게 했을까? 교회 안에 구원을 가두어 두는 게 과연 그들이 신앙하는 기독교의 구원관인가?

굳이 변 목사님을 종교재판에 서게 한 배경인 종교다원주의를 운운하지 않더라도 기독인들이 추종하는 예수의 가르침 중 어떤 대목이 교회라는 울타리를 만들어 그 안에 들어오면 구원 받고, 교회밖에는 구원이 없다고 해석된 것일까? 이 땅의 기독교 교회 중에는 기독 신앙을 그 어떤 종교의 것보다 우위에 있다는 신앙 우월성이라는 그림자가 자리해왔고, 지금도 그 그늘 속에 있는 것이 사실이다.

세계 종교사를 볼 때 기독교는 불교보다 5세기 뒤에 생겨났고, 한반도에 그리스도교가 들어온 것은 남인(南人) 학자들의 학문적 관심에서 시작되어 이승훈이 1783년 베이징에 가서 그다음 해에 세례를 받으면서였다. 이렇게 시작된 가톨릭 신앙에 이어 개신교는 100여 년 뒤인 1885년 언더우드와 아펜젤러가 제물포로 공식 입국하면서 시작되었으니 기독교가 이 땅에 정착한 역사는 아주 짧다.

2

기독교가 유입되기 아주 오래전 이 땅에는 이미 하늘님에 대한 토착 신앙이 있었다. 곧 하늘님 신앙에 기반한 제천의식을 통한 경천(敬天) 사상과 널리 인간을 이롭게 하는 홍익인간이라는 애인(愛人) 사상이 그것이다. 한민족의 고대 종교 사상과 종교 심성에 토대가 된 하늘님에 대한 토착 신앙은 기독교가 이 땅에 정착하는 데 밑거름이 되었다. 이는 하늘님에 대한 절대 신앙은 없고 다신교적 신도(神道) 신앙이 주류를 이룬 일본의 경우 기독교인들이 1% 정도밖에 안되는 것과 비교된다. 이와 같이 세계 종교와 이 땅의 토착 신앙을 비추어볼 때 구원을 자신들의 교회 안에 가두어 두려는 주장은 자신들의 기득권을 유지하기 위한 방편에 불과한 게 아닐까.

변 목사님 사상의 중심축인 종교다원주의가 이웃 종교들 안에도 구원이 있음을 인정하는 열린 구원관이라면, 구원을 교회 안에 가두려는 이들의 주장은 닫힌 구원관이 아닐 수 없다. 예수는 율법이라는 울타리 속에 자신을 가두어 놓고, 이것으로 상대를 단죄하려는 이들과 맞서시다가 결국 십자가의 길을 걸으셔야 했다. 예수께서 해방시키고자 한 것은 그분의 공생활 중 가장 지탄받던 율법학자들이 당시 사람들에게 씌웠던 굴레, 곧 율법이 바로 그것이었다. 예수께서 이 시대에 오신다면 무엇이 그분에게 굴레처럼 여겨질까? 그것은 바로 당신을 '믿어야' 구원받을 수 있다는 믿음, 바로 그것이 아닐까. 믿음이라는 새로운 굴레로 교회 안에 구원의 테두리를 쳐놓은 작금의 교회 모습에 대해 과연 그분은 무엇이라 하실까?

3

윌프레드 켄트웰 스미스(Wilfred Cantwell Smith)는 믿음을 신앙과 구분한다. 믿음으로 번역되는 belief와 신앙으로 번역되는 faith는 모두 어떤 가치나 신념을 확고히 받아들이는 내적 상태를 의미한다. 그러나 스미스에 따르면 믿음(belief)은 우리말의 '신념'에 더 가깝다. 신념이란 자신이 속한 종교 공동체의 교의 등 축적된 전통을 수용하고 받아들이는 상태라 할 수 있다. 이에 반해 신앙(faith)은 축적된 전통에 대한 동의를 넘어 그것이 뜻하는 세계에 자신을 헌신한다는 의미를 내포하고 있다. 곧 진리라고 믿는 세계와 자신의 삶을 긴밀히 연결시켜 살아가는 태도라 할 수 있다. 이런 관점에서 스미스는 그리스도교, 불교, 힌두교, 이슬람교 등의 개별적인 종교적 신앙이 아닌 나와 너의 신앙만이 존재할 뿐이라고 주장한다. 그는 진정한 종교란 인격적이어야 하며, 세대에서 세대로 전달한 것은 결국 제도나 교리 신학 등의 축적된 전통에 나타난 인격체적 전달, 인격체적 만남임을 강조한다.

> "그리스도교적 신앙 일반, '불교 신앙', '힌두교 신앙', '유대교 신앙'은 존재하지 않는다. 오직 나의 신앙, 너의 신앙이 있을 뿐이다. 내가 지녀야만 하는 이상적 신앙이란 존재하지 않는다. 내가 보아야 하는 하느님이 존재하고, 내가 사랑해야만 하는 이웃이 존재할 뿐이다."

필자는 사랑의씨튼수녀회에서 운영하는 씨튼연구원을 통해 30년 가까이 이웃 종교인들과 종교 대화를 해 왔다. 한국의 다종교 문화 속에서 종교 대화의 필요에 의해 1994년에 설립된 씨튼연구원에서는 지난 30년간 5개 종단의 전문 학자들로 구성된 종교인들이 함께 모여 1년에 네 차례씩 정기적인 세미나를 가졌다. 이 종교인 모임에서 초기 10년간 교의적 차원에서 종교 간 대화를 해오면서 불교와 유교, 유교와 그리스도교, 불교와 그리스도교 간에 서로 알력이 있던 문제들을 함께 토론해왔는데, 이런 과정은 서로를 더 깊이 이해하는 계기가 되었을 뿐 아니라 서로의 다름도 재확인하는 기회가 되기도 했다.

필자는 종교 대화를 해 오면서 이웃 종교의 언어 속에서 하느님이 우리를 더 넓고 깊은 세상으로 초대해주심을 느끼고 있다. 그 세계는 『장자』 제1편 소요유에서 말하는 "곤이라는 이름을 가진 물고기가 붕이라는 새"로 변모하는 것에 비유할 수 있다. 자신의 세계에 갇혀있던 곤이 붕으로 변할 수 있었던 것은 '의식의 대전환'이 있었기에 가능했으리라. 곤에서 자유의 표상인 붕에로의 변모는 어쩌면 우리가 상실해온 자신의 본래 모습의 회복이라고 볼 수 있겠다. 곧 붕은 하느님의 모상으로 지음 받은 그 본래의 모습을 회복하는 상태이지 않을까? 타볼산에서 예수께서 변모하셨듯이 우리도 자신의 깊은 내면에서 하느님의 모상성을 자각할 때 자신이 우물 안에 갇혀 살았음도 깨닫게 되리라.

자유의 길로 나아가는 삶의 여정에서 우리를 인도하는 스승이 예수일 수도 있고, 붓다나 공자일 수도 있겠다. 예수를 스승으로 모시고 길을 나선 이들은 예수와 함께 걷는 삶의 여정에서 자유 곧 구원을 얻게 될 것이고, 붓다나 공자를 스승으로 삼아 살아가는 이들은 그 안에서 자유를 얻게 되리라. 예수를 따라나선 필자는 예수의 다음 가르침에서 큰 위로를 얻는다.

> 수고하고 무거운 짐을 진 너희는 모두 나에게 오너라 내가 너희에게 안식을 주겠다. 나는 마음이 온유하고 겸손하니 내 멍에를 메고 나에게서 배워라(마 11:28-30).

예수님 당시 팔레스타인에서는 두 마리의 소나 나귀가 한 조를 이루어 멍에를 메었다. 미숙한 소를 훈련 시키고자 노련한 소를 미숙한 소와 한 조로 멍에를 메게 한 것이다. 예수께서는 당시의 이러한 문화적 풍습을 빌려 우리를 당신의 파트너로 부르신다. 곧 당신으로부터 멍에 지는 법을 배워 익히라는 의미겠다. 그분께서는 멍에를 가볍게 지고 갈 수 있는 비법으로 '마음의 온유와 겸손'을 말씀하신다. 이는 온유와 겸손이라는 두 삶의 양식을 몸으로 체득하는 것이 우리가 삶의 짐을 가볍게 지고 갈 수 있는 비법임을 의미하겠다.

스승 예수의 이러한 가르침을 다시 곱씹어본다. 이 말씀의 실천은 먼저 혼자서 힘겹게 지고 가던 멍에를 내려놓고 그분과 짝이 됨에서 출발한다. 그리고 그분처럼 온유와 겸손이 몸에 배게 하는 과정이 필요하다. 그분과 함께 걷는 여정에서 우리는 가벼워진 짐의 무게를 느끼게 되리라. 엠마오로 가던 두 제자가 그분을 만났을 때 느꼈던 그 해방감처럼 말이다. 결국 그리스도인으로 산다는 것은 예수의 제자로 사는 것에 다름아니다. 우리보다 앞서가신 신앙의 선조들도 스승 예수로부터 온유와 겸손을 배워 익혔다. 변 목사님도 그들 중 한 분이시다. 다시금 변선환 목사님을 기억하며 삼가 명복을 빌어본다.

감리교 종교재판에 관한 한 외부 시선

김희헌
향린교회 담임목사

역사의 해석은 승자의 것이라는 말이 있지만, 사실 그 평면적 해석에는 비관이 젖어 있다. 1991년 10월 말 변선환 교수에 대한 감리교 종교재판은 한국교회가 길러낸 창조적 지성을 교권이 탄압하여 제거한 대표 사례였다. 공교롭게도 그해 종교개혁기념일에 모인 한국감리회 특별총회는 교단의 신학대학 학장을 교리적 이유로 정죄했다. 그 사건이 겉으로는 일을 주도한 부흥주의 세력의 승리였지만, 실제로는 종교 정신의 탄력성을 잃은 한국교회의 파행이 장기화할 것임을 대내외적으로 보여준 비극의 서막이었다. 당시에는 '종교다원주의와 포스트모던 신학'이 표적이었지만, 30년이 지난 오늘날에도 '성 소수자' 문제에 관한 고집스러운 흐름으로 불길하게 이어지고 있다.

신학적으로 보면, 변선환의 종교해방신학은 지난 두 세대 가까이 세계 교회 에큐메니칼운동을 이끈 신학 사상 가운데 하나였다. 하지만 그가 아직 복권되지 못한 상황이 말해주듯이, 한국교회에서 '종교 다원주의' 담론은 여전히 금단의 언어이다. 그의 신학을 "신앙과 교리에 대한 위배"로 결의한 감리교회는 도대체 무엇을 믿음의 좌표로 삼으려 했던 것일까? 1,300여 명의 회원 중에 고작 3백 명이 모여 일사천리로 결정한 것은 무엇을 지키고자 했던 것일까? 그들의 말대로 어쩌면 변선환의 신학은 기독교 진리를 겨냥한 것이 아니었을지도 모른다. 만일 그것이 진리였다면, 감리교회는 지난 30년과 같은 역사를 살아왔을 리 없다.

변선환의 신학이 한국 기독교의 정신적 자산이라면 그의 복권은 감리교회의 의무일 것이다. 정희수 감독은 그의 파문 사태를 가리켜 "원죄처럼 부끄러운 민낯"이라고 표현했다. 그 원죄에서 비롯된 한국 기독교의 악습이 활개 치는 동안 토착화신학을 정죄한 감리교의 부흥 목사는 기이한 방식으로 자본주의와 반공주의를 복음의 영토에 토착시켜왔음을 우리는 안다. 신학적 모험이 사라진 자리에는 인간의 두려움과 욕망을 요리하는 형식적 교리주의가 들어앉았고, 배타주의에 기댄 교회 성장주의가 신을 향한 인간의 진지한 물음을 교회 밖으로 몰아냈다.

시절의 한계였을까? 세계교회협의회(WCC)가 종교 간의 대화를 증진하기 위해 펴낸 "바아르선언"(Baar Statement: Theological Perspectives on Plurality)이 나온 이듬해에 한국교회에서는 천추의 한 종교 재판이 벌어졌다. 세계화와 함께 도래한 신자유주의 시대의 광풍이 거세지는 동안 교회는 번영 신학에 심취했고, 숭고한 신학 전통을 소멸시켜 갔다. 감리교의 토착화신학만이 아니라 기장의 민중신학도 비슷한 운명이었다. 이성의 욕망이 공리주의로 만개한 신자유주의 시대에 성장과 효율을 연료로 삼은 마차가 교회를 가로질러 욕망의 상품을 실어 날랐고, 그렇게 공동의 욕망이 사회 질서로 자리 잡자 거짓의 탐욕마저도 '대안적 진실'로 여겨지는 '탈-진리 시대'의 종착역에 다다랐다. 한국교회에는 이제 무엇이 남았을까?

행위의 향연으로는 채워지지 않는 빈 마음에 다시 저 먼 과거에서 들려오는 진리의 소리를 그리워한다. 한국 민중의 마음에 피어나야 할 그리스도의 진리를 붙잡고 거친 바다를 항해한 스승의 목소리를….

1

돌이켜 보면 신학교에서 토착화신학과 민중신학을 가르치고, 학생들이 그 사상을 흡수하며 정신 지평을 넓혀가던 때는 한국교회의 신학적 황금기였다. 필자가 한신대학교에서 스승들로부터 민중신학을 배우던 때, 감리교신학대학교에서 들려오는 변선환 선생님의 목소리는 또 다른 무늬의 해방이었다. 토착화신학은 한국 역사에 깃든 창조적 신성을 직관한 이들이 펼친 긍지의 신학이었다.

애초에 기독교의 믿음은 특정 교리에서 출발하지 않았고, 예수 그리스도의 삶이라는 '복음의 원점'에 관한 끊임없는 해석에 기초했다. 모든 신학의 뿌리는 그의 삶에 관한 해석과 재해석이요, 그것은 바울이 쓴 편지에서부터 시작되었다. 따지고 보면 교회의 출발은 복음의 토착화이다. 모든 살아 있는 정신은 자기 역사와 시대 상황에 충실히 임하고자 한다. 토착화신학이 혼합주의(syncretism)와 다른 점은 그 안에 엄격한 사유의 조건을 전제하고 있기 때문이다. 그것은 그리스도를 통해 드러난 신의 사랑, 그 '복음의 원점'에 대한 탐색과 갈망이다. 복음의 토착화란 자기 전통과 문화 속에서 그 사랑을 포착해내는 것이다. 역설적으로 토착화란 복음의 원점에 대한 충실이다.

변선환의 사상이 오해받게 된 데에는 근본주의 신학의 영향을 탈피하지 못한 교회의 한계 때문이었다. 근본주의 신학은 신의 사랑이 지닌 보편성을 배타적으로 이해했고, 진리에 관한 추구를 획일화한 명제에 관한 집착으로 표출했다. 그것은 주지주의적 이성의 오만이었지만, 복잡한 공식을 요구하지 않는 단순함 때문에 쉽게 성행했다. 하지만 "다른 종교에는 구원이 없다"라는 식으로 종교의 경계선을 신의 구원 활동의 한계선으로 설정한 것은 성서의 가르침을 오해한 것이었다. 기독교의 유일신 신앙에서 '유일'(mono)이란 모든 것을 포괄하는 '만유의 주재자'를 전제하고(행 3:21, 4:24, 17:24; 고전 15:28; 엡 4:6; 골 3:11; 히 1:2), 여기서 '만유'란 그 품에서 제외될 수 있는 것이란 없다는 보편적 믿음을 담고 있기 때문이다.

종교해방신학이 일어난 배경에는 전통 신학의 위기와 한계에 대한 두 가지 성찰이 있었다고 본다. 하나는 전통적인 서구 신학에 대한 윤리적 반성이다. 풍요로운 서구 문명이 값싼 축복으로 기독교 신앙에 번역될 때, 깨어난 신앙인은 그 축복의 실상이 착취의 결과라는 성찰을 했다. 구미 제국주의 열강의 물질적 풍요는 기독교 문명에 내려진 하늘의 선물이 아니라, 식민지국이 당하는 재앙을 제물로 삼아 얻은 것이라는 냉철한 반성을 한 것이다. 2차 세계대전 이후 일어난 식민지 피압박 민족의 해방 투쟁에서 기존의 기독교 신학이 제국주의적 억압을 대변한 역사적 사실을 고찰하면서, 예수의 가르침이 지배자의 승리주의를 대변하는 이데올로기로 변질되었다는 신학적 비판의식이 기독교 신학에서 일어났다.

다른 하나는 전통 신학의 토대였던 초자연주의적 계시 신학에 대한 신학적 반성이다. 성서비평학이 발전하기 전까지 기독교 신학은 성서 문자주의와 결합한 신인동형론의 신화적 세계관을 지녔고, 이러한 신학적 입장은 시대 지성과 불협화음을 내면서 불통의 늪에 빠졌다. 대부분 기독교 신학은 배타적 계시 신학을 유지하며 자기만의 게토에서 스스로 고립되는 길을 걸을 때, 창조적인 신학 사상은 이원론적 초자연주의 세계관에 기초한 기독교 신학의 신학적, 신앙적 난제를 해결하고자 했다. 그것은 기독교의 고유하고 특수한 믿음 체계가 인류의 보편적 종교 체험과 상충하지 않으며, 신의 사랑이 다양한 전통과 문화 속에서 펼쳐질 수 있다는 보편적 정신을 키우는 것이었다.

2

한국의 신학을 모색한 토착화신학과 민중신학은 위와 같은 문제의식으로 태어났다. 이 두 신학은 다른 무늬를 띠며 서로 신학적 긴장감을 가졌지만, 결국 서로를 더 풍요로운 방향으로 이끌었다. 토착화신학 그룹은 종교-문화적 전통과 상황에 대한 포괄적 관심을 요청하였고, 기독교 신학이 열광주의적 환상에 사로잡히지 않고 구원의 보편성에 관한 전망을 넓혀야 할 과제를 제시했다(변선환, "한국에서의 문화선교신학의 과제"). 반면 민중신학 그룹은 '계시의 하부구조'인 정치-경제적 사회 구조에 대한 신학적 관심의 중요성을 역설하며, 신학이 지배 이데올로기에 흡수되지 않도록 정치 신학의 감각을 요구하였다(서남동, "문화신학, 정치신학, 민중신학").

이 두 한국 신학은 창조적 긴장 속에서 서로에게 동력을 제공하였고, 한국 신학이 서구 계시 신학의 그늘을 벗어나 한국의 전통과 역사 속에서 '예수의 시선'을 확보할 수 있도록 도왔다. 민중신학은 토착화신학의 도움으로 종교 영성의 다양성과 포괄성에 관한 전망을 습득하여 자속(自贖)과 대속(代贖)의 불이적(不二的) 구원관을 분명히 하고, 정치 신학의 특징을 종교 영성의 깊이에 담아 해방의 실천을 두텁게 북돋웠다. 토착화신학은 민중신학의 이데올로기적 의심에 자극받고, 종교 영성과 민중 해방의 과제가 양자택일의 문제가 아님을 분명히 하며 통전적 한국 신학의 면모를 확립해 갔다. 변선환의 종교해방신학은 그 어우러짐 속에서 피어났다.

3

살아있는 종교 정신은 진리가 가진 역동성에 주목하며, 개방적 관계 속에서 끊임없이 자라난다. '날마다 새로워지는'(고후 4:16) 믿음의 본성을 따라, 옛것을 고수하는 일에서 소임을 발견하기보다는 새로움을 자기 안에 채워가는 자유의 자녀를 길러낸다. 미국의 실용주의 심리학자 윌리엄 제임스는 새로운 이론이 겪는 단계를 세 개로 구분한다. 처음에는 불합리하다고 공격받다가, 그다음에는 참이긴

하지만 뻔하고 무의미하다고 평가되다가, 마침내는 그것을 반대한 사람들마저 자신이 그것을 발견했다고 주장할 만큼 중요시된다(William James, "실용주의 진리 개념").

변선환의 신학은 복권될 수 있을까? 그의 가르침에 담긴 신학적 생동력과 기품있는 종교 정신이 다시 한국교회를 물들일 수 있을까? 아니, 어쩌면 그런 시대는 오지 않을지도 모른다. 희망의 미래란 단지 절망의 현실이 깊어진다고 오는 것은 아니기 때문이다.

지난 30여 년간 신자유주의 광풍이 세계를 휩쓸자 한국교회는 과거의 신학적 영광을 잃고, 서로에게 영감을 주던 신학의 연대는 거의 해체되어 버린 듯하다. 서로 다른 무늬로 해방과 구원을 수놓아간 신학적 상상력은 소진되고, 위기와 불안감을 타고 일어난 반동적 포퓰리즘 앞에서 좀처럼 새길을 내지 못하고 있다. 상품화된 스펙터클의 정치가 펼쳐지며, 권력 앞에서는 진실도 필요 없다는 듯이 진영 논리를 따른 행위의 소란이 크다. 사회적 격돌은 있으나 역사의 지평은 넓혀지지 않고, 주장은 늘어도 인간이 도리어 줄어드는 세계에서 선동 정치에 시달린 영혼은 허무주의적 반란을 감행한다. 교권 앞에서 신학이 스스로 검열하는 분위기 속에서 위선은 가속화되고, 자족하는 교조주의가 힘을 발휘하는 곳에서 탈선이 이어진다.

인간의 노동과 삶이 상품으로 대체된 세계를 길게 지나오며 종교에서도 마음의 진정성이 외양의 그럴듯함에 판정패를 당해 왔다. 이미지가 진실을 포획하면 진리는 볼거리로 환치된다. 종교의 신성함이 증대된 환상에 기식하고, 진리가 줄어도 신성함은 부풀어 오른다. 이제 신학은 과거와 같은 고난 희망 사이의 이차방정식이 아니라 두려움과 분노, 허영과 복수심이 도사린 세계에 답을 해야 하는 어려운 과제를 맞고 있다. 우리에게 믿음이 가능한가, 믿고 고요할 수 있을까?

여기서 다시 우리는 변선환과 같은 스승을 그리워한다. 푸코에게는 미안하지만, 해석이란 권력의 지배 아래에 영원히 머물지 않는다. 길게 보면 인간은 관념의 포로가 아니며, 역사는 승자의 것으로 기록되지 않는다. 그것이 성서가 전해주는 예언의 전승이다. 진리의 습격이랄까? 경이로움의 감각을 타고 찾아오는 낯선 선물처럼 삶의 맥박이 신학의 북소리로 되살아올 날이 올 것이다.

무언가를 그리워한다는 것은 불가사의한 일이다. 삶이란 실재하는 것이기에 사유에 앞서 경험된다. 신학적 통찰이란 논리를 구성하는 이성에 의존하기보다는 생(生)의 맥박을 따라 진동하는 직관에 기초한다. 거기에 생명이 있다. 베르그송의 알쏭달쏭한 말에는 일말의 희망이 있다. 본능만이 발견할 수 있으나 본능은 찾으려 하지 않고, 지성은 찾고자 하나 지성에 의해서는 절대 발견되지 않는 것, 그것이 생명이라고. 생명의 통찰이란 이성의 목적에 의해서 만들어지는 것은 아니다. "사랑과 진실이 만나고, 정의가 평화와 입을 맞출 것"이라는 시인의 믿음대로(시 85:10), 역사의 음률을 따라 진리는 자기 길을 내갈 것이다. 그 길을 담은 사람들의 심장에 때가 되면 다시 북소리가 들릴 것이다. 생명의 틈바구니를 경이롭게 열어가라고 외친 스승의 목소리도 거기 담겨 있을 것이다.

변선환의 내일은 아직 우리의 오늘이 아니다

정경일

성공회대학교 신학연구원 연구교수

필자는 변선환을 직접 만난 적이 없다. 1990년대 초 한신대 신학대학원에서 처음 신학을 공부하기 시작한 후 지면을 통해 그의 글을 읽었다. 종교신학에 특별한 관심을 갖게 되면서 언젠가 뵐 기회가 있겠지 생각했는데, 갑자기 돌아가셨다는 소식을 듣고 죄송하고 속상했던 기억이 있다. 그러니까 필자는 활자를 통해서만 '변선환의 신학'을 접해 왔던 거다. 그런데 그때도 지금도 그의 글을 읽으면 뭔가 뜨거움이 느껴진다. 신학적 열정의 온도일까? 변선환은 한국교회와 종교와 사회에 바라는 것이 많고, 바꾸고 싶은 것도 많아서 그렇게 열을 냈던 것 같다.

변선환은 한국 신학, 아시아 신학의 미래 지도를 정열적으로 그리고 제시했다. 신학 지도 제작자이자 탐험가였던 변선환이 꿈꾸었던 '내일'은 후학인 우리가 신학하는 '오늘'이며, 그의 미래 과제는 우리의 당대 과제일 것이다. 하지만 그가 세상을 떠난 후 31년이 된 지금, 변선환의 신학적 기획은 여전히 미래적이다. 그것은 한편으로는 변선환 신학의 급진성을 돋보이게 하지만, 다른 한편으로는 오늘 우리의 신학이 후진적이거나 퇴행적인 것은 아닌지 돌아보게 한다. 과연 우리는 지난 세기에 변선환이 제시한 신학적 비전으로부터 몇 걸음이나 더 나아온 것일까? 부끄럽게도 우리는 변선환이 목숨 걸고 개척한 신학적 영토 언저리를 제자리걸음하듯 맴돌고 있는 것 같다. 아니, 어쩌면 우리는 변선환의 '오늘'보다 훨씬 더 뒤로 돌아가 그의 '어제'를 무기력하게 살고 있는 것인지도 모르겠다.

우리 앞에 놓인 신학적 선택지는 두 가지다. 안전하지만 무미건조하게 어제의 신학적 경계 안에 계속 머무를 것인가, 아니면 이제부터라도 변선환의 내일, 곧 우리의 오늘을 치열하게 성찰하며 신학적 경계 바깥으로 위험하지만 생기 넘치는 모험을 떠날 것인가?

1

필자가 신학을 공부하기 시작했던 1990년대 초에는 종교신학에 관한 토론이 국내외적으로 뜨거웠다. 세계 신학계에서는 1987년 존 힉, 폴 니터, 라이몬 파니카, 알로이시우스 피에리스, 스탠리 사마르타, 윌프레드 캔트웰 스미스 등 동·서양의 급진적 신학자들이 『그리스도교 유일성의 신화: 다원주의적 종교신학을 향하여』를 출판하면서 큰 반향과 논란을 불러일으켰다. 한국에서도 이미 1970년대부터 두 전위신학인 토착화신학과 민중신학이 이웃 종교에 대한 신학적 탐구를 하고 있었기에 세계 신학계와 창조적 대화를 할 수 있는 지적

조건이 형성되어 있었다. 물론 민중신학자들은 제도적 '종교'(religion)
나 '종교들'(religions)은 물론 '종교적인 것'(the religious)에 대해서
도 관심이 적었고, 심지어 비판적이기까지 했지만, 민중의 종교성
또는 민중 종교는 민중신학의 중요한 전거 중 하나로 수용하고 있었
다. 하지만 한국 종교신학의 탐구와 토론 열기는 1992년 5월 7일
금란교회에서 열린 감리교 서울연회 재판위원회의 변선환 재판으로
급격히 냉각되었다.

　　다른 데도 아니고 고소인 김홍도 목사의 교회에서 열린 재판은
신학적이지 않고 철저히 정치적이었다. '변선환 신학'이 문제가 되어
열린 재판이었는데, 그 자리에서 진지하게 신학적 토론을 시도한 이
는 변선환뿐이었다. 그는 종교신학 관련 책들을 재판정으로 들고 가
소개하면서 그의 신학이 이단적이거나 유별난 게 아니라 코페르니쿠
스적 전환을 하고 있는 현대 세계 신학의 보편적 흐름 속에 있는 것
임을 입증하려 했다. 하지만 교권 세력의 목적은 신학 토론이 아니라
서둘러 변선환을 정죄하고 파문하고 출교시키는 교회 정치였다. 전
근대 종교재판의 망령이 현대 한국교회에서 되살아난 것이었다.

　　변선환 종교재판은 교권 세력이 신학 교육기관을 장악하고 통제
하게 된 징후적 사건이었다. 이 재판은 감리교 신학자만이 아니라
타 교단 신학자에게도 부정적 영향을 미쳤다. 주류 교단의 신학대학
학장에다 한국기독교학회 회장까지 역임한 권위 있는 신학자를 종교
권력이 무참히 짓밟는 모습을 보면서 공포를 느낀 한국의 신학자들
은 종교다원주의 탐구를 회피하고 금기시하게 된 것이다. 그 결과
세계 신학계에서 종교신학, 비교 신학, 종교적 이중/다중 소속, 탈종

교적 영성, 세속적 영성 등 다양하고 새로운 신학 담론이 꽃피고 열매 맺는 동안 한국 종교신학은 발아하지도 못한 채 얼어붙은 땅속에 잠들어 있었다. 종교신학의 기나긴 겨울이었다.

특히 이 종교재판으로 한국 토착화신학, 종교신학, 문화신학의 대표적 산실이었던 감리교신학대학교는 변선환이 꿈꾸었던 미래적 한국 신학, 아시아 신학 구성에 기여할 창조성을 크게 제약당했고, 과거지향적 교단 신학의 단순 재생산 기관으로 기능할 것을 강요당했다. 어떤 의미에서는 '과거지향적'이라는 표현은 적절하지 않을 수 있다. 감리교의 창시자 존 웨슬리는 영국성공회에서 직무를 박탈당하고 파면되기까지 했던 변혁적 그리스도교 사상가, 영성가, 설교자였기 때문이다.

웨슬리는 경전, 전통, 경험, 이성을 신학의 네 자원이자 방법으로 활용했다. 현대 신학자라면 가톨릭, 개신교를 떠나 인정하고 적용하는, 유명한 '웨슬리의 사변형'(Wesleyan Quadrilateral)이 그것이다. 너무 일반화해서는 안 되겠지만, 네 자원 중 경전과 전통에 더 비중을 두면 신학적으로 보수적이게 되고, 경험과 이성을 더 중시하면 진보적이고 개방적이게 되는 경향이 있다. 물론 중요한 것은 넷의 균형을 이루는 것이다. 신학적 균형을 위해 필요한 것은 역사의식이다. 그것은 윌프레드 캔트웰 스미스가 강조한 것처럼, 경전이나 제도 같은 '축적적 전통'에는 역사적 시작이 있었음을 인식하는 것이다. 탄생한 것은 성장하고, 쇠퇴하고, 소멸한다. 역사 속에서 생겨난 전통이 사라지지 않고 계속 존재하는 길은 환골탈태에 가까운 새로운 탄생, 곧 자기 개혁이다. 가톨릭이 근대 프로테스탄트의 결정적 도전에도 계속 존재하고, 오늘날에도 어떤 면에서는 개신교보다 더 큰 세계적 영향력을 미치고 있는 것은 16세기부터 시도되어왔던 가톨릭 종교개혁, 예수회 등 새로운 개혁 수도회의 등장 그리고 가장 중요하게는 20세기의 '제2차 바티칸공의회'와 같은 거대한 자기 개혁 사건들이 있었기 때문이다. 그것을 잘 나타내는 상징적 개념이 제2차 바티칸공의회의 정신인 '아조르나멘토'(Aggiornamento, 쇄신)다. 가톨릭교회의 생명력은 자기 쇄신에 있다고 할 수 있다.

그리스도교를 쇄신한 개신교도 자기 쇄신의 과제를 갖기는 마찬가지다. 칼 바르트 등 현대 개혁적 개신교 사상가들이 강조한 "개혁된 교회는 계속 개혁되어야 한다"(Reformata ecclesia semper reformenda)라는 경구는 개신교의 자기 개혁과 쇄신의 필수성을 잘 말해준다. 또한 개신교는 프로테스탄트(Protestant)라는 이름 자체에 개혁의 에토스인 항의(protest)를 포함하고 있는 역동적 전통이다. 개신교의 생명력은 자기 자신에 대한 항의와 개혁에 있다. 전통과 교리의 권위에 굴복하지 않고, 변화하는 시대의 표징을 주의하여 읽고 책임 있게 응답하는 것이 프로테스탄트 정신인 것이다. 그렇다면 변선환은 좁게는 감리교와 넓게는 그리스도교를 위태롭게 한 '이단 신학자'가 아니라, 오히려 다종교·탈종교 시대에 안팎으로 위기에 처한 현대 그리스도교에 새로운 생명력을 불어넣은 '첨단 신학자'가 아닐까.

감리교 교권 세력은 교리를 수호하여 교회의 위기를 막겠다는 명분으로 변선환을 고발하고 파문하고 출교시켰다. 하지만 이 종교재판으로 감리교와 한국교회가 위기를 피했다는 증거는 어디에도 없다. 외적 성장을 핵심 가치로 여기는 교회주의자들의 관심사에 맞춰 현실을 살펴보면, 오히려 1990년대 이후 한국교회는 사실상 쇠퇴기로 접어들었음을 알 수 있다. 물론 2015년 인구주택총조사 때 한국 개신교가 역사상 최초로 한국의 최대 종교가 되었지만, 흥미롭게도 범그리스도교적 또는 교단적 축하 행사는 없었다. 그것은 모든 교단에서 예배 출석자가 급격히 줄어드는 탈교회 현상이 나타나고 있었기 때문일 것이다. 이는 그리스도인 정체성은 계속 유지하지만 제도 교회에는 더 이상 소속하지 않는 소위 '가나안(안나가)신자' 현상의 만연과도 관련이 있다. 이러한 교회의 지속적 위기는 변선환 같은 급진적 신학자들의 다원주의 때문일까, 아니면 보수적 교권 세력의 배타주의 때문일까?

2

21세기 한국에서 신학하는 나는 두 개의 한국 신학적 뿌리를 갖고 있다. 종교신학(토착화신학)과 민중신학이다. 유학 중에는 그리스도교 종교신학과 해방신학을 바탕으로 참여 불교와 대화하며 불교적 그리스도교 신학을 탐구했다. 이때 내 신학적 모험의 안내자가 되어준 이는 종교신학자 폴 니터다. 니터는 일찌감치 1980년대에 종교해방신학(liberation theology of religions)을 제안했다. 사회적 고통과 종교적 다원성의 현실 모두에 책임 있게 응답하고 참여해야 한다는 것이었다. 북미의 가톨릭 종교신학자였던 그를 해방신학으로 향하게 한 것은 남미의 가난하고 고통받는 사람들과의 만남이었다. 변선환도 이 시기에 니터의 윤리적 종교다원주의 신학을 적극적으로 수용해 한국적 상황의 종교해방신학을 민중신학과 민중 불교의 대화를 통해 구성할 것을 제안했다. 니터와 불교-그리스도교 종교해방신학을 모색하면서 변선환을 자주 떠올린 것은 이 때문이었다.

변선환은 당대의 세계 신학, 특히 종교신학을 한국교회와 신학계에 소개하는 데 많은 시간과 에너지를 사용했지만, 어떤 면에서는 그의 신학은 한국 신학계만이 아니라 세계 신학계에서도 미래적이었다. 그것을 잘 보여주는 것이 그가 시도했던 '타종교의 신학'이다.

1980년대 세계 신학계에서 다양하게 분출했던 그리스도교 종교신학은 1990년대에 이르러 이론적으로 체계화되었다. 일찌감치 앨런 레이스가 정리한 배타주의, 포용주의, 다원주의의 '고전적' 유형, 자크 뒤퓌가 구분한 교회 중심주의, 그리스도 중심주의, 신 중심주의 지향, 폴 니터가 기존 종교신학 유형을 확장해 제안한 대체, 완성, 상호성, 수용 모델 등이 그것이다. 그리스도교 종교신학은 일반적으로 특정한 신학 유형에 기초하지만, 주체와 상황에 따라 유형 간 경계를 넘기도 한다. 예를 들면 뒤퓌는 '포용주의적 다원주의' 입장을 취하고, 니터가 제시한 수용 모델의 대표적 신학자 중 하나인 S. 마크 하임은 '다원주의적 포용주의' 입장을 취한다. 또한 같은 다원주의여도 지향과 강조점에 따라 일원론적 다원주의, 신비주의적 다원주의, 윤리적 다원주의 등으로 차이를 보이기도 한다. 이런 내적 다양성과 혼종성 때문에 니터는 종교신학 모델 간 대화의 필요성과 가능성을 강조한다. 아무튼 20세기가 끝나기 전에 그리스도교 종교신학에서 나올 수 있는 유형과 모델은 다 나왔다고 해도 과언은 아니다.

종교신학의 최근 과제는 이웃 종교에 대한 신학적 태도에서 이웃 종교 자체의 이해로 한 걸음 더 들어가는 것이다. 종교신학자 중에도 이웃 종교를 전문적, 심층적으로 연구한 이들이 꽤 있다. 다원주의 신학자면서 종교학자인 윌프레드 캔트웰 스미스는 이슬람 전문가였고, 예수회 신학자 알로이시우스 피에리스는 매우 배타적인 스리랑카 불교 학술원 회원이다. 니터도『붓다 없이 나는 그리스도인일 수 없었다』,『예수와 붓다』등 불교와 그리스도교를 비교 연구한 책들을 썼다. 신학적으로 포용주의 입장을 취하는 폴 그리피스는 대승불교 연구의 권위자이고, 예수회 신학자 프랜시스 클루니는 권위 있는 힌두교 전문가로서 비교 신학(comparative theology) 운동을 주도하고 있다. 흥미롭게도 신학적으로 배타주의 입장을 취하는 해럴드 넷랜드도『불교에 대한 그리스도교적 탐구와 평가』라는 불교 연구서를 냈다. 한때는 신학 방법론을 놓고 종교신학과 비교 신학 사이에 긴장도 있었지만, 지금은 다양한 종교신학적 입장에서 다양한 비교 신학적 작업이 전개되고 있는 것이다.

3

이러한 종교신학, 비교 신학의 발전 과정과 최근 동향을 살펴보면, 1980년대에 변선환이 시도한 '타종교의 신학'이 얼마나 시대를 앞선 것이었는지를 새삼 깨닫게 된다. 그는 1984년 '한국기독교 100년 기념 신학자대회' 때 발표한 논문 "타종교와 신학"에서 새로운 토착화신학의 방향을 '타종교의 신학'으로 제시했다. 이 논문에서 변선환은 한국의 두 전위 신학인 토착화신학과 민중신학의 상호보완과 상호변혁을 강조하는 한편, 타종교를 신학의 객체로 대상화하지 말고 신학의 주체로서 동등하게 대화하며 배울 것을 제안했다. 그리고 이를 가로막는 "종교에 대한 서구적 편견과 교회 중심주의와 그리스도론의 배타적 절대성의 주장"을 "한국교회가 포기하고 타파해야 할 우상들"이라고 규정했다. 변선환은 이러한 신학 방법론 제시에서 멈추지 않고 『불교와 기독교의 대화』(1985), 『불타와 그리스도』(1990) 등 비교 신학적 글들을 생산했다. 근본주의와 배타주의에 사로잡힌 교권 세력에게는 경악할 만한 위협이었을 것이다.

변선환 외에도 이웃 종교를 심층적으로 연구한 한국 그리스도인 학자들이 꽤 있다. 종교학자 길희성은 그리스도인이면서도 대한민국 학술원 불교학 회원으로 선정될 만큼 불교 연구의 권위자로 인정받고 있고, 가톨릭 수녀이며 종교학자인 김승혜는 중국 유교와 도교 연구의 권위자다. 신학자 중 유동식은 한국 무교를 깊이 탐구했고, 김경재는 천도교와 대승불교를 심도 있게 연구했다. 변선환의 제자 이정배도 토착화신학의 지평에서 유교, 동학, 불교와 폭넓게 대화해 왔다. 김승철, 이찬수도 주목할 만한 불교-그리스도교 대화 연구자들이다. 하지만 세계 신학계의 흐름과 비교해보면 한국 신학계에서는 비교 신학 작업은 물론 종교신학 토론도 아직 '미생' 단계에 있다. 지난 세기에 변선환이 시도하고자 했던 '타종교의 신학'이 교단과 교회의 파문이 아니라 지지를 받았다면, 오늘의 한국 종교신학, 비교 신학은 어떻게 꽃피고, 어떤 열매를 맺게 되었을까?

물론 변선환 이후 신학과 종교 연구는 큰 변화와 발전을 겪었다. 그리스도교 신학자 변선환의 불교 연구는 지금의 신학적, 불교학적,

비교 신학적 관점에서 보면 한계가 많이 있을 수 있다. 변선환의 신학 방법과 지향은 여전히 미래적이지만, 그의 신학을 반복하거나 모방할 필요가 없는 이유가 여기에 있다. 우리는 변선환이 그랬던 것처럼 '거인의 어깨' 위에 올라서서 신학의 지평을 내다봐야 한다. 오늘의 한국적 종교해방신학, 타종교의 신학 또는 비교 신학은 '변선환에게로' 돌아가는 것이 아니라 '변선환으로부터' 시작해야 한다. 그것이 어제의 변선환이 오늘의 우리에게 바라는 것이다.

4

규범적(normative) 성격의 그리스도교 종교신학은 집중적 사유를 통해 단기간에 형성할 수 있지만, 기술적(descriptive) 차원을 포함하는 타종교의 신학 또는 비교 신학은 개인적, 집단적으로 많은 시간을 필요로 한다. 이웃 종교의 지적, 영적, 윤리적 언어를 배우고, 자기 종교의 언어와 비교하고, 그래서 발견한 공통점과 차이를 숙고하며 변화하는 것은 길고 지난한 과정이다. 변선환이 이웃 종교인들, 특히 불자들을 만나 대화하며 배운 것을 신학적으로 성찰하여 한국 신학, 아시아 신학을 구성하려면 충분한 숙성의 시간이 필요했다.

1995년 8월 7일 오후 5시, 변선환은 원고를 쓰던 중에 세상을 떠났다. 오후 5시…, 헤겔이 말한 '미네르바의 올빼미'가 날아오르기에는 아직 이른 시간이었다. 변선환의 신학적 시계는 '신학의 황혼'에 이르지 못한 채 '신학의 오후'에서 강제로 멈췄다. 어둠을 응시하는 자유롭고 용기 있는 사유를 두려워한 종교 권력이 신학적 모험가의 날개를 꺾은 것이었다. 빼앗긴 시간이었다.

하지만 변선환은 '외톨이 올빼미'가 아니었다. 그에게는 구도자 친구들이 있었고, 제자들이 있었다. 안병무는 그의 친구 변선환의 죽음을 애도하며 쓴 글에서 "구도자란 다 이루었다고 생각하는 사람이 아니고, 이룬 것에 대해서 만족하지 않거나 관심하지 않고, 이루지 못한 것을 찾아 계속 앞으로 가는 자"라고 했다. 구도자 변선환의 구도자 제자들은 스승이 멈췄던 신학의 오후를 지나 신학의 황혼에 날개를 펼 것이다. 그때 변선환의 내일은 우리의 오늘이 될 것이다.

3부

변선환의 종교신학과
한국적 종교성

'신학'에 가려진 '한국' 조명하기
― '변선환의 신학'이 '한국 사상'이기 위하여

이찬수

가톨릭대학교 외래교수

기독교 신학이 한국 사상의 일부로 자리매김할 수 있을까? 이 글에서는 한국적 신학을 이루기 위해 애썼던 변선환(1927~1995)의 신학을 사례로 그 가능성을 타진해본다.

변선환이 보기에 '한국'을 제외한 신학은 그 형성 원리와 전개 과정상 불가능하다. 한국에서 한국어로 신학하던 그에게 한국은 신학의 주제이고 과제이자 신학을 가능하게 해 주는 근거이기도 하다. 그는 기독교가 한국의 전통문화를 수용해야 한다는 주장을 넘어 한국이 기독교적, 신학적 정체성을 형성시켜주는 원천적 동력이라고까지 말한다. 한편에서는 기독교가 한국을 수용하고 있는 것으로 보이지만, 다른 한편에서는 한국이 기독교를 수용하고 있다는 더 깊은 관점을 가져야 한다는 것이다. 무슨 뜻인가?

당연한 말이지만 변선환은 한국인이다. 변선환은 목사이기 이전부터 한국인이었다. 독립운동의 지도자 중 한 분인 신석구 목사에게 세례를 받고 신학교에도 입학했지만, 그를 기독교인의 길로 들어서게 한 제일 큰 동력은 한국에서 한국인으로 살면서 쌓여온 인생의 고민들이었다. 본격적인 신학자의 길로 들어선 이후로도 그는 한국인이었다. 그의 '신학'을 조명하려는 기독교인의 눈에는 그의 신학적 독특성이 주로 보이겠지만, 그는 더 많은 시간을 한국 사회의 문화적 문법에 어울리게 살아온 한국인으로 살았다.

물론 어떤 기독교인에게서든지 '한국인'과 '기독교인'의 삶은 분리되지 않고, 분리될 수도 없다. 한국의 문화적 문법과 정서 등에 어떤 계기가 더해지면서 인생을 기독교적으로 재해석하게 되는 것이지, 기독교인이 되었다고 해서 기존 한국인으로서의 삶 전체가 땅으로 꺼져버리는 것이 아니다. 이른바 '모태신앙'도 좁은 의미의 교회보다는 가정, 학교, 사회에서 더 많은 시간을 보내며 지구화, 나아가 인류세 시대에 처한 한국의 정치·경제·사회적 환경 속에서 한국의 문화적 문법에 어울리게 살아간다.

그런데 이런 식의 삶을 살 수밖에 없는 이가 가톨릭과 개신교를 합하면 천만 명 이상이나 되는데도 여전히 '신학'은 한국 사상이라는 느낌이 들지 않는다. 그 이유는 기독교인 자신이 신학과 신앙에 대해 생각할 때, 그 신학을 가능하게 한 인생 전체 내지 한국의 역사와 문화적 동력에 대해서 간과하기 때문이다.

실제로 '기독교'니 '신학'이니 하는 이름을 붙이고 그 신학만의 정체성에 골몰하면, 그 신학을 가능하게 하는 원천적 동력보다는 그 별도의 독특성에 더 집중하게 되고, 그에 매몰된다. 그저 한국인으로 살 때는 별 문제의식이 없다가 기독교적 독특성을 중심으로 기독교적 선입견을 가지고 신학이라는 것에 대해 말하려는 순간, 그 독특성과 외래성이 더 눈에 들어온다. 토대가 되는 한국 문화적 중심은 시야에서 사라진다.

이것은 언어적 독특성에서 기인하는 것이기도 하다. 어떤 언어든 그 언어의 개념에 집중하면 그 언어의 의미를 가능하게 해주는 맥락을 비롯해 토대가 되는 것들은 가려진다. 언어는 드러냄과 가려짐의 기능을 동시에 수행한다. '기독교'라고 할 때 드러나는 어떤 독특성으로 인해 그 독특성을 가능하게 하는 더 깊은 배경과 심층은 가려진다.

이런 맥락에서 기독교적 세계관은 여전히 한국인의 전통적 정서나 문화에 어울리지 않는다는 선입견이 정당해지고 지속된다. 이런 경향은 '종교'라는 것을 탈사회적인 그들만의 활동이나 특수한 현상으로 여기는 세속화한 시대의 특징이기도 하다. 기독교의 언어로 그 이유를 다시 보면, '한국'을 극복하고자 했던 기독교인들의 자기중심적이고 자기우월적인 자세를 '한국'이 받아들이고 있지 않음을 보여주는 사례라고도 할 수 있다.

1

변선환은 이러한 문제의식을 견지했다. 그는 자신의 신학을 가능하게 해 준 한국적 토대를 고민하며 존중했다. 그의 다원주의적 종교 이해의 배경에는 한국의 다원주의적 종교 문화에 대한 심층적 이해와 애정이 놓여 있다. 한국의 전통적 종교 문화를 회피하고서는 기독교도 설명될 수 없다고 보고서, 다양한 종교들을 포섭하며 승화시키는 종교다원주의 신학으로 이어갔다. 자신의 학문도 '기독교'라는 텍스트와 '한국'이라는 컨텍스트의 관계를 신학화하는 데 초점을 두었다.

물론 그가 한국의 사상이나 역사 자체를 연구의 대상으로 삼았던 것은 아니다. 최남선이 파악한 단군의 붉(光明) 사상, 고대사 기반의 흔 사상, 정한론(情恨論) 같은 한국의 특징적 정서 같은 것에 관심을 기울이지는 않았다. 그보다는 기독교적 정서, 사상, 세계관을 가능하게 해주는 한국의 '문화적인 힘의 존재 방식'에 좀 더 관심을 기울였다. 문화에는 힘이 있으며, 그 힘이 새로운 이해를 발생시키고 다시 수용하면서 한국인을 변화시켜주는 동력으로 작용하는 그 원천적 방식을 중시했다. 그 동력은 한국인 한 사람 한 사람의 개성에 선행하면서 그 개성의 형성에 영향을 미치고 다시 받으며 스스로 변화해가는 한국적 삶의 역동적인 실재이다. 한국인은 누구든 애당초부터 이 힘에 영향을 받으며 살기에, 그 힘을 대상화해서 획일적으로 규정하기는 어렵다. 그렇게 규정하려는 주체가 이미 그 힘 안에서 생존해왔고, 거기서 영향을 받아오고 있기 때문이다. 변선환도 이러한 해석학적 문제의식을 견지했다. 그는 말한다: "자기가 자기 얼굴을 보지 못하듯이 한국인이 한국인을 안다는 것은 더욱 어렵다. 한국 사람이, 자신의 문화와 역사에 구속되고 있다는 해석학적 지평 때문이다."

한국인이 한국을 대상적으로 분석해내는 그 자리에 이미 한국이라는 거대한 심층이 주체로 들어와 있다. 변선환에 의하면, '신학'도 이러한 종교적 지평과의 적극적 대화 속에서 이루어진다. 한국에서 한국에 대해 연구하는 이들에게 한국은 중요한 연구의 주제이면서 동시에 그 한국 연구는 그에 영향을 받으며 생활하고 있는 연구자 자신에 대한 연구이기도 하다.

이런 배경에서 한국은 하나의 텍스트에 머물지 않는다. 도리어 한국은 그 텍스트에 질서를 부여하고 의미를 발생시키는 더 큰 힘이다. 컨텍스트라고 할 수 있다. 컨텍스트라지만 정적 배경이 아니라, 역동적 힘이자 실재이다. 신학도 그 심층적 역동성과의 관계성 속에서 성립, 유지, 전개된다. 한국인에 의해 한국어로 전개하는 모든 학문은 한국이라는 거대한 힘에 종속되는 과정이기도 하다. 주어(subject)가 자신을 설명하는 술어에 종속되는 방식으로(be subject to) 자신의 정체성을 유지해가는 것과 유사한 구조이다. 이런 식으로 신학의 한국 문화 종속성은 한국 신학의 운명이자, 그 종속성은 신학을 한국 안에서 한국에 어울리게 새로 피어날 수 있게 해 줄 원천적 가능성이기도 하다. 변선환은 내내 그런 입장을 견지했다. 그럴 때 한국이라는 대지에 뿌리박은 토착화신학 혹은 토착 사상이 될 수 있다고 보았기 때문이다. 물론 이 '한국 신학' 혹은 '토착화신학'이라는 것도 한 시대의 유행으로 끝내야 할 일회적인 것이 아니라, 신학의 본래적인 성격에 속한, 신학의 지속 과제인 것이다.

2

역설적이게도 변선환은 신학을 하면서 이러한 구조와 원리를 더 잘 알게 되었다. 그에게 신학은 한국을 더 잘 알게 해주는 계기이고,

기독교는 한국인인 자신의 토대를 다시 보게 만드는 심층적 세계였던 것이다. 일본의 중국문학자 타케우치 요시미(竹内好)의 다음과 같은 말, "서구적인 우월한 문화 가치를 보다 대규모적으로 실현하기 위해 서양을 한 번 더 동양에 의해 되감싸안아, 거꾸로 서양 자신을 이쪽으로부터 변혁한다는 이 문화적인 되감기 또는 가치상의 되감기에 의해 보편성을 만들어 낸다"는 말도 큰 틀에서 이와 비슷한 구조를 하고 있는 것으로 보인다.

이런 논리에 따라 변선환에게 이른바 '타종교'가 살아 움직이는 한국은 신적 현존과 계시의 증거이자 장소가 된다. 타종교의 장소인 한국에서 벌어지는 기독교적 현상도 타종교라는 주체에 의해 매개된 객체적 현상이다. 그 객체성은 타종교 밖의 외부적인 것이 아니다. 타종교가 한국적 현상인 한, 타종교에 의해 매개된 기독교도 다시 한국적 현상의 중심으로 들어온다. '토착화신학'이라 명명한다 해도 그것은 기독교 '밖'에 주어진 다양한 종교적 현상들이 주는 도전에 대한 신학적 응답에 머물지 않는다. 이미 한국인은 '안'으로부터 다양한 종교들을 경험하고 있었기에, 토착화신학은 한국 기독교인 '안'으로부터의 도전에 대한 내부적 응답이다. 이러한 내적 도전에 대한 내적 응답을 통해 한국에서 기독교는 한국화하고, 그런 식으로 한국 기독교로 살아가게 되는 것이다.

이런 식으로 신학을 주체로 보면 한국은 선교 대상이지만, 한국을 주체로 보면 신학은 한국 안에서 생명을 얻고 한국에 의해 변화되어야 하는, 한국이라는 나무의 다양한 가지와 무성한 잎이다. 한국과 신학이 서로에게 생명의 근원이 되는 것이다. 변선환은 야스퍼스가 말한 "불가결의 보충"이라는 말을 종종 사용하는데, 적극적으로 해석하면 '보충' 정도가 아니라, 서로가 서로의 존재를 가능하게 해주는 존재론적 성격을 더 강하게 지닌다. 변선환은 이렇게 "상대방의 삶과 사유 속에 있는 적극적인 요소와 고귀한 가치를 찾아서 자기를 더 풍성하게 하기 위하여 배우려는 열려진 태도"를 견지했다. 이런 식으로 변선환의 신학은 신학 내지는 한국 기독교 자체의 변혁까지 말하고 있다는 점에서 기존의 토착화신학과는 차별성을 지닌다고 할 수 있다.

3

물론 '한국'도 기독교에 의해, '복음'이라는 이상적 메시지에 의해, '복음'이라는 이상적 세계를 향해 변화되어야 할 대상이기도 하다. 그에게 '복음'은 바이블의 문자나 교리의 차원이 아닌 문자에 갇히지 않는 이상적 차원의 것이다. 그가 "동양 종교와 인권 투쟁의 현장은 모두 복음에로의 준비"라는 말을 했어도 그것은 제도 종교로서의 기독교도 복음 자체가 아닌 '복음에로의 준비'로 보아야 한다는 것을 전제로 한다. 복음은 기독교 자체의 지향점이기도 한 것이다.

복음은 '새 휴머니티'를 회복하는 형태로 드러난다. 그의 신학의 정수인 "타종교의 신학"도 "새 휴머니티의 회복을 위한 아시아인들의 민중 해방 운동을 촉발시키는 '구원의 신비', 해방의 신비를 밝히는 구원론에 근거되어야 한다"고 말한다. "기독교인이나 비그리스도인이 다 함께 선교의 주체가 되고 상호 객체가 되는 열린 대화의 길을 밝혀 나가야" 한다는 것이다.

그 '열린 대화의 길'의 지향점은 영적이고 정치-경제적인 차원에서의 해방에 있다. 이 해방은 종교적인 측면과 정치-사회적인 측면으로 나뉜다. 전자와 관련하여 그는 종교성/영성의 구현을 강조하고, 후자와 관련해서는 해방적 민중신학의 요지를 수용한다. 인간적 삶의 외연으로서의 정치, 사회적 개혁을 통한 고난의 극복과 함께 "한국의 종교성과 겸손히 만나며 휴머니티의 전체적 동일성의 회복을 위한 투쟁과 관련되었던 타종교의 구원론과 만나서 대화하며 비기독교의 구원론에서 출발하는 한국적 신학을 성숙시켜나가야 한다"는 것이다. 한국 신학의 핵심은 물질로부터 소외되고 정신의 깊이로 들어가지 못한 채 부유하는 왜곡된 인생의 의미를 전적으로 회복시키는 데서 찾을 수 있으며, 그것이 구원의 길인 것이다. "휴머니티의 전체적 동일성 회복"을 이루는 일은 기독교인이나 신학자만이 아니라, 한국인 누구라도 추구하고 구현해야 할 보편적 과제가 되는 것이다.

4

변선환은 인간 자체에 대한 믿음을 지니고 있던 것으로 보인다. 하느님의 형상으로서의 인간 그 본래적인 모습의 전일적 회복이 그의 구원론의 핵심이었다. 불교와 기독교 또는 서구 기독교와 한국의 종교 문화 간 대화를 추구하면서 그는 인간적 본래성에서 동양과 서양이 만난다고 보았다. 그는 "한국 문화 한가운데 서서 한국의 인간화를 위하여 한국의 다른 종교와 손잡고 일하기 시작하는 포괄적인 인간화의 선교를 지향"했다.

물론 이때의 '포괄적인 인간화의 선교' 혹은 전술한 '휴머니티의 전체성 회복'과 같은 표현에 담긴 '포괄적', '전체성'이라는 수식어는 애당초 초월자와의 관계성 속에 처한 인간의 본래적 실존의 자리를 잘 보여준다. 그 본래적 실존을 회복하는 데에 신학의 사명이 있다. 그 회복을 위해 인류 보편의 근원, 그것을 하느님이라 부르든 공(空)이라 부르든, 인격적 실재로 보든 비인격적 실재로 보든, 그 근원을 지향하며 상호 변혁하고 서로 만나는 길로 가야 한다. 한국의 문화 및 사상과 조화하며 그 심층 속으로 녹아들어 갈 때 한국에서 신학의 보편성을 확립해갈 수 있다는 뜻이기도 하다. 그럴 때 기독교인으로 남아 있으면서도 한국에 의해 변화된 한국의 기독교인으로 살아가게 되는 것이다.

역으로도 마찬가지이다. 변선환은 기독교에 의해 변화된 한국인 이자 한국에 의해 변화된 기독교인이기도 하다. 이 둘은 동전의 양면, 엄밀하게는 같은 동전이다. 이러한 관계를 읽을 때 진정한 한국 기독교 혹은 한국학으로서의 신학이 나오는 것이다. 그래서 한국은 신학의 재료이자 주체이며 장소가 되는 것이다. 변선환이 도스토예 프스키의 말을 살짝 바꿔 이렇게 말한 바 있다. "오오, 한국이여 우리 는 너를 믿지 않으면 안 된다."

'한국'을 믿어야 한다. 변선환 신학에 담긴 한국 문화적 토대와 뿌리에 대한 애정을 한국인을 향해 발신하는 것이 변선환을 한국 안 에 부활시키는 가장 빠르고 바른 길이다. 기독교인도 한국을 믿지 않으면 안 된다.

한국 종교와 한국교회의 화해를 위한
'풍류 담론'
― 일아론(一雅論)을 통한 한국 종교와 한국교회의 화해 가능성

이호재

혼 붉선당 대표

한국은 다양한 종교가 중층적이고 다원적으로 축적된 종교 전통을 가진 문화 공동체이다. 한국의 종교 지형은 선맥(僊/仙脈)과 무맥(巫脈)의 심층적 종교성을 바탕으로 유교, 불교, 도교의 전통 종교, 근대에 발현한 동학(천도교), 증산교, 대종교, 원불교 등 민족 종교, 외래 종교인 천주교와 개신교 등 다양한 종교가 조화롭게 공존하고 있다.

한국 종교 문화의 맥락에서 세계 종교로서 근대에 출현한 천주교와 개신교는 짧은 기간에 양적인 교세 확장을 통해 주류 종교로 자리매김하고 있다. 그러나 한국교회는 배타주의적 선교관으로 한국 종교 전통을 배척하거나 경시하였고, 토착화신학은 서구 신학의 틀 안에서 한국 종교 문화의 맥락을 왜곡한 역사가 있다. 한국 종교는 교회 권력의 선교관과 토착화신학의 문화제국주의 경향에 우려의 시선을 거두지 못하고 있다.

일아(一雅) 변선환(1927~1995)은 이런 배타적인 양자를 주체와 주체로서 대화의 가교를 놓으려 한 선각자였다. 그는 토착화신학자로 시작하여 세계 신학의 최전선에서 '새로운 신학'을 설계하려 한 종교다원주의자이다. 서구 신학의 추종에 반기를 들고 그가 말한 "교회(기독교) 밖에도 구원이 있다"는 종교적 선언은 한국 종교와 대화하기 위한 대 선언이다.

한국교회는 한국 종교 전통의 창발적인 종교적 기제인 '풍류 담론'과 제대로 대화한 사례가 거의 보이지 않는다. 한국교회는 한국 종교 전통과의 대화로 인해 종교 혼합, 종교 절충 등의 악영향으로 '절대불변의 복음'이 변질할 것을 경계한다. 그러나 한국 종교 역사에서 한국인의 종교적 심성과 대화를 하지 않으면 종교의 역동성을 상실하고, 종국에는 그 역사적 생명마저 유지할 수 없다는 것은 종교 역사의 상식이다. 만일 주류 종교인 천주교와 개신교가 한국 종교 전통과 능동적인 대화에 실패한다면 '제국 천주교'와 '식민 개신교'로서 한국 종교 지형의 '외딴섬'에 처할 운명에 놓일지도 모른다.

서구 신학자의 다원주의는 아시아 종교를 발견하면서 다른 종교를 이해하기 위한 해석학적 도구의 영성적 실험에 불과할지 모른다. 하지만 다원적 종교 전통에서 주장하는 다원주의는 그리스도교가 한국 종교 역사에 뿌리내리기 위한 생존적 통과의례이다. 변선환은 파토스적이고 격정적이며 온화하면서도 굵직한 목소리와 호탕하고 환한 표정으로 예언자의 결기를 띠며 '종교다원주의'를 외친다. 이는 한국 종교와 한국교회의 화해를 위한 '풍류 담론'의 현대적 계승이라는 역사적 선언으로 이해해야 한다. 교회 권력이 '종교다원주의'를 추방한 것은 결국 변선환 개인이 아니라 다원적 종교 전통에 훈습된 한국 종교 전통을 배척한 종교적 '무례'이자 '수치'이다. 한국 종교의 환대를 거절한 교회 권력은 한국 종교의 '이방인'으로 기억될 것이다.

교회 권력이 아직도 '종교다원주의'가 담지한 역사적 의미를 제대로 이해하고 있는지 궁금하다. 더구나 '종교재판'을 주도한 교회 권력은 한국 종교에 '상호보충', '상호변혁', '상호협력'할 수 있는 종교적 기제가 있다는 사실조차 의심하는 종교적 '철부지'가 아닌지 궁금하기도 하다. 이 글에서 필자는 풍류 담론의 종교적 특성을 고찰하면서 변선환의 방대한 신학적 구상은 풍류 담론의 계승이라는 맥락에서 '일아론'(一雅論)으로 규정하고, 일아론을 통해 본 토착화신학의 비판과 일아론의 신학적 타당성을 방증할 수 있는 범례를 발굴하여 그의 종교적 주장이 오늘날 유효한 실천 운동으로 전개되어야 함을 밝힐 것이다.

1

변선환은 세계 신학의 안테나일 뿐만 아니라 다양한 한국 종교에 대해서도 충분한 식견을 겸비하고 있었다. 대부분의 관심은 '종교다원주의'의 신학적 발언과 '불교와 기독교의 대화' 그리고 '타종교의 신학'에 집중된다. 그러나 웨슬리안으로서 그가 지향하는 종교신학적 구상은 단순한 지적 유희나 관념 놀이가 아닌 종교 수행을 통한 종교 공동체의 혁신을 지향하는 실천적인 운동으로 확산하여야 한다는 점을 강조하고 있다. 이에 필자는 그의 장대한 종교신학적 설계가 감리교회에서 발화한 '풍류 담론'의 계승이라는 점에 착안하여 그의 호를 따서 이를 '일아론'(一雅論)이라 부른다.

한국의 종교적 정체성의 첫 문자 기록인 '풍류'(風流)는 『난랑비서』(鸞郎碑序)에 출전을 둔다. 이 비문은 당시 동·서 문화의 교류 중심지였던 당나라에서 유학하고 돌아온 최치원이 신선화랑인 난랑을 기리며 쓴 76자이다. 그는 유교와 불교와 도교에 정통한 국제 종교인이자 당대의 문필가였기에 그가 기록한 『난랑비서』는 한국 종교의 특성을 이해할 수 있는 귀중한 종교 사료로 평가된다.

『난랑비서』는 다음과 같이 정리된다. 1) '풍류'는 나라에 있는 현묘한 도이다. 2) '풍류'는 유교와 불교와 도교의 문서가 아닌 신선의 역사인 『선사』(仙史)에 기록되어 있다. 3) '풍류'는 공자의 가르침과 노자의 가르침과 석가모니의 가르침을 이미(!) 포함(包含)하고 있다. 4) '풍류'는 접화군생(接化群生), 즉 뭇 생명의 본성을 발현시킨다. 5) '풍류'는 특정 제도 종교가 아닌 유·불·도의 가르침이 공동체 윤리로 실천되었다. 다시 말하면 '풍류 담론'은 '완전한 인간'으로 존재 탈바꿈한다는 인격 변화의 존재론, 유·불·도의 가르침을 포용하며 창발한다는 역동적 인식론, 모든 생명을 교화한다는 생명적 공동체론, 삼교의 종지가 사회윤리로서 일상생활에서 작동한다는 실천론이 호발하는 통합적 우주관이다. 이런 우주관은 고조선 문명의 홍익인간, 재세이화의 세계관을 전승한 '풍류 담론'의 맥락을 형성하고 있다. '풍류 담론'은 환웅의 이화론(理化論), 원효의 화쟁론, 최치원의 포함론(包含論), 서산의 삼가론(三家論), 동학의 기화론(氣化論), 증산교의 상생론(相生論), 대종교의 삼일론(三一論), 원불교의 병진론(並進論) 등으로 그 종교적 맥락이 계승되고 있다.

우리가 흔히 유교적 동학, 선교(仙敎)적 증산교, 불교적 원불교, 민족적 대종교라고 분류하지만, 그 종교적 맥락은 '풍류 담론'의 근대적 발현이다. 특히 민족 종교인 신종교는 새로운 인간상과 다교합발(多敎合發)의 창발성, 지상선경(地上仙境)이라는 유토피아를 통한 인류 구원의 미래 세계를 제시하는 공통점이 있다. 이처럼 '풍류 담론'은 고대로부터 전승되어 온 광명한 세계에서 펼쳐진 한국의 원형적 실재를 담지한 평화의 '선맥 담론'으로 역사 공동체인 한국의 종교적 본바탕을 형성하고 있다.

이런 측면에서 '일아론'은 다원적인 종교 질서를 수용하여 창발하는 『난랑비서』의 포함삼교(包含三敎)의 포함론(包含論)의 현대적 해석이다. 자신의 고유 정체성을 유지하면서도 타자도 스스로 온전하게 하는 종교적 영성이 바로 '풍류 담론'의 '포함론'이다. 포함(包含)은 '이미 자체 내에 가지고 있다는 의미'로 포함(包涵)의 개념이 아니다. 즉, 포함은 습합 혹은 혼합이 아닌 포월적 상생으로 다양한 종교 사상을 주체적으로 창발하게 하는 해석 체계이다.

2

'풍류 담론'은 무교 문화론과 '덮어놓고 샤머니즘'이라는 풍조에 그 종교적 영성이 가려져 제대로 조명된 적이 거의 없다. 게다가 한국인의 종교적 심성을 형성한 무교라는 결정론을 바탕으로 전통-근대의 이분법적 도식에서 기복성, 의타성 등이 강조되는 부정적 기제로 작동하였다. 마찬가지로 '풍류 담론'은 "무교=풍류도"라는 무교 문화론에 바탕을 둔 풍류신학으로 인해 왜곡되어 있다.

변선환의 풍류신학에 대한 평가는 미묘하다. 풍류도가 함다위일 (含多爲一)의 한국적 혼합 종교라고 평가하지만, 풍류신학이 "한국적 영성인 풍류도를 기독교 영성과 동일시 하며 다원주의 신학의 싹을 보여주기는 했으나 모두 기본적으로 성취설에 서 있"다고 지적하며 "혼합적 절충주의를 경계하면서 무의식적으로(?) 절충주의에 말려들어 갔"다고 비판한다. 필자는 변선환의 이 주장이 대단히 중요하다고 생각한다. 변선환은 풍류신학에 함의된 습합론의 내재적 원리를 파악하고 그리스도교 중심의 성취설에 불과한 것을 비판한 최초의 신학자이다. 왜냐하면 풍류의 인식 체계인 '포함론'은 다양한 종교를 조화롭게 발현시키는 종교적 기제이지 혼합주의나 절충주의에 귀착하는 구조와 원리를 가지고 있지 않기 때문이다. 풍류신학이 '풍류'로 신학을 하였지만, 대화의 주체인 '풍류'(=무교)가 그리스도교의 하위 개념으로 형성된 선교 신학이기에 그리스도교 중심의 포괄주의적 성취론으로 귀결될 수밖에 없다. 앞에서 살펴본 '풍류 담론'과 무교 문화론의 종교성은 다음과 같이 차별성, 분별성, 동질성으로 정리할 수 있다.

변선환은 포괄주의식 토착화가 아닌 진정한 '한국 종교와 한국교회'가 상생하면서 탄생하는 한국 '신학'이 곧 세계 '신학'이라는 인식을 가지고 있었다. 이를 위해 그는 토착화신학자의 내면화된 서구 그리스도교의 신학적 잔재를 '포기'할 것을 요구한다. 또한 서구 그리스도교가 저지른 문명적 과오를 폭로하며 회개를 요청하는 문명 비평가로서의 면모도 보인다.

[풍류 담론과 무교 문화론]

구분	풍류 담론	무맥 문화론
도맥	한국 종교 전통의 도맥	보편적 종교 현상
종교적 특성	능동적 기제	수동적 기제
존재론적 차원	존재 변형한 '완전한 인간'	현실 조화/안주를 추구하는 대중
인식론적 차원	포함론(包含論)	습합론(褶合論)
실천론적 차원	창조적 소수자	대중의 공동체성
두 맥의 상관관계	선맥에 의해 무맥이 발현	무맥은 선맥을 발현하지 못함
전승 매체	인간	인간
풍류도와의 관계	풍류도 = 선맥	풍류도 ≒ 무맥(교)

1995년 한 심포지엄에서 그는 이렇게 강조한다. "타종교와 다른 문화는 기독교하고는 다른 방식으로 우리를 구원할 수 있는 구원의 힘을 가지고 있는 것으로 적극적으로 보아야지요. 그러니까 기독교와 타종교와의 관계는 주체와 주체와의 만남이 되어야지 주체와 객체의 관점으로 보는 발상은 빨리 깨어져야 합니다"라고 호소한다. 다원적 종교 전통의 세계에서 발화된 '일아론'은 '풍류 담론'을 현대에 계승한 감리교회의 자각적 선언이라는 맥락에서 이해해야 그의 신학적 진가는 드러난다. '풍류 담론'을 계승한 '일아론'은 무교 세계관에서 펼쳐지는 습합 담론이 아니다. 또한 서구적 그리스도교 세계관의 종속 담론은 더욱 아니다. '일아론'은 한국 종교와 한국교회가 배타적

이거나 위계적 관계가 아닌 주체와 주체가 만나는 '풍류 담론' 속에서 재해석되어야 한다.

3

일아론은 과거의 화석화된 담론이 아니다. 한국교회가 한국인의 종교적 심성에 뿌리를 내리기 위해 끊임없이 소환되어 각성하여야 할 유효한 종교적 담론이다. 필자는 쌍방이 대화의 주체로 포월적 상생하는 몇 가지 토착화 범례를 발굴하여 일아론의 신학적 정당성을 제시해 보고자 한다.

[범례 1] 풍류신학은 일아론이 비판한 성취설을 탈피하여야 한다.

무교 문화론을 바탕으로 한 풍류신학이 '풍류 담론'에서 재해석된다면 습합론의 논리적 구조에서 탈피할 수 있다. 무교성은 단지 풍류성의 수용성만이 발현되기 때문에 그리스도교 세계관을 정점으로 하는 배타적 절충주의에 귀결될 수밖에 없었다. 그러나 풍류신학이 '풍류 담론'과 대화한다면 선맥의 풍류성과 그리스도교의 영성이 조화를 이루어 민족성과 세계성을 동시에 갖춘 '선맥 신학'으로 거듭날수 있는 예증이 될 것이다.

[범례 2] 민중신학은 일아론이 비판한 한국 종교 전통을 수용하여야한다.

민중신학은 변선환에 의해 종교 전통과의 깊은 교감이 부족하다는 비판을 받고 있지만, '풍류 담론'과 대화한다면 무교를 차용한 민중의 한(恨)을 해원하는 '한의 사제'기능뿐만 아니라 민중을 구원하는 '선(僊)의 사제'로서 민중과 동고동락하는 상생의 신학 담론으로 재탄생하는 사례가 될 수도 있다.

[범례 3] 일아론은 한국적 신관과 그리스도교의 신관에도 포월적 변혁을 추동한다.

토착화신학과 민중신학은 그리스도교의 신학화된 신관에 바탕을 둔 신학이었지만, 동학의 신 관념을 '지기일원론적 (한국적) 범재신론'으로 파악한 신학적 성과들은 그리스도교 신관과 한국적 신관을 변혁하는 새로운 '신학'의 실마리가 될 수도 있다.

이처럼 '풍류 담론'이 한국 종교와 한국교회가 화해의 가교 역할을 할 수 있는 주체로 작동할 가능성이 있다는 것은 위의 범례에서도 넉넉히 알 수 있다. 만일 이런 발굴 사례가 종교계의 동의를 얻는다면 '일아론'은 닫힌 신학 담론이 아니라 한국 종교의 '신학' 담론으로 재활성화되어야 할 신학적 타당성과 그 종교적 정당성을 제공한다고 할 수 있다.

그러나 무엇보다 그의 계승자들은 변선환의 종교신학적 주장뿐만이 아니라 부당한 교회 권력과 맞섰던 '신앙의 순수성과 지성의 정직성과 실천의 결단성'을 배워야 한다. 이에 필자는 한국 종교와 한국교회의 경계인으로서 변선환이 "타종교와 신학"에서 강조한 세 가지 과제를 '3대 교회 혁신운동'이라고 명명하며 실천적 종교운동으로 계승할 것을 제안한다.

4

[변선환의 '3대 교회 혁신운동' 실천적 과제]

첫째, 한국 신학은 토착 종교에 대한 서구적 편견에서부터 한국교회를
　　　탈출시키도록 도와주어야 한다.

둘째, 한국 신학은 우상화한 교회 지상주의에서 탈출시키는 우상 타파
　　　(Iconoclasm) 운동을 일으켜야 한다.

셋째, 한국교회는 서구 신학의 최후의 신학적 난점인 그리스도론의 배
　　　타적 절대성에서 탈출시키는 지혜를 타종교의 신학에서 배워나
　　　가야 할 것이다.

우리는 생명과학과 로봇 기술의 개발로 인간 생명에 대한 새로운
개념 정의를 요청하는 과학적 유토피아와 디스토피아가 난무하는 지
구촌 합류 시대에 살고 있다. 이로 인해 복고풍의 '풍류 담론'과 36년
전의 종교신학적 과제를 오늘 다시 소환한 것이 시대착오적이라는
시선으로 비칠까 우려되기도 한다. 그러나 한국의 종교 전통의 맥락
을 형성하는 '풍류 담론'의 종교적 영성과 한국교회의 영성이 '인간'
그 자체에서 '접화군생'하여 '풍류 담론'의 다섯 가지 종교적 속성이
발현하는 역사적 현실을 '지금, 여기에서' 체감하여야 한다. 그것이
바로 한국교회의 자기 혁신이자 한국 종교마저 상호 변혁을 추동하
는 전환점이 될 것이다.

한국교회는 한국 종교 전통을 존중하는 '교회다운 교회'로 거듭나
한국 종교 역사를 빛냄과 동시에 몰락하는 서구 교회마저 일깨우는
세계 속의 '교회'로 우뚝 서기를 바란다.

교회 밖에도 성인이 있다
― 동아시아 사상사의 관점에서 본 변선환

조성환
원광대학교 교수

19세기까지 동아시아에는 오늘날의 철학과 종교에 해당하는 개념은 없었다. 흔히 유교, 불교, 도교라고 할 때의 '교'를 종교 개념과 일치시키고는 하는데, 그것은 religion의 번역어로 '교'가 채택된 데에서 생긴 오해에 불과하다. 한나라 때에 유교의 별칭은 덕교(德教)나 명교(名教)였고, 당나라 때에 유교·불교·도교를 통칭하는 개념은 성교(聖教)였다. 이로부터 추측할 수 있듯이 전통 시대에 '교'는 성인의 가르침(聖教)의 준말이었다. 그래서 '덕교'는 덕의 가르침, '명교'는 이름의 가르침을 의미하였지, '덕의 종교'나 '이름의 종교'라는 뜻은 아니었다. 마찬가지로 유교는 종교적 측면을, 유학은 철학적 측면을 지칭하는 말이 아니라, 각각 '가르침'과 '배움'을 의미하는 짝 개념에 불과하였다. 즉, '유'(儒)라는 동전의 양면이 유교와 유학인 것이다.

1

그렇다면 무엇을 가르치고 무엇을 배우는가? 그것은 바로 '도'이다. 그래서 개념적으로만 보면, 유학은 '유도(儒道)를 배운다'는 뜻이고, 유교는 '유도(儒道)를 가르친다'는 말이다. 『중용』 제1장의 "수도지위교"(修道之謂敎: 도를 닦는 것을 교라고 한다)도 이러한 맥락에서 이해될 수 있다. 즉, 수도(修道)의 방법을 제시한 것이 '가르침'이라는 뜻이다. 여기에서 도(道)는 '인간이 걸어야 할 길'이라는 뜻으로, 철학적 요소도 있고 종교적 행위도 포함된다. 그래서 동아시아에 종교나 철학을 지칭하는 개념이 없었다고 해서, 종교적 행위나 철학적 사유가 없었다는 뜻은 아니다. 단지 인간의 구도 행위를 종교와 철학으로 나누지 않았을 뿐이다. 그럴 필요를 느끼지 못했기 때문이다.

전통 시대에 중국의 주류 사상이 유불도 삼교였다는 사실은 중국에 종교가 세 개만 있었다는 말이 아니다. 중국 정부와 중국 지식인들이 단지 세 명의 성인과 세 개의 가르침만을 '제도화'했다는 뜻이다. 가령 한나라 때에 "유교가 국교가 되었다"는 말은 "유교가 제도화되었다"는 의미이다. 그래서 한나라 이전에는 '유교'라는 개념은 없었다. 설령 있었다고 해도 한대 이후부터 사용된 '제도화된 유교'라는 의미는 아니었다. "유교가 국교화되었다"는 말은 원래는 종교가 아니었던 유학이 비로소 종교가 되었다는 뜻이 아니라, 유학이 공식적으로 제도화되었다는 뜻이다. 예를 들면 『논어』나 『효경』이 경전으로 승격되고, 그 경전을 가르치는 서당이 전국에 세워지고, 그 경전에 정통한 학자들을 관료로 선발하는 과거제도가 실시된 것 등이 모두 유학의 제도화, 즉 '유교'의 성립을 의미한다.

　유교에 이어서 제도화된 사상은 불교와 도교이다. 그 시기는 대략 4~5세기 무렵이고, 이때 처음으로 '이교'(二教) 개념이 등장한다 (가령 명승소의 「正二教論」와 같은). '이교'는 '두 개의 종교'라는 의미가 아니라, '두 개의 성인의 가르침'이라는 의미이다. 그런데 도교와 불교는 그 성립 과정에서 서로가 서로에 의존해야 했다. 즉, 인도 태생의 불교는 중국화의 과정이 필요했고, 불교에 뒤진 도교는 이론화 작업이 요청되었다. 이 과정에서 나온 설화가 '노자화호설'(老子化胡說)이다. 그 의미는 "노자가 인도에 가서 붓다가 되었다"는 뜻이다. 이 설화의 진원지는 불교일 수도 있고 도교일 수도 있다. 즉, 불교가 중국에 뿌리내리는 과정에서 노자를 붓다화했을 수도 있고, 반대로 도교가 불교에 기대기 위해 붓다를 노자화했을 수도 있다. 그러나 어느 쪽이 되었든 여기에서 도교와 불교를 일치시키고자 한 의도를 읽어낼 수 있다. 도교와 불교가 모두 '노자'라는 한 사람의 성인에게서 나온 가르침이라는 의미를 담고 있기 때문이다. 이러한 주장을 논쟁의 형태로 제기한 것이 고환(顧歡)의 「이하론」(「夷夏論」, 5세기)이다. 이 글은 도사(道士)인 고환이 화이(華夷) 개념을 사용하여 도교가 불교보다 낫다고 주장하기 위해 작성된 것이다. 즉, 불교는 오랑캐(夷)의 가르침이기 때문에 중화(華)의 가르침인 도교보다 열등하다는 것이 '이하론'이라는 제목에 담긴 의미이다.

　그런데 막상 「이하론」의 본문을 읽어 보면 도교와 불교의 우열론보다는 일치론의 내용이 지배적이다. "道則佛也, 佛則道也"는 말로부터 알 수 있듯이 "도(노자)와 불(붓다)이 다르지 않다"는 주장이

주를 이루고 있다. 그 이유는 양자의 동일성을 강조함으로써 도교가 불교에 못지않은 성인의 가르침이라는 사실을 강조하기 위해서였다. 뒤집어 말하면 이때만 해도 도교는 불교에 비해 이론적으로 열등감을 느끼고 있었던 것이다.

「이하론」의 논지는 「노자화호설」과 마찬가지로 중국인들이 외래 사상을 수용하는 전형적인 패턴을 보여준다. 기존의 중국 사상과의 일치성 내지는 유사성을 강조함으로써 이질적인, 그러나 앞서 있다고 생각되는 사상을 수용하는 것이다. 이러한 수용 방식은 토착 사상과 외래 사상 사이의 이질감을 완화시키고, 양자 사이의 사상적 갈등을 줄이기 위한 장치이기도 하였다. 이처럼 중국에 세 개의 가르침이 인정된 이후에는 이들 간의 사상적 동일성을 강조하여 상호 간의 충돌을 완화시키는 삼교일치론 내지는 삼교조화론이 전개되기 시작하였다. "성인의 가르침의 내용은 각각 다르지만, 하나같이 성인에 이르는 방법을 제시했다는 점에서는 모두 같다"는 동도이교(同道異敎) 식의 논리가 대표적이다.

2

중국에 삼교일치론 또는 삼교조화론이 발달했다면 한국에는 어떤 논의가 있었을까? 물론 중국의 영향을 받아서 삼교일치론과 삼교조화론도 당연히 있었을 것이다. 하지만 중국과는 다른 입장에 있었던 한반도의 경우에는 중국과는 다른 논의도 전개되지 않았을까? 이 물음에 대한 단초를 우리는 신라 시대 최치원의 '풍류' 개념에서 찾을 수 있다. 주지하다시피 최치원은 화랑의 풍류도를 '포함삼교'(包含三教)라는 말로 설명한 것으로 알려져 있다. 그리고 이어서 유불도 삼교의 대표적인 가르침을 하나씩 소개하였다. 구체적으로는 다음과 같다.

> 나라에 현묘한 도가 있으니 풍류라 한다. 가르침을 세운 근원은 『선사』(仙史)에 자세히 나와 있는데, 그 핵심은 "삼교를 포함하고 군생을 접화한다"이다. 예를 들면 집에 들어가서는 효도하고 나와서는 충성하는 것은 노나라 사구(=공자)의 가르침이다. 무위(無爲)의 상태에 있으면서 불언(不言)의 가르침을 행하는 것은 주나라 주사(=노자)의 종지이다. 악행은 일체 하지 않고 선행을 봉행하는 것은 인도 태자(=붓다)의 교화이다.

여기에서 '포함'은 중국적인 일치나 조화와는 뉘앙스가 다르다. 즉, 삼교의 가르침이 근원적으로 같다거나 혹은 이들 사이의 우열을 말하는 것이 아니다. 그보다 오히려 삼교의 가르침이 '모두' 들어있다는 점을 강조하고 있다. 그런 의미에서 '포함'(inclusion)은 '배제'(exclusion)의 반대말로 읽을 수 있다. 요즘 식으로 말하면 수용이나 포용이다. 그래서 '삼교포함'은 '삼교수용' 내지는 '삼교포용'으로 번역될 수 있다. 그리고 그 목적은 '접화군생', 즉 중생의 교화이다. 불교식으로 말하면 구제이다. 중생을 구제하기 위한 방법으로 삼교를 모두 수용한다는 것이다.

이것은 서양에서 말하는 종교다원주의와는 근본적으로 다르다. 종교다원주의는 각 종교의 다양성을 인정하는 태도를 말하고, 그런 점에서는 중국의 삼교조화론에 가깝다. 반면에 삼교포용론은 한 사람 안에 다양한 종교적 아이덴티티를 갖자는 주장이다. 즉, 한 명의 화랑 안에 선비·도사·승려라는 세 개의 아이덴티티가 들어 있는 것이다. 그래서 화랑은 유불도 삼교의 어느 하나의 아이덴티티로 환원될 수 없다. 즉, 어느 하나로 고정되어 있지 않은 '무'(無)의 정체성을 갖는다. 유영모의 개념을 빌리면 "없이 계신" 존재이다. 이것이 최치원이 말하는 '풍류'의 의미이다.

최치원이 제기한 종교 포함주의는 비록 이후의 한국 사상사에서 하나의 담론이나 이론으로 전개되지는 않았지만, 19세기 말에 중국적 '교'의 사상 형태가 약화되고 '종교의 자유' 분위기가 대두되자 다시 고개를 들기 시작하였다. 가령 동학에서는 한편으로는 유불선을 겸하고 있다고 하면서(『해월문집』「제수식」) 다른 한편으로는 유불선과 다르다고 하였다(『해월신사법설』「천도와 유불선」). 동시에 동학과 서학을 같은 '천도'(天道)라고도 하였다(『동경대전』「논학문」). 이것은 중국의 성학(聖學)과 서양의 신학(神學)을 모두 천도(天道)라는 범주로 포함하면서 자신의 사상적 정체성을 확보하려는 기획으로 볼 수 있다. 그런 점에서 최치원의 풍류를 잇고 있다고 할 수 있는데, 이러한 지향성은 이후에 천도교로도 이어졌다. 「천도교회 월보」나 「개벽」에서는 당시에 일본을 통해서 들어온 서양 사상이 소개되었고, 천도교 이론가인 이돈화는 '인내천'을 중심으로 동서 사상을 포함하는 '대식주의'(大食主義)를 표방하였다. 또한 1919년의 3.1 만세운동에서는 기독교와의 '종교 연합 운동'으로까지 발전하였다.

한편 동학·천도교와 마찬가지로 개벽을 표방한 원불교에서도 종교 포함주의적 지향성이 나타난다. 가령 1920년대에 기독교에서 원불교로 전향한 조옥정은 기독교인들과 나눈 대화에서 다음과 같이 말하였다.

> 남장로인들: 야소교인(=그리스도교인)으로서 불교를 믿는 것은 웬 말 인가? 초심을 바꾸지 말고 한곳(一方)에 머물려 평생 편하게 지 내다가 여생을 마침이 어떠한가?
>
> 조옥정: 그렇지 않소. 초심을 바꾸지 않고 한곳에 머무는 것보다 세상만 사를 두곳(兩方)에서 만들어 가는 것이 적합하다고 생각하오.
>
> 남장로인들: 한 몸으로 두 곳을 섬기는 것은 부정한 행위요.
>
> 조옥정: 거두절미하고 직접 보시오. 우리 눈은 하나보다는 둘이 낫고, 우 리 손도 하나보다는 둘이 나으니, 우리 발도 하나보다는 둘이 어떻 겠소?

여기에서 남장로인은 일종의 '일인일교주의'를 주장한다. 즉, 종 교는 하나만 가져야 한다는 것이다. 반면에 조옥정은 '일인양교주의' 를 말하고 있다. 종교는 많이 가질수록 좋다는 것이다. 실제로 조옥 정은 기독교도가 되기 전에는 동학농민군에 가담했고, 그 이전에는 유학자였다. 즉, 유학자에서 동학운동가로, 기독교도에서 다시 원불 교도로 종교적 정체성이 계속해서 바뀐 것이다. 그래서 조옥정에게 는 다양한 종교적 정체성이 포함되어 있다. 이러한 지향성을 인정한 것은 원불교를 창시한 소태산 박중빈이었다. 소태산은 자신의 제자 가 되기를 원하지만, 예수를 믿다가 변절하는 것 같아서 유감이라는 조옥정의 말에 다음과 같이 대답하였다.

> "예수님을 독실히 믿어서 심통 제자가 되면 나의 제자가 되는 것이나 다
> 름없고, 내 법을 독실히 믿어 심통 제자가 되면 예수를 떠나지 않은 것이
> 다."

소태산에게 있어 그리스도교니 원불교니 하는 아이덴티티 자체는
중요하지 않다. 그 이유는 모두가 '구원'을 위한 가르침이라는 점에서
는 같다고 보았기 때문이다. 그래서 종교는 서로 넘나들 수 있고 상
호 교환이 가능하다. 아마도 원불교에서 말하는 '원'(圓)에는 이러한
태도가 담겨 있을 것이다. 즉, 자신을 무(無)의 아이덴티티로 삼아서
타종교를 포함하는 태도를 '텅 빈 원'으로 형상화한 것이다. 원불교에
서 세운 원광대학교 한복판에는 둥그런 형태의 호수가 있는데, 그
주위에는 4대 성인의 동상이 세워져 있다. 예수, 소크라테스, 공자,
붓다이다. 반면에 원불교 창시자의 동상은 없다. 이것도 타종교를
포함하고자 하는 원불교 정신을 형상화한 것이리라.

3

천주교가 처음에 동아시아에 전래될 때 그것은 '성교'(聖敎)라는
이름으로 소개되었다. 『천주성교실록』이나 『성교공과』(聖敎功課)와
같은 책 제목이 그것이다. 이것은 4세기에 불교가 중국에 전래될 때
'성교'로 소개되었던 것과 동일하다. 이러한 수용 양상은 그리스도의

가르침을 공자나 붓다와 같은 종류의 '성인의 가르침'으로 이해했음을 말해준다. 뒤집어 말하면 중국 밖에도 성인이 있고, 삼교 밖에도 진리는 있다고 본 것이다. 심지어 탁사 최병헌은 "서양의 하늘과 동양의 하늘은 같다"라고까지 하였다. 마치 도사 고환이 도교와 불교가 같다고 하였듯이, 기독교와 유교를 같다고 본 것이다.

반면에 사상의 '순수성'을 지향한 유학자들은 천주학을 이단으로 보았다. 동학을 창시한 최제우가 '좌도난정'(左道亂正)이라는 명목으로 처형을 당한 것도 같은 이유에서였다. 나는 변선환의 종교재판도 동일한 맥락이라고 생각한다. 그것은 사상의 순수성을 강조했던 조선 시대 유학자들의 '서학 재판'이나 '동학 재판'과 다르지 않다. 반면에 변선환은 "유교 밖에도 성인은 있다"는 동아시아적 전통을 그리스도교에 그대로 적용하여 "교회 밖에도 구원은 있다"고 보았다. 이러한 생각은 동아시아에서 신학을 하는 사람이라면 당연한 귀결일 것이다. 그래서 2천 년이라는 긴 동아시아 사상사의 흐름에서 보면 변선환이야말로 정통에 다름 아니다.

21세기는 '기후 위기'의 시대로 규정되고 있다. 기후 위기 시대의 '구원'은 지구온난화를 늦추는 일이다. 한국의 종교단체들이 '생명 평화'라는 이름으로 연대를 도모하는 것도 지구적 위기를 종교 간 연대를 통해 극복해 보려는 노력의 일환이다. 마치 일제강점기에 종교연합의 형태로 국난을 극복하려 했던 것처럼 말이다. 그래서 지금 시대는, 변선환식으로 말하면, "자기 종교 밖으로 나가야 구원이 열리는" 시대이다. 이제 하나의 종교만으로 인류를 구원할 수 있는 시대는 끝났다.

그리스도인은 불교를,
불교인은 그리스도교를
— 닫힌 세계에서 열린 세계로, 미혹의 문명에서 깨달음의 문명으로

법인
인드라망생명공동체 지리산 실상사 스님

어느덧 출가 47년째를 맞는다. 중학교 3학년 시절, 우연히 놀러 간 어느 도심의 절에서 붓다를 만났다. 그 이전에는 2년 정도 교회에 다녔다. 교회 예배에서 목사의 설교를 들었지만, 늘 뭔가 의구심이 들었고 마음이 개운하지가 않았다. 이유는 분명했다. 오로지 하느님, 오로지 기적과 천당, 오로지 믿음만을 강조할 뿐, 예수의 말씀과 삶이 주는 메시지를 말하지 않았다. 더구나 어린 중학생들을 대상으로 한 예배에서 불교에 대해 지나치게 비난하고 폄하했다. 불교는 미신이고 저급한 종교이므로 불교인들을 '하느님의 품'으로 인도해야 한다고 설교했다. 상식적으로 이해가 되지 않았다. 예수는 곧 사랑이라고 알고 있는 내게 교회의 그런 문화는 심한 거부감이 들었다. 나는 자연스레 교회를 나가지 않았다.

출가 이후, 목사와 교회 교인들의 공격적이고 배타적인 문화를 자주 접했다. 승복을 입고 있는 내게 시비를 걸고 개종을 권하는 사람들을 만났다. 절을 불태우고 불상을 훼손하고 절이 망하라고 기도하는 모습을 적지 않게 보았다. 이런 연유로 교회는 상종하지 않아야 할 종교로 인식하게 되었다.

1

그러다가 그리스도교에 대한 인식에 변화가 일어났다. 변화의 계기는 성경 말씀이 아니었다. 1980년대, 혼란과 격변의 시대에 민주화운동에 앞장서는 교회를 보고 정신이 바짝 들었다. 독재에 저항하는 교회, 정의와 평등을 구현하는 교회, 사회적 약자를 향한 사랑의 실천, 이 땅에 인권과 민주의 꽃을 피우는 그리스도교인들을 보았다. 저분들이 예수의 참된 제자라고 생각했다. 그리고 자연스레 의문과 반성이 일어났다. 그렇다면 우리 집안사람들은 뭐 하고 있지? 자비와 해탈을 강조하는 우리 불교의 현실은 어떤 모습이지? 경전 말씀들이 줄줄이 눈앞에 펼쳐졌다. "이 땅의 모든 중생이 고통에 힘겨워하고 있으니 내가 마땅히 구제하리라"는 붓다의 탄생 선언, "모든 중생이 깨달음과 안락을 얻기 전에는 결코 성불하지 않겠다"며 지옥의 문 앞에서 울고 있다는 지장보살의 서원, "천 개의 손과 천 개의 눈으로 중생을 살피고 위로하겠다"는 관세음보살을 일념으로 부르는 불자들의 염불, 모든 중생이 부처의 성품을 가지고 있다는 생명에 대한 통찰, 이 좋은 말들이 떠올랐다. 그런데 이 좋은 말들이 지금 어디에 있는가? 보살의 깨달음 실천 장소는 생사 시비가 있는 지금 이 자리라고 경전은 말하는데, 그 주옥같은 말들은 해인사 팔만대장경 경판에 간혀 나오지 못하고 있다.

1980년대 그리스도교와 불교의 이런 극명한 대비는 내게 한없는 부끄러움과 좌절로 다가왔다. 그동안 일부 저급한 그리스도교인들의 행태를 비웃고 일종의 묘한 심리적 우월감을 가졌던 나의 교만이 부끄러웠다. 이웃 종교에게서 배우려고 하지 않았던 나의 무지가 부끄러웠다.

벗어나고 넘어서야겠다고 생각했다. 절의 울타리, 불경의 울타리, 승단의 울타리를 넘어서서 배워야겠다는 마음이 생겼다. 어디에서나, 누구에게나 배우는 태도가 진정한 수행이라고 생각했다. 그래서 먼저 다양한 사회과학 서적을 읽으면서 인문학을 탐구했다. 나아가 세상 사람들과 함께하는 이웃 종교인들의 말씀과 삶에 주목하였다. 그러면서 눈이 열렸다. 사람과 세상이 다시 보였다. 그리고 확신했다. '말씀'과 '삶'이 곧 붓다이고 예수라는 사실을….

2

이제 일아(一雅) 변선환 선생에게 다가서 본다. 사실인즉 나는 일아 선생을 잘 몰랐다. 2022년이 일아 선생 종교재판 30주년이라는 말을 듣고 나서야 선생에 대한 단편적인 기억이 떠올랐다. "교회 밖에도 구원이 있다"라는 발언으로 선생이 속한 감리교단에서 출교 조치를 당했다는 정도밖에 몰랐다. 30년 전 그 기사를 읽고, 뭐 그런

일로 출교까지 당하는가 생각했었다. 이런 사건은 사실 불교에서는 낯설고 황당하다. 불교계는 실천은 구태하고 답답하지만 교리의 해석은 상당히 열려 있다. 그런 토양에서 대승불교와 선불교가 탄생했다. 이웃 종교의 시선으로 보면 이런 변화는 이단으로 보일 수도 있다. 종교의식과 수행 방법, 포교 문화도 개방적이다. 도덕과 윤리에 반하지 않는다면 출교 조치는 하지 않는다. 문득 불교에는 몇 가지 부러운 점이 있다는 어느 신학자의 말이 떠오른다. 교리와 수행의 자유로운 서사 전개, 배타적이지 않고 포용적인 문화, 관용과 자유와 평화의 분위기가 좋다고 했다. 이 말을 들었을 때, '어? 정말 그렇네' 라고 새삼 생각했다. 불교 수행자들은 이런 면에서는 걸림 없이 살고 있다. 불교에는 이단이라는 말은 없지만 사설(邪說)이나 마설(魔說) 이라는 말이 있다. 이 말의 진의는 생명의 평화와 질서를 파괴하는 주장을 말한다.

일아 선생이 출교 조치를 당한 일련의 생각들이 과연 사설이고 마설에 해당하는지 상식적인 의문이 들지 않을 수 없다. '변선환아카브'에서 발행한『불교와 기독교의 만남』을 정독했다. 숙독한 후 나의 결론은 이렇다. 일아 선생의 생각은 과연 사설이고 마설이었다. 모든 종교인이 마음을 열고 잘 배워야 하는 스승의 말씀, 사설(師說)이고, 이웃 종교인들이 서로 대화하면서 성장하는 절차탁마, 마설(磨說)이다. 결코 배척해야 할 이단이 아니었다.

선생의 글을 읽으면서 한없는 경외심이 들었다. 아울러 부끄러웠다. 불교와 이웃 종교에 대한 선생의 겸손하고 진지한 탐구 정신이 놀라웠다. 그 천착과 탐구의 지향점은 예수의 말씀과 삶을 더 성숙하

게 이해하고 확장하는 데 있었다. 학자로서, 종교인으로서의 그 진심
과 열정 앞에 고개를 숙인다. 그런데 나와 우리 불교인들은 어떤 모
습인가? 우리도 이만큼 겸손하고 진지하게 그리스도교에 관심을 갖
고 탐구하고 있는가? 우리는 많이 부족하다. 그래서 부끄럽다.

일아 선생의 관심은 넓고 깊다. 논문 목록의 제목만 봐도 알 수
있다. 열거해 보자. "해방 후 기독교와 불교의 수용 형태", "불교와
기독교의 대화", "연꽃 십자가", "렘마와 로고스", "우주론과 종말론",
"야기 세이찌의 성서 해석학과 선불교", "불교적 그리스도론의 여명",
"불교적 한국 신학의 여명", "불타와 그리스도", "십우도 — 참 자기
에 이르는 길", "일원상의 진리와 존재 신비주의", "불교적 입장에서
본 종교적 관용과 인권" 등. 실로 그리스도교 변화의 촉매로서 탐구
하고 대화하는 선생의 선한 의도가 보인다.

일아 선생은 칼 야스퍼스, 아널드 토인비, 한용운, 이기영, 원효,
한국의 대승불교, 근·현대의 불교사, 선불교까지 호출한다. 이는
종교다원주의 측면도 있겠지만, 예수의 참된 뜻에 더 다가가려는 묵
상이고 기도였으리라.

"십자가는 인간에게 고통이 무엇이며, 인간이 얼마만큼 잔인한가
를 가르치기 위한 상징이 아니다. 그것은 오직 사랑을 가르치는 까닭
에 의미가 있다. 그것은 죄악적 인간의 마지막 매도까지 사랑으로
포섭하는 위대한 용서의 정신, 희생적 사랑의 이상을 보여주는 것이
다." 불교학자 이기영의 말이다.

일아 선생은 『토마스 머튼과 틱낫한』(로버트 H. 킹 지음) 책의 일부
를 인용한다. "그리스도교와의 '내적 대화'를 통해 틱낫한은 불자와

그리스도인이 궁극적 실재에 대하여 서로 어떻게 다른 방식으로 말하고 있는지를 탐색한다. 그는 하느님, 니르바나, 정토, 하느님 나라 같은 개념에 대하여 토론하면서도 언제나 수행이라는 주제로 돌아가는 것을 잊지 않는다. 당연히 그러리라 짐작되는 일이나, 그는 마음 모으기 수련을 두 종교의 핵심 요소로 본다." 서로 배우고 함께 성숙하자는 의미이다. 그리스도인은 불교를, 불교인은 그리스도교를 배우면서 스승의 '말씀'과 '삶'을 깊이 이해하고 실천하자는 진언이다.

3

'변선환 종교재판 30주년'을 우리는 어떻게 맞아들여야 하는가? 닫힌 세계에서 열린 세계로, 미혹의 문명에서 깨달음의 문명, 빛의 문명으로의 전환은 시대의 화두이고 소명이다. 그 소명을 이루기 위해서 우리는 무엇을 해야 하는가? 답은 간명하다. 서로를 배워야 한다. 배우기 위해서 열린 마음이 필요하다. 대화하고 공부하고 공동선을 실천해야 한다.

이러한 시대적 화두 앞에 이제 불교인이 달라져야 한다. 불교인이 그리스도의 '말씀'과 '삶'에 적극 주목해야 한다. 열린 시선으로 보면 '신'과 '붓다'는 같은 뜻의 다른 이름일 수 있다. 신성과 하느님, 공(空)과 절대 무(無)의 붓다, 하느님 나라와 불국정토는 출발점과 지향점이 다르지 않다고 생각한다. 다석 유영모의 "없이 계신 하느님, 덜 없는 인간"은 붓다와 불성을 구족한 중생이 만날 수 있다는 선언이다. 길희성의 '영적 휴머니즘'은 모든 생명이 차별 없이 붓다와 예수를 만날 수 있는 길이다. 이런 명제 앞에 불교인들은 마음을 열고 배워야 한다. 예수의 삶에서 붓다의 말을 들을 수 있어야 한다. 이런 자세가 일아 선생의 뜻이기도 하다.

그리스도교에 대한 불교인의 사고를 짚어보자. 불교인은 대개 불경의 교리가 성경보다 심오하다고 생각한다. 이러한 교리적 우월감이 그리스도교에 배타성으로 연결되지는 않는지 성찰해야 한다. 그리고 중요하게 짚어야 할 점이 또 있다. 교리적 우월감과 함께 그리스도교에 대한 열등감이 존재하는 것 같다. 그 열등감의 정체는 무엇인가? 그것은 교회와 교인들의 숫자, 압도적으로 많은 그리스도교 신자 정치인들, 그래서 불교의 사회적 영향력의 저하 앞에 갖게 되는 무력감이다. 이렇듯 불교인들은 그리스도교에 우월감과 열등감을 동시에 가지는 듯하다. 이런 마음을 가지고 있는 불교인이라면 붓다의 삶을 실천하는 진정한 불자라고 할 수 없다. 또 불교인들은 '불신 지옥 예수 천당'과 같은 배타적이고 공격적인 교회를 보면서 우리는 열려 있고 포용적이라고 자족하기도 한다. 이 얼마나 못난 생각인가.

불자들은 관심을 갖고 배워야 한다. 예수의 삶과 말씀을 배워야 하고, 사랑과 평등과 정의를 구현하며 새로운 길을 찾고 있는 그리스도인의 공동체 정신을 배워야 한다. 근 · 현대 한국 사회에서 불교는 그리스도교에 큰 신세를 졌다. 인권, 평등, 정의, 사랑을 실천하면서 대중의 언어로 말하는 목회자를 통해서 불교인들은 영감을 얻었고 나름대로 변화를 모색했다. 불교인들은 이런 신세를 잊지 말아야 한다.

마지막으로 감리교단은 일아 선생의 선한 뜻을 새기고 계승하려는 각성과 전환의 의지를 가졌으면 좋겠다. 인류 역사에서 물신과 권력의 기득권에 안주하는 종교는 대중의 외면을 받고 쇠락의 길을 맞는다. 불교 역시 그랬다. 일아 선생의 참뜻이 어디에 있는가를 이해한다면 감리교단의 각성과 전환은 순리일 것이다. 이웃 종교인이 그리스도교에 애정을 가지고 하는 발언이다.

일아 선생을 회고하며 한마디 한다.

"모든 생명은 저마다 아름다운 꽃밭에 피어있는 꽃이다."

일아—雅, 변선환 목사님과 종교의 길을 걷다

이공현

원불교 둔산교당 교무

　　원불교 교무들에게 변선환 목사님은 열린 종교의 길벗이 되어준 큰바위얼굴이다. 지금도 원광대학교에서 개최한 학술대회의 기조 강연을 완성하다 소천한 목사님의 글을 제자인 이정배 교수님이 대독하던 모습이 생생하다. 그날 학술대회에 참석한 대중들은 일제히 일어나 고인이 열어 준 한국 종교학의 미래 방향에 대해 꿈꾸며 감사와 다짐의 박수를 오랫동안 보냈었다. 그 박수는 이제 종교적 배타성을 넘어 신학적 담론과 종교 간 대화와 협력의 길에서 현재를 엮는 실천력이자 미래를 이끄는 담론으로 확장되고 있다.

　　이렇듯 변선환 목사님은 한국 종교와 한국교회의 경계선에서 일아(一雅)의 밝은 지혜로 묻고 맑은 신앙인으로 답을 찾으며 훈훈하고 정의로운 길을 찾도록 당부하였다. 그런 의미에서 목사님은 독실한 그리스도인이자 소통의 달인이다. 나는 원불교 모태신앙인이다. 그런 내가 원불교 교무가 되어서도 기독교의 가르침에 귀를 기울이고 이웃 종교와 대화할 수 있는 자세를 성숙시키고자 정성을 들이는 것은 앞서간 스승님들의 가르침과 실천에 강한 울림이 있기 때문이다. 그런 의미에서 목사님은 이웃 종교인들에게 기독교를 이해시키고 인식시킨 선교 박사라고 할 수 있겠다.

1

목사님과 원불교가 소통하는 데는 이제는 고인이 된 원불교 교학자 유병덕 교무님과의 종교 담론이 한 역사를 이룬다. 동시대의 종교학자이었던 두 분은 기독교의 신학과 원불교의 교학을 함께 발전시킬 수 있는 의미로운 담론을 많이 나누었다. 지금은 세계화가 무르익어 가면서 불교와 기독교가 조우한 이래 불교+신학(Buddhism+Theology)이란 이종교배적인 말이 새로운 조어(造語)로서 각 종교의 본질에 화두를 던지며 종교학자들 사이에서 흐름을 타고 있지만, 보다 앞서 두 분의 담론에서도 종교를 대하는 태도가 창의적이면서도 진중함을 엿볼 수 있다.

특히 원불교에 대한 신학적 제시는 탁월하다. 목사님은 오랜 세월을 통해 원불교학을 접하며 그 참신함에 한국 종교의 밝은 앞날을 생각하게 된다는 논문을 기고한 바 있다. 발표 내용에 그는 "원불교 신자 여러분에게 기독교에 대하여 말씀드린다는 것도 혹 실례가 된다고 생각되기도 했지만, 소태산 대종사가 여기 계셨다면 아주 좋아하고 기뻐하실 것으로 압니다"("일원상의 진리와 존재 신비주의 — 동서 신비주의의 대화를 위하여", 1977년)라고 했다. 그가 던진 말이다. 그는 원불교의 교조 소태산 대종사를 뵙고 기독교 장로인 조송광이 개종하려고 할 때, 소태산이 하신 말씀을 인용하였다.

> (전략) 대종사 말씀하시기를 "예수교에서도 예수의 심통 제자만 되면 나의 하는 일을 알게 될 것이요, 내게서도 나의 심통 제자만 되면 예수의 한 일을 알게 되리라. (중략) "나의 제자 된 후라도 하나님을 신봉하는 마음이 더 두터워져야 나의 참된 제자니라"(『원불교전서』「대종경」제 14 전망품 14).

2

그는 좋은 원불교인은 좋은 예수교인이요, 좋은 예수교인은 좋은 원불교인이 될 수 있다는 말을 이끌어냈다. 최근 제도적 종교로부터 탈피하려는 운동은 사회적 분위기를 형성하고 있다. 2023년 넷플릭스의 〈나는 신이다〉에 대한 세간의 반응은 이단·사이비 종파를 넘어 종교계, 특히 기독교계 전체에 대한 의구심과 회의감으로 점철되고 있다. 물론 〈나는 신이다〉 같은 다큐멘터리가 갖는 순기능은 절대적으로 필요하다. 오대양과 아가동산은 해체되어 사라졌지만, JMS나 만민중앙교회는 아직도 뉴스에서 언급되듯 고통 받는 약자에 대한 범법행위가 국내를 넘어 해외까지 영향력을 미치는 사법적 조치가 필수 불가결하다. 그러나 염려스러운 것은 최근 MZ세대가 추천하는 해외 드라마 〈메시아〉(2020)와 〈어둠 속의 미사〉(2021), 국내 드라마 〈지옥〉(2021), 〈오징어 게임〉(2021), 〈글리치〉(2022), 〈수

리남〉(2022) 더 나아가 〈더 글로리〉(2023)로 이어지는 미디어 속의 종교인은 좋은 사람이 아닌 혐오의 대상이라는 점이다. 이런 몰이는 탈종교화를 부추기는 종교 기피 현상이 기독교계를 넘어 전 종교계로 번질 위험 요소이기에 걱정스럽다.

"오얏나무 아래에서 갓끈을 고쳐 쓰지 말라"는 속담이 있다. 본래 종교는 인류의 오랜 정신적 유산이며 시대적 산물이다. 초창기 컬트 (cult) 형태의 종교 집단은 발전하면서 제도화되고 조직화를 이루게 되었다. 역사적으로 종교의 건강한 가르침과 실천은 세계적 종교로 발돋움할 수 있는 중요한 토대를 제공하였다. 반면 종교의 지나친 제도화와 조직화는 종교적 영성을 상대적으로 소홀하게 대하며 종교 집단 내의 권력화 또는 정치적 권력과 연대하는 경향을 보였다. 오늘날 포스트모던 문화가 일상이 된 현실에서 기독교계 사이비 종교들이 다시금 주목받는 이유는 무엇일까? 그리고 이러한 반응이 종교계 전반을 보는 사회적 관점으로 번지는 이유는 무엇일까? 자기반성이 필요하다.

세상이 아프다. 사람들은 고통을 호소하고 있다. 종교는 고통의 세계를 넘어설 수 있는 구원의 세계관을 중심 가치로 실천해야 한다. 붓다, 공자, 예수, 소태산도 시대적 '고통'에 대한 깊은 통찰을 통해 구원의 방향을 제시하였다. 그 길은 보편적이며 합리적인 낙원 세계를 구현하는 평등하고 공정하고 평화로운 실천이었다. 자기의 종교를 신앙하거나 실천하는 자기 정체성을 지니면서도 자신의 종교적 범주를 넘어설 수 있는 공존을 위한 타인의 정체성을 수용하는 열린 마음이 요구된다. 우리 주위의 다양한 종교와 문화 그리고 서로 다른 민족에 대한 이해와 수용이 오늘의 시대정신이 되었다. 이제 종교 간 대화와 협력을 성숙시켜 증오와 반목, 대립과 전쟁으로 가는 차별이 아닌 서로 다름에 대한 이해와 소통, 대화와 조화가 공존을 위한 인류의 필수 덕목이 되었다.

3

1977년 변선환 목사님은 독일의 안겔루스 질레지우스의 『천사 케르빈과 같은 순례자』(*Der Cherubinis che Wandersmann*, 1657)를 중심으로 존재론적 신비주의에 의거한 '원기독교'(圓基督敎)의 가능성에 대해 제기하였다. 그때도 옳았다. 그는 원불교 신앙의 대상과 수행의 표본으로 삼고 있는 '일원상'(一圓相) 진리와 기독교의 절대무(絶對無)의 신성(神聖)이 일치할 수 있는 관점을 주시하였다. 그는 원불교의 학문적 과제로 '원기독교'(圓基督敎)의 가능성에 대해 제기하며 "성서는 달을 가리키는 손가락과 같고, 그리스도는 달입니다. 그리스도는 개념과 사유, 형상과 소장을 초월하고 계시는 분, manado=개체=인격이신 신, 아버지와 아들이 서로 반영하는 인격신, ○의 화신입니다"라고 하며 요한복음 서두를 다음과 같이 읽어 내려갔다.

"태초에 ○(圓)이 계셨습니다. ○이 하나님과 함께 계셨습니다. ○은 하나님이었습니다. ○은 태초에 하나님과 함께 계셨습니다. 모든 것이 ○을 통해 생겨났으며 ○을 통하지 않고 생겨난 것은 하나도 없습니다. ○

안에 생명이 있었습니다. 이 생명은 사람들의 빛이었습니다. 빛이 어두움 속에 비치니 어두움이 빛을 이기지 못했습니다."

_ 변선환 강연, "일원상의 진리와 존재 신비주의 ― 동서 신비주의의 대화를 위하여"

"교회 밖에도 구원은 있다"는 그의 말씀은 "교회가 구원의 길을 가는데 교회의 안과 밖이 존재하는가"라는 본질을 묻고 있다.

필자는 근대화가 진행되는 격변기에 아시아 문화가 서구 문화에 의해 사장되어갈 때, 전통적 가치와 당시의 시대정신을 하나로 보는 세계관을 통해 민중 예술을 시대 실천 운동으로 이끌어내고자 협력했던 민예 운동가들의 삶을 연구한 적이 있다. 그들에게 희망이 되었던 사상가가 윌리엄 블레이크였다. 그는 기독교 신비주의자, 몽상가, 성자, 시인, 예언자, 화가, 삽화가, 심지어 광인 등 많은 수식어가 따라붙었다. 그럴 수밖에 없다. 그가 말하는『순수의 노래』(Songs of Innocence, 1789), "한 알의 모래에서 세상을 보고 한 송이 들꽃에서 천국을 보라. 그대 손바닥 안에 무한을 쥐고 한순간 속에 영원을 담아라"가 제시하듯, 一雅의 순수를 통해 동양도 서양도, 인간도 자연도, 종교도 예술도, 과학도 종교, 기독교도 불교도 나누기 이전의 하나 된 소식만이 모두를 화합시킬 해답이 되기 때문이다. 결국 민중 예술가들은 그러한 가치 통찰과 통섭만이 오래된 새 길로 지속 가능한 민중문화를 꽃피울 수 있다고 강조하였다.

4

원불교의 교조 소태산은 모든 종교의 근원은 하나로서, 종교적 신념으로 인한 갈등과 대립은 성자의 근본 뜻을 모르는 일이라고 단언하였다. 그는 제자들에게 나는 천도교인을 만나면 천도교를 배우고, 그리스도인을 만나면 그리스도를 배운다고 하였다. 또한 개신교를 신앙하였던 한 장로가 그의 제자가 되고자 할 때, "예수교에서도 예수의 심통 제자만 되면 나의 하는 일을 알게 될 것이요, 내게서도 나의 심통 제자만 되면 예수의 한 일을 알게 되리라"라는 가르침을 주었다.

이렇듯 소태산은 이웃 종교에 대해 열린 다원주의적 입장을 취했다. 모든 종교의 교지(敎旨)도 이를 통합 활용하여 '광대하고 원만한 종교를 신앙하는 사람'이 되어야 한다고 강조하였다. 이러한 그의 사상은 정산 송규의 삼동윤리(三同倫理)와 대산 김대거의 종교 연합(UR: United Religions) 운동으로 전개되어 폭넓은 종교다원주의적 지평을 열어 주었다. 그래서 원불교 교무인 나에게는 "하나만 아는 자는 아무것도 모른다"(He who knows one, knows none)는 막스 뮐러의 격언이 가치 있고, 인류의 모든 종교에 대한 존중과 배움의 자세가 자연스러운 것이다.

그런 의미에서 변선환 목사님의 가르침과 실천은 그때도 옳았고, 지금도 옳으며, 앞으로도 옳은 길이 될 것이다. 그 가르침에 더 많은 지지와 연대가 함께하길 기도한다.

일아―雅 변선환 선생님의 뜻을 생각하며
― 종교재판과 관련하여

임종수

성균관대학교 초빙교수

이 글은 신학자 일아 변선환 선생님에 대한 감리교교단의 종교재판을 두고 그리스도인으로서 동양철학을 전공한 필자의 생각을 적어본 것입니다. 저는 특히 동아시아 사상사(좁혀 말하면 중국 사상사)에서 유교의 역사를 살피며 부족하나마 지면을 채워보려고 합니다.

언젠가 한 동양철학 연구자가 유교를 '용광로'란 말로 표현한 적이 있습니다. 저는 그 말에 고개를 끄덕이지 않을 수 없었습니다. 유교는 다른 사상들을 배제한 채 자족적으로 존재한 적이 없기 때문입니다. 이는 유교가 역사 속에서 불교, 도가 사상, 도교를 모두 흡수하면서 유교의 모습을 새롭게 갱신하였던 현실을 말해줍니다. 유교가 다른 사상을 받아들이지 않으면 안 되었다는 것은 유교 안과 밖의 절박한 요청과 함께 유교의 결핍된 점들을 재검토하도록 한 현실의 변화가 있었음을 일러줍니다. 그런데 놀라운 것은 유불도 삼교가 논

쟁과 갈등 속에서도 삼교합일과 삼교일치, 삼교동원의 흐름이 지속
되었다는 점입니다.

1

유불도 삼교합일론자들이 늘 사용하던 "천하의 일은 돌아가는 곳
은 같지만 길을 달리하고, 하나로 이르지만 생각은 각각이다"(『역경』
「계사전」 하)란 말이 있습니다. 저는 이 말을 통해 '화'(和)의 뜻을 생
각하게 됩니다. 본래 '화'는 다섯 가지 맛이 잘 조화를 이룬 국을 가리
킬 때도 쓰였습니다. 유교의 역사는 바로 '화'의 사상과 맞닿아 있다
고 할 수 있습니다. 불안과 폭력이 점증하던 춘추 시대 말기를 산
공자가 화이부동(和而不同)을 말한 까닭도 이와 맥락이 무관하지 않
습니다. 공자는 길을 달리하는 이들에 대해서는 "도가 같지 않으면
서로 도모하지 않는다", "다른 길을 가는 이들(異端)을 공격하면(전
공하면) 해로울 뿐"이라고만 할 뿐 다른 말을 덧붙이지는 않았습니다.
그래선지 그는 현실에 참여하지 않는 은자(隱者)형의 인간에게도 존
중하는 태도를 보였습니다. 자신과 다른 길을 걸어가는 이들을 적대
시하지 않았습니다. 물론 언행이 균형을 잃거나 불일치한 이들은 경
계하며 비판했습니다. 또한 어느 한쪽을 고집하지 않아 "가함도 없
고, 불가함도 없다"고 하거나, "오로지 주장함도 없고 그렇게 하지
않는다는 것도 없다. 의(義)를 따를 뿐이다"고도 하였습니다. 그래서
그는 "사사로운 의견, 반드시 해야 한다는 것, 고집, 내가 아니면 안
된다는 것이 없다"고 말할 수 있었습니다. 공자는 상황에 들어맞는

(時中) 길을 중시했기 때문입니다.

2

이러한 공자의 입장은 전국 시대의 한복판에 있던 맹자를 통해
이어집니다. 다만 맹자의 목소리는 좀 더 강도가 높아졌습니다. 인의
(仁義)를 내버린 채 패도(覇道)정치를 행하는 이들과 인의를 실천하
지 않는 이들에게는 상대가 누구든 비판을 서슴지 않았습니다. 이는
맹자가 전쟁과 폭력이 일상화된 시대, 다양한 사상가들이 저마다의
목소리를 내고 있던 시대를 살았기 때문인 듯합니다. 이러한 시대에
사람들을 사로잡았던 이들은 양주와 묵적(묵자)이었습니다. 그런데
맹자는 양주와 묵적 모두를 극단적이라고 비판했습니다. 그가 보기
에 양주는 자기 한 몸만을 위하고, 겸애를 주장한 묵적은 군주와 아
버지의 존재를 부정했기 때문입니다(순자 역시 "해폐"(解蔽)라는 글에
서 각 학파들이 한쪽에 치우친 점을 지적한 바가 있습니다). 이를 통해 맹자
역시 중도를 지키는 것과 상황에 따른 적절한 행위(權度)를 중시하
였음을 알 수 있습니다.

3

전국 시대를 거쳐 한대에 들어온 유교의 모습은 이전과 사뭇 달
라졌습니다. 오래전부터 전해져오던 음양오행설은 동중서(董仲舒)
의 『춘추번로』(春秋繁露)에 신학적 색채를 부여하였습니다. 반면 왕

충(王充)은 『논형』(論衡)을 지어 유교를 신비화한 현상들을 지적, 비판하였습니다. 넓게 보면 이들 역시 유교의 입장을 재조명하며 여러 학설을 심화했고, 비판적 시각으로 유교의 본래 모습을 회복하려고 했습니다. 그러나 실천윤리적 성격이 강한 유교가 참위설(讖緯說) 앞에서 흔들리고, 공자는 성인화, 우상화되기 시작했습니다. 위진남북조 시대에는 정치적 혼란 중 불교와 도교가 성행하면서 유교의 역할은 주춤하기도 했습니다. 수당대에 와서는 유교가 통치이념으로 작동하긴 했지만, 도교와 불교의 세력이 컸다고 볼 수 있습니다. (한유韓愈가 도교와 불교를 비판하며 유교를 바로 세우려고 했으나) 송대에는 유학자들이 도가 사상과 도교, 불교를 강렬하게 비판했지만 그들은 도가 사상과 도교, 불교에 깊은 영향을 받고 있었습니다(도교와 불교가 민중의 일상과 심성을 이루며 영향을 미쳐온 지 이미 오래였다는 것은 말할 필요가 없겠습니다).

4

'이단'이라는 말이 부각이 된 것은 송대에 와서입니다. 송대에 이단은 불교와 도가 사상(佛老)을 가리켰습니다. 송대 유학자들은 사회적 책임 의식을 가졌기에 불교와 도가·도교 사상의 비현실성을 비판했습니다. 공, 윤회, 귀신, 무, 신선설 등은 비판의 표적이 되었습니다. 물론 불교와 도가·도교는 유교와의 오랜 공존을 거쳐오는 동안 충과 효 등 유교의 덕목이 반영된 경전을 만들기도 했습니다. 그러나 예(禮)의 질서를 통해 민간 사회를 다스리고자 했던 유학자들에게 늘 국가와 사회질서를 어지럽히는 존재로 여겨졌습니다. 사실 송대 유학자들만큼 불교와 도가 · 도교에 깊은 영향을 받은 이들도 드물 것입니다. 이들은 유교에 부족했던 형이상학을 불교와 도가 · 도교에서 받아들여 유교의 모습을 새롭게 갱신시켰다고 할 수 있기 때문입니다.

명대에 와서는 유교는 왕양명(王陽明)을 통해 새로운 전기를 맞이합니다. 그는 양지(良知) 심학을 통해 삼교합일의 가능성을 보여주기도 하였습니다. 임조은(林兆恩)과 같은 삼교합일론자의 경우에는 이단에 대한 개념마저 달리하게 됩니다. 그는 유불도 삼교의 뿌리가 같다고 보았고, 각 교의 가르침에 충실하지 않은 것을 이단이라고 했습니다. 마음에는 고금이 없고, 공자의 마음이 내 마음이라고 한 임조은에게 중요한 것은 삼교 이전의 도였습니다.

5

이처럼 중국 사상사의 맥락에서 보면, 삼교의 공존과 합일이라는 흐름 속에 유학자는 불교와 도교의 경전을, 승려와 도사는 유학 경전을 연구하고 주석까지 쓰기도 하는 등 서로를 이해하려고 노력해 왔습니다(물론 불교와 도교의 입지와 관련된 정치적 이유도 있었지만, 이를 넘어서 진지하게 도의 관점에서 삼교의 회통을 깊이 연구한 이들이 많습니다). 이를 통해 유교는 다양한 얼굴을 가질 수 있었고, 현실과 상황의 수요에 따라 변형해가는 모습을 보여주었습니다. 유교는 불교와 도가 · 도교만 아니라 기독교와 맑시즘, 서양 사상의 비판을 받으며 대화해야 했고, 오늘날에는 환경, 인권 등 현대의 여러 문제에 대한 성찰도 게을리하지 않고 있습니다. 하여 '재판'이 아니라 유교 안팎의 '비판'과 대화를 통해 유교는 자기 변신과 갱신의 길을 거쳐왔다고 할 수 있겠습니다.

이러한 유교의 역사를 살피며 저는 일아 선생님에 대한 종교재판을 통해 참으로 기독교란 무엇인가, 어떠해야 하는가를 다시금 생각하게 되었습니다. 이는 일아 선생님이 한국 기독교가 어떠해야 하는지를 알리고자 한 간절함을 떠올리게 합니다.

6

기독교 역시 마찬가지가 아닐까 합니다. 서구 기독교의 역사에서 형성된 도그마를 보편적인 것으로 받아들여 그대로 동아시아인, 한국인에게 이식되어야 한다는 것은 오히려 '복음'을 왜곡하는 일이 아닌가 합니다. '복음'은 특정한 누구의 전유물이 될 수 없기 때문입니다. 일아 선생님이 서구 신학의 자원이 아닌 우리의 전통 사상을 통해 '절실한 시대적 요청'으로서 토착화신학을 주장하고, 유불도 삼교와 한국 종교를 '내일을 향한 오늘의 기독교의 좋은 벗'으로 여기며 한국 기독교의 새로운 지향을 보여준 것은 오히려 하느님의 구원의 역사 속에서 '복음'의 보편성을 심화하고 확장하는 계기가 되었다고 생각합니다. 이러한 그분의 뜻을 모른 채 이루어진 '종교재판'은 한국 기독교의 미성숙한 현주소를 보여준 사건이었습니다. 이는 역설적이게도 일아 선생님이 궁극적으로 드러내고자 한 '신'의 현존과 역사,

한국 기독교가 지향할 미래를 고통스럽게 온몸으로 증언한 자리였다고
생각합니다.

글을 맺으려니 여러 번 되읽은 일아 선생님의 말씀들이 떠올라
옮겨봅니다.

"다른 형상을 만드는 것을 금지하시는 하느님은 철저하게 특정한 문화
와 관련된 상징이 절대화되고 우상화되는 것을 기뻐하시지 않으신다."

"신의 구원의 역사는 결코 교회의 벽 속에 제한되어 있는 것은 아니다."

"성령은… 하나님의 말씀이 존재하지 않고 그리스도를 알지 못하는 비
기독교인들 사이에서도 신의 구원의 역사를 나타내며 진리를 밝힌다.
그런 의미에서 만인을 위한 신의 구원의 보편적 섭리는 우리들이 성서와
교리를 통해서 배운 것보다 한없이 넓고 끝없이 깊고 높다."

"믿음과 소망과 사랑 이 세 가지, 그리고 그리스도 안에서 새로운 본래적
자아가 되는 것, 그것은 내게 있어서는 기독교 신앙의 가장 본질적인 요
소라고 믿는다. 그리스도 안에서만 새 존재가 되었다는 것, 믿음과 소망
과 사랑 특히 가장 중요한 아가페의 사랑에 대해서 나는 '실존적 확신'을
가지고 기독교 전통의 언어를 오늘의 종교적 정치적 상황 속에서 지구
촌락에 사는 인간 가족의 앞날을 위하여 새롭게 해석하며, 그리스도의
복을 힘 있게 증거하고 싶다."

누가 그의 바통을 이어받을 것인가?

황우승
샨티학교 이사장

　"나는 얻어들은 사람이다." 사상가 함석헌의 말이다. 거짓 아닌
참을 말하는 사람의 큰 생각을 따랐다는 뜻이다. 스승과 제자의 관계
가 그렇지 않을까. 제자는 스승의 가르침을 잘 얻어들어야 한다. 그
런데 변선환의 제자 이정배 교수는 스승을 "멍에이자 명예"라고 말한
다. 멍에! 이 말을 할 수 있는 이정배 교수가 부럽다. 옷깃만 스쳐도
인연이라는데 나는 변선환과 옷깃도 스친 적이 없다. 멍에라도 좋으
니 변선환을 선생으로 모실 수 있었다면 얼마나 좋았을까!

1

　변선환, 그 이름은 걸림돌이다. 개신교 목사에게는 넘어가기가
쉽지 않다. 나도 그랬다, 그를 공부하기 전까지는. 교회에서 '예수=
구원'은 헌법이다. 교회의 최고 규범은 그거 하나뿐이다. 그러니 그

문제는 굳이 물어서도, 의심해서도, 고민해서도 안 된다. 묻지 말아야 하는 질문이다. 이성은 거기서 멈춘다. 나도 거기서 멈추려고 부단히 애썼다. 신앙과 이성 사이에서 그 거리를 더 벌리는 것이 바른 신앙이라고 믿었다. 그런데 그 거리가 벌어질수록 이성의 손짓이 점점 더 커지는 게 아닌가.

사실 처음부터 내게는 한국교회에서 유행하는 전통적인 그 옷이 맞지 않았다. 아니, 옷 보다 그 옷에 새겨진 '예수 천당'이라는 글자가 마음에 들지 않았다. 너무 불편한 그 옷을 입었던 것은 태어나면서 어머니가 입혀주셨기 때문이다. 어렸을 때는 그 옷이 괜찮았다. 놀기도 마땅치 않은 그때에는 동무들하고 놀 수 있고, 까까도 얻어먹을 수 있으니 좋았다. 더구나 신기한 문명의 전시물 같은 그 옷은 자랑스럽기도 했으니까. 하지만 자라면서 글을 알게 되자 그 옷에 새겨진 글자가 점점 불편해지기 시작했고, 여러 번 내 마음에 맞도록 잘 보이지 않도록 감추어 입기도 했다. 어느덧 수선하기도 어려울 만큼 낡아지고 작아져서 나로서는 옷을 수선하기보다 상점에 가서 기술자가 만든 기성복 가운데 내 몸에 잘 맞는 옷을 찾아 입었다. 때로는 CCC/IVF와 같이 영어로 새겨진 옷은 그나마 괜찮아 보였다. 하지만 아주 새로운 옷이 눈에 띄어도 그런 옷은 공개적으로 입고 나서기는 어려웠다. 교회가 허락하지 않을 것을 너무 잘 알았기에 스스로 삼갔다. 그렇게 젊은 시절을 보냈다.

2

그러다가 만난 신학이 민중신학이다. 예수는 민중이 고난받는 현장에 있다. 예수가 민중의 편에서 씨름하였듯이 교회도 세상을 변혁하는 일에 나서라는 외침은 큰 울림이었다. 당시 1970, 1980년대 독재정치로 암울하던 시기였기에 민중의 편에 서서 목소리를 내는 교회가 자랑스러웠다. 한국교회의 민중 해방적 기능의 회복. 그러나 민중의 편에 서는 것으로 내 실존의 문제는 해소되지 않았다. 여전히 내게는 구원의 문제가 컸다. 내 '밖의 현장'보다 내 '안의 가난'이 문제다. 왜 나는 스스로 구원하지 못하는가?

구원의 길에 대한 기독교의 배타적/피동적 태도는 자연스럽게 나를 답답하게 했다. 1995년 8월 신문에서 하늘로 가신 변선환의 소식을 들었고, 한 달 뒤 9월 영국으로 건너가서 내 실존적 고민을 변선환을 통해서 풀기 시작했다. 단순하게 두 가지 질문이었다. 변선환이 누구길래 감리교회는 그를 출교시켰는가? 변선환의 신학이 누구를 그토록 두렵게 하였는가?

변선환은 누구일까? 그는 자신을 어찌할 수 없는 한국인이요, 감리교 전통을 딛고 서 있는 열린 신학자로 설명한다. 나는 그 말이 좋았다. 우리는 어찌할 수 없는 한국인이다. 그가 한국인이라고 부를 때 그의 신학은 한국적 상황 안에서 완성되어간다는 말이다. 다시 말하면 그의 삶의 궤적이 곧 그의 신학이다.

변선환은 한민족 역사의 요청에 교회의 울타리를 넘어 응답한 신석구 목사로부터 지대한 영향을 받았다. 변선환에게 삶의 지향점을 발견케 한 신석구 목사는 굳은 의지의 독립운동가이면서도 뜨거운 신앙의 소유자였다. 더구나 신석구 목사는 복음을 동양 종교와 대화함으로 토착화신학의 원형을 보여주었다. 이 땅의 가장 어두운 식민지 시기와 한국전쟁 그리고 피난민으로서의 고난 경험은 변선환에게 구원을 신의 무제약적 사랑 안에서 한 맺힌 민중을 모든 억압과 굴레에서 벗어나는 인간화 회복으로 보게 한다. 민중의 한이 서려 있는 여기에서 교회는 '한의 사제'로서의 역할을 마다하지 말아야 하며, 그것을 위해 민중의 영성이 숨어 있는 한국의 종교 전통과 대화하는 것이 신학자의 사명이라고 생각했다.

이러한 자세를 한국교회에서는 위험하게 보았는데, 한국교회는 우리에게 기독교를 전파한 당시 선교사들의 가르침(유일신 신앙, 성서 문자주의 그리고 선교의 지상명령)을 그대로 수용하였기 때문이다. 당시 기독교는 19세기 '제국주의'라는 거대한 배를 타고 전 세계를 누볐는데 조선에 첫발을 디딘 선교사들도 자신이 믿는 신앙이 절대적, 보편적 진리라고 믿고 "이 진리로 조선을 정복하리라"라는 사명감에 불타올랐다. 정복자의 눈에는 조선의 종교와 문화는 구원의 능력이 없는 것으로 대화의 필요성을 생각하지 못하였다. 그들의 세계는 기독교로 문명화된 세계와 미신으로 어둠 속에 헤매는 야만의 땅으로 나누어졌기 때문이다. 여기서 변선환은 초기 선교사의 사고 체계에서 한국교회의 종교적 배타성과 공격적 선교의 뿌리를 보았다. 그렇다면 서구와는 달리 종교다원사회인 조선은 그동안 진리 없는 어둠 속에서 살아왔다는 말인가? 어떻게 문명/자연, 문화인/미개인, 우월/열등, 주체/타자 등으로 이분화시켜 조선의 문화와 종교를, 그 안에서 살아온 조선인을 '타자화'하는가? 우월한 기독교는 열등한 다른 종교를 선교의 대상으로만 바라보는 것은 정당한가? 그러므로 변선환에게는 '예수로만 구원'을 이야기하는 것이 해답일 수는 없다. 오히려 문제이고, 출발이다.

3

변선환은 한곳에 머물지 않는 신학자이기에 신학의 한계가 보일 때까지 파고들어 그 한계를 넘기 위해 그 반대쪽으로 가는 것도 두려워하지 않았다. 그래서 서구 기독교 신학의 배타성과 우월성을 극복하기 위해 한국의 불교도 만났다. 변선환은 웨슬리의 선행 은총의 개념으로 하나님 은총을 벗어난 피조물은 없다고 보았다. 하나님의 사랑은 종교보다 크기에 모든 사람은 스스로 구원을 이루는 데 충분한 은총 안에 있다. 하나님은 이방인을 저주하지 않으시고도 사회적 성결을 향한 사랑의 실천으로 세상을 변화시킨다. 가난한 자의 한 맺힌 사회 속으로 들어가 그 고난의 고리를 끊어내는 사회적 성화는 이성의 산물인 교리를 뛰어넘는 사랑의 휴머니즘이다. 그러므로 변선환 신학의 출발점은 사랑이다. 그리고 이 선행 은총으로 제국주의의 배를 타고 건너온 기독론의 배타성을 거부하고 '기독교 밖의 구원' 가능성을 주장한다. 이러한 주장은 당연히 교회로부터 비판받는다.

선교사 신학에 머무는 교회(교회주의)는 '교회 밖의 구원'에 대해서 타협점을 구하지 않을뿐더러 완고히 거부한다. 변선환이 이성과 신앙 사이에서 '진리'를 찾는다면 그들은 '교회'가 그 출발점이었다.

구원의 능력은 오직 '교회에서' 선포하는 예수에게서 나온다. 그러므로 "교회 밖에는 구원 없다"라는 선언은 교회의 존재 이유이다. 교회주의의 "교회 밖에는 구원 없다"와 변선환의 "교회 밖에도 구원 있다"라는 주장은 그 강조점이 다르다. 한쪽은 교회 확장에만 마음이 쏠렸고, 다른 쪽은 구원의 내용에 눈을 돌린다. 이 두 주장의 '차이'는 언젠가는 터져야만 하는 시한폭탄이었다.

교회주의는 교회 확장을 방해하는 자를 기독교를 괴멸시키려고 덤벼드는 적으로 보기 때문이다. 그리고 변선환을 그 원인으로 지목한다. 그들에게 변선환은 성서와 교회를 무너뜨리는 적그리스도 신학자일 뿐이다. 따라서 한국교회 부흥사들이 주도한 종교재판은 이 신학의 문제를 '정치적'으로 풀었다. 법학자 칼 슈미트에 의하면 "정치적인 것은 적과 동지를 구분하는 것"이고, 선과 악이라는 종교적 대립이 극단적으로 가면 적과 동지라는 정치적 대립으로 격화될 수 있다는 것이다. 그래서 내부의 위기 상황을 '예외 상태'로 규정짓고 이를 타개하기 위해 초법적 권력을 행사하게 되는데, 이 논리로 보면 교회주의는 교회, 정확히 교회 확장에 방해되는 자를 적으로 보고 적이 괴멸될 때까지 전쟁(종교재판)하는 것이야말로 교회의 의무가 된다. 부끄럽게도 중세기에나 가능할 미개한 일이 1992년 감리교단에서 벌어졌다.

4

"저는 이곳을 떠나야 하게 되었습니다. 저의 삶에 있어서 감리교신학대학은 나의 삶의 전부였기 때문에 내 고향 이북은 빼앗기고 내 마음의 고향은 감신대였기 때문에 새삼 떠난다는 것이 얼마나 괴롭고 고통⋯ 고통스러운⋯ 고통스러운 것인가를 저는 실존적으로 느끼게 됩니다."

변선환의 송별사이다.

1992년 5월, 감리교회는 변선환을 출교시켰다. 한마디로 종천지통(終天之痛). 변선환에게 있어서 대화는 신학의 '본디'다. 그는 현실과 현장에서의 도전해오는 문제를 회피하지 않고 그 문제에 정직하게 대면하고 응답한 신학과의 대화를 멈추지 않았다. 그 까닭에 위험을 무릅쓰고 예수 그리스도를 이해하는 방식에 대해서 솔직하게 묻기를 주저하거나 두려워하지 않았다. 그것이 한국교회를 위하는 일이요 살리는 길이기 때문이다. 그렇게 부지런한 변선환을 통하여 우리는 세계의 신학 담론을 죄다 얻어들었다. 그래서 김용옥은 변선환의 텍스트는 신학 그 자체라고 평가한다. 그는 참 신학자였고, 할 말은 하는 사람이었다. 그러나 무엇보다도 그는 통이 아주 큰 사람이었다. 근본주의자들이 적/동지로 교회를 나누고 전쟁을 벌여도 변선환은 '리이벤다 캄프(Liebender Kampf), 사랑하면서의 투쟁'을 통하여서 차이를 기준으로 아(我)와 비아(非我)로 나눠 통제하려는 이원론적 생각을 극복하고자 하였다. 사랑의 휴머니즘 안에서 변선환에게는 적도, 동지도 없다. 한마디로 정치적이지 않았다. 배신하고 배신당하는 사이가 아니라 '사랑하면서의 투쟁' 사이일 뿐이다. 그래서 변선환은 자신을 죽이려고 한 그 자리에 책을 한 보자기 들고 와서 마지막 강의하였다. 과연 변선환은 열린 신학자요, 교회 울타리 안에 매어둘 수 없는 큰 사람이다.

변선환이 떠난 오늘 기독교인은 교회 울타리 안에서 빙빙 돌고 있다. 교회 안에 있어도 무언가 불안하다. 내 생각이 나를 교회 밖으로 당장 내칠 수도 있다는 불안이 항시 내 생각을 감시하고 검열한다. 교회를 따르지 않으면 언제든지 배제당할 수 있다는 공포! 교회 안에 있어도 교회로부터 보호받지 못하는 존재, 벌거벗은(벗긴) 사람 호모 사케르. 사람을 항상 불안하게 만드는 교회는 생각의 싹을 자른다. 교회는 나도 벌거벗길까 두려워하는 자의 수용소이다. 그 결과로 교회는 지금 어떠한가? 교회는 오답을 정답으로 착각하거나 정답이라는 확신도 없이 교회 뒤를 따라가는 눈먼 자들로 가득 채워지고 있다는 게 내 판단이다. '더 많이'라는 자본주의 속성에 깊이 직결된 한국교회는 세상을 어떻게 편리하게 살아갈 것인가의 방법을 가르치는 속물 신학에 만족하고 주저앉는다. 교회는, 교인은 그렇게 그 자리에 머무르고 말 것인가?

우리나라에는 끊이지 않고 흐르는 영성의 맥이 있다고 생각한다. 나는 이 영성의 맥을 제대로 살린 유영모와 함석헌을 좋아한다. 이들은 신채호의 "어찌하여 조선은 남의 뒤만 따르는가?" 하는 질책을 잘 소화한 분들이다. 두 분 다 '스스로 함'에 방점을 찍는다. 유영모는 '미정고'(未定稿)라는 말을 썼다. "아무리 옳고 바른 것이라 해도 아직껏은 미정고이고, 온전히 하려면 온 인류가 끝마쳐야" 한다는 것이다. "예수가 말하기를, 이다음 너희가 나보다 더 큰 일을 할 것이라하였다. 이것이 알 수 없는 말 같으나 예수 당신이 해놓고 간 것이

미정고(未定稿)이니까, 이것을 계승하는 후대의 사람이 더 큰 일을 할 수 있다는 뜻이다. 당신이 가까이하신 '하나'의 존재를 후대가 더 가깝게 마침내 보고 이르는 견지(見地)까지 갈 것이라는 말이다."

기독교 역시 아직 끝나지 않은 이야기를 이어가는 미정고의 종교다. 더 큰 일을 하기 위해 끝이 '열려 있는 종교'는 변선환 같은 '열린 신학자'를 요청한다. 그리고 변선환의 '열린 참'을 누군가는 이어받아야 한다. 함석헌은 "누가 이 참의 바통을 받을 것인가" 하고 우리에게 물었다. "인생의 역사는 릴레이 경주와 같다. 날 때는 바통을 받아들고 달리기 시작하는 것이고, 갈 때는 다음 사람에게 넘겨주어야 한다. … 저 사람에게 암만 줘도 못 보면 소용이 없잖아? … 저 사람도 아무리 뛴다 해도 바통 받아쥐지 않고 뛰면 소용이 없다." 이제 우리의 큰 스승들은 우리에게 묻는다. 누가 이 바통을 받아쥐고 달릴 것인가?

나는 감히 말한다. 변선환을 출교시킨 감리교회는 얼간망둥이다. 타락한 교회들이 많아서 그를 내친 게 아니다. 교회 자체가 타락했다. 이용도의 영성을 내친 교회가 변선환의 이성도 죽였다. 교회는 바른 신앙도 버리고, 바른 이성도 닫았다. 지금 교회는 믿기 위해 이해하지도 않고, 이해하기 위해 믿지도 않는다. 한마디로, 생각하지 않는다. 함석헌이 "생각하는 씨알이라야 참이다" 하였으니 변선환을 죽인 감리교회는 참이 아니다. 우리는 참을 얻어들어야 사는데, 들어야 할 참을 막았다. 이제 이용도를 살렸으니 변선환을 살려야 한다. 그리고 그가 넘겨주려고 세차게 흔든 그 바통을 귀히 받아 어서 힘차게 내달리자. 그가 바통을 물려주고 떠나며 가리킨 곳은 어디일까?

우리는 그의 손가락을 바라보기보다는 그가 가리킨 곳으로 후학들은 나가야 하리라.

올해 내 나이가 그분이 돌아가신 나이와 같다. 나에게 낡고 편협한 교리에 갇힌 교회의 울타리를 넘고서 더 큰 영성으로 인도하여 준 변선환 선생님 영전에 깊이 고개를 숙인다. 그리고 글을 부탁하신 이정배 교수님께 감사드린다.

착한 도살자들

김선주

대전 길위의교회 목사

진수네 마당에서 내 생애 첫 번째 겨울이 찾아왔습니다. 그 마당은 아들만 일곱을 낳아 기르던, 햅쌀 같은 미소를 가진 전 씨 아저씨의 다섯째 아들 진수와 내가 동무 되어 놀던 곳입니다. 겨울의 따뜻한 햇살이 제일 먼저 드는 남향받이라서 꼬맹이들이 강아지처럼 올망졸망하게 모여 꿍꿍이수작을 꾸미기 좋았습니다. 그곳에서 굴렁쇠를 굴리고 비석치기를 했습니다. 명절이나 정월대보름이면 마당 넓은 그곳에 마음씨 좋은 동네 아저씨들이 윷을 던지며 격의 없이 큰소리로 웃고 떠들며 놀았습니다.

잇몸이 환하게 보이도록 웃는 박 씨 아저씨, 언제나 불상처럼 자비로운 미소를 잃지 않는 경식이 아저씨, 골목에서 마주치면 머리통을 쓰다듬으며 따뜻하게 볼을 꼬집어주던 근종이 아저씨들처럼 마당은 자애로운 햇살로 가득했습니다. 그래서 진수네 마당은 뭔가 경사스러운 일이 있을 것만 같은 느낌으로 충만했습니다. 기분 좋은 일을 예감할 만한 곳이었습니다.

때문에 진수네 집 담벼락 밑에는 예쁜 꽃들이 피었습니다. 특히 마당 구석에 제법 품 넓게 콘크리트가 발라진 두레박 우물가엔 산수유꽃이 피었고, 봉숭아와 채송화, 맨드라미가 줄을 이어 피었습니다. 맑고 차가운 물이 두레박을 흔들며 어둠의 심연에서 올라오는 샘터, 목을 축이거나 등짝을 시원하게 씻기거나 발등을 뽀득뽀득 씻기는 그 찰진 물이 그곳에 꽃을 가꾸었습니다.

그런데 어느 날 큰 짐승이 사납게 울부짖는 소리를 따라 동네 조무래기들이 삼삼오오 마당의 우물가에 몰려들었고, 나는 그 무리에 섞여 있었습니다. 나는 그곳에서 큰 충격을 받고 말았습니다. 거대한 몸을 눕힌 돼지가 연신 소리를 질러댔고 자비심 없는 동네 아저씨들은 기어이 그 소리를 끊어놓고야 말았습니다. 그 광경이 너무 무섭고 두려웠습니다. 우물가에 피어난 꽃에 핏물이 튀었고, 꽃잎들은 고통으로 울부짖는 한 생명의 죽음을 머금고 침묵한 듯했습니다.

1

비통하게 죽어간 돼지보다 더 끔찍한 것은 도살자들의 평안한 얼굴이었습니다. 다정하고 친절한 아저씨들이 한순간 잔혹한 도살자로 변신하여 태평한 모습으로 타자의 생명을 끔찍하게 살해할 수 있는지에 대해 어린 나는 이해할 수 없었습니다. 그것은 놀랍고 무서운 광경이었습니다. 다정하고 푸근한 미소를 지닌 아저씨, 상냥한 목소리를 가진 건넛마을 새댁들이 햇살 같은 웃음을 마당 한가득 쏟아내며 타자를 학살하는 일을 공모하고 그 일에 동참하고 있다는 게 더 무서웠습니다. 착한 사람들의 내면에서 끔찍하고 잔인한 학살자의 모습을 본 것이 내가 세상에서 처음 경험한 정신적 쇼크였습니다.

그것은 아무런 죄책감 없이 타자의 생명을 잔혹하게 살해하여 먹어버릴 수 있는 권리가 천부적으로 '우리'에게 주어졌다는, 오래된 악습의 결과였습니다. 가장 윤리적이고 따뜻한 사람, 친절하고 자애로운 미소를 가진 사람들 안에 야만적인 폭력성을 너무 일찍 보고 말았던 것입니다. 그것은 아직 눈이 뜨이지 않은, 새싹 같은 영혼에 큰 상처를 줄 만한 사건이었습니다. 하지만 그것은 어린 영혼이 성장하면서 만나게 될 선한 폭력 구조의 예시(豫示)에 불과했습니다.

내가 당연하다고 생각하고 먹는 모든 먹거리 안에, 내가 당연하다고 받아들이는 모든 도덕적 명분 아래, 당연하다고 믿는 반공 이데올로기 아래, 내가 옳다고 믿는 종교적 신념 아래 이미 거대한 야만과 폭력성이 내재해 있었던 것입니다. 그 거대한 폭력 구조는 초등학교에 들어가면서부터 내 몸으로 찾아왔습니다. 줄 맞추어 걷기, 앞으로나란히, 차려, 열중쉬어 같은 것들이 가시처럼 몸을 찌르고 들었습니다.

착한 엄마와 성실한 아버지의 신앙 유전에 따라 교회학교를 다니며 아무 의심 없이 믿어왔던 하나님 때문에 전쟁과 학살이 일어났고, 마녀로 지목되어 불태워 죽임을 당했고, 교리적 이해가 다르다는 이유로 추방당하고 고통에 이른 사람들을 알게 되면서 나는 가시에 찔리는 아픔을 다시 만나게 됐습니다. 그것은 타자의 생명을 웃는 얼굴로 잔혹하게 학살하던 동네 아저씨들에게서 받은 충격의 반복이었습니다. 교회 다니는 사람들은 다 착하고 선량한 그리스도인들이라는 생각에 균열이 가기 시작한 것입니다. 오직 우리에게만 구원이 있다는 그 생각 때문에 얼마나 많은 사람이 추방되고 살해되었는지, 그 보이지 않는 구원의 경계선을 만드는 사람들의 야만적 폭력성을 보게 되면서 나는 기독교인임을 포기해야 했습니다.

2

내가 먹는 음식 가운데 얼마나 많은, 선량한 폭력이 내재해 있는지 알게 되면서 채식주의자가 되기를 생각할 때처럼 지금 내가 가장 옳다고 믿고 있는 이 교리 안에 얼마나 많은 야만과 폭력이 내재해 있는지, 얼마나 많은 형제의 피가 묻어있는지를 생각하게 되면서 나는 기독교인이 되기를 포기해야만 했습니다. 내가 아는 교리적 타당성은 폭력과 야만에 대한 면죄부였습니다. 사랑을 위해서 사랑을 포기하고 구원을 위해 구원받지 못할 사람처럼 폭력을 휘두르면서도 사랑과 구원을 떠드는, 그 착한 폭력성을 견디기 어려웠습니다.

이런 집단일수록 다른 견해를 가질 권리를 인정하지 않습니다. 정치적 야만성과 종교적 야만성은 다른 견해를 가질 권리를 존중하지 않는 데서 옵니다. 그래서 기독교가 전파되는 곳마다 전쟁과 학살, 갈등과 분열이 일어났던 것입니다. 이 사실을 알게 됐을 때, 내 안에서 생각이 자라나기 시작했습니다. 내가 믿고 있는 예수가 진짜 예수인가, 내가 당연하다고 믿고 따랐던 기독교적 가르침만이 절대적인 진리인가, 교회만이 온전한 구원 기관이며 기독교만이 독점적으로 하나님을 소유할 수 있는가 등 뼈아픈 질문이 내 안에서 자라기 시작했습니다. 하지만 교회 안에서는 그 질문을 할 수도 없었고, 그에 대한 답을 들을 수도 없었습니다. 교회는 다른 견해를 허용하지 않았습니다.

3

내가 기독교인임을 포기할 무렵 언론을 통해 변선환 교수님의 사태를 알게 됐습니다. 뉴스를 전하는 언론은 기계적으로 중립을 지켰지만 그것은 다른 견해를 허용하지 않는, 폐쇄적인 한국 개신교회의 일면을 풍자하는 듯한 뉘앙스를 가지고 있었습니다. 나는 그때 신학의 영역에서 멀리 떨어진 곳에 살았기 때문에 언론을 통해 전해 들은 변선환 교수님의 이단성에 대해서는 크게 관심이 없었습니다. 다만 끊임없이 누군가를 이단으로 내몰고 정죄하는 방식은 이미 한국의 정치사에서 반복되던 패턴이었기 때문에 그런 맥락이리라는 막연한 추측만 할 뿐이었습니다.

정치적 이단성과 종교적 이단성이 크게 다르지 않을 것이라는 점을 막연하게 생각하였습니다. 정적을 제거하는 독재자들의 악마성과 교리적인 견해의 차이가 다른 이를 제거하는 악마성이 다르지 않을 것이라는 점은 이미 역사에서 수많은 사건을 통해 확인한 바이었습니다.

하지만 변선환 교수님은 단순히 다른 견해를 가진 학자가 아니었습니다. 그는 우리 안에 있는 착한 폭력성의 기만과 위선을 정면으로 마주 보고 고발했던 것입니다. 그는 구원의 경계선을 설정하고, 그 경계선을 지키며 먹고 사는 직업 사제들을 향해 신앙의 양심으로 외친 분이었습니다. 다른 의견을 가질 권리로서 학문적 견해를 말했던 게 아니라 우리 안의 착한 폭력성을 고발한 것입니다.

이천 년 전 예수를 고발하고 살해했던, 착한 도살자들의 망령이 30년 전에 다시 살아나 그를 십자가에 못 박은 것입니다. 변선환 교수님은 자신을 향한 비수를 피할 수 있었지만 피하지 않았습니다. 그런 면에서 그는 자기 십자가를 스스로 지고 갔던 예수의 참된 제자였습니다. 거짓과 위선으로 선(善)을 가장한 자들의 '착한 폭력'을 온몸으로 받으며 죽어간 것입니다. 순진한 교인들을 살해의 공범으로 만들어 그에게 돌을 던지고 침 뱉게 했습니다.

4

이후로 여차저차하여 늦깎이로 신학을 공부하고 감리교 목사가 되는 과정에서 나는 진수네 마당에서 받은 충격과 같은 낯선 경험들을 교회 안에서 여러 차례 겪게 됐습니다. 작고 사소한 지방회의 감리사 직책만으로도 횡포를 부릴 수 있는 권력 구조를 경험했고, 그 권력 구조의 상부에 있는 사람이 나쁜 마음을 먹으면 얼마든지 다른 견해를 가진 목회자나 신학자를 살해할 수 있는 힘이 있다는 걸 알게되었습니다. 하나님의 이름으로, 교리 수호의 명분으로, 교회의 이름으로, 착하고 선한 척하는 종교인의 웃는 낯으로 한 사람의 신앙 양심과 학문적 자유를 살해할 수 있다는 것을 알았습니다. 변선환 교수님은 착한 도살자들에 의해 잔인하게 파문당한 것입니다.

하지만 용기 있는 한 사람의 신학자가 억울한 죽음을 당했다는 데 비통함을 느끼는 것보다 선하게 웃는 낯으로 타인의 신앙 양심과 학문의 자유를 도륙하는 그 위선적인 집단의 만행에 대한 분노가 더 컸습니다. 더군다나 금권(金權)을 휘둘러 그런 짓을 자행하고, 순진한 교인들을 동원해서 공범으로 만드는 정치적 행위에 환멸과 혐오가 몰려왔습니다.

뭔가 경사스러운 일이 일어날 것 같은 예감으로 충만했던 그 마당처럼, 어릴 적부터 영적 감흥으로 충만했던, 교회의 이름으로 벌인 일이라는 점에서 교회에 대한 환멸이 급습했습니다. 교회를 살리기 위해, 교회의 성장과 발전을 위해 예수, 진리보다 교회가 우선인 이 시대 교회 사제들이 벌인 '착한 폭력'이었습니다. 자애로운 미소를 짓던 선량한 이웃들이 갑자기 도살자가 되어 타자의 생명을 강탈하듯이 그 충격적인 사건을 교회의 이름으로, 아니 예수의 이름으로 저지른 것입니다. 예수를 위해서 예수의 마음을 짓밟은 것입니다. 교회는 착한 도살자들의 부족 연맹체가 되었습니다.

그래도 변선환 교수님은 교회 너머에 있는 교회를 보았습니다. 이것이 그의 학문과 신앙 양심이 살해된 이유라면 그는 부활할 것입니다. 교회가 베어진 그루터기에서 그의 꿈과 학문이 다시 새싹을 틔울 것입니다. 나도 그 하나의 새싹이고 싶습니다.

4부
──
기억과 추억
── 변선환 선생과의 만남

변선환 교수, 종교재판 30년 속 이야기

김준형
반석교회 원로목사

살아가면서 끊임없이 질문하는 것이 한 가지 있다. "참사람답게 사는 것이 어떤 것일까?"

사람이란 말 어원을 찾아보면 "얼굴을 하늘 향해 둔다"는 뜻이 있다. 사람이 땅만 보고 살아서는 아니 된다는 것이다. 옆을 보며 사는 것 역시 짐승의 일일 뿐 사람 사는 일은 아니란 말이다. 신앙이란 것도 하늘 우러른다는 뜻일 터인데 그 이름으로 폭력, 살인 그리고 전쟁을 일으켰던 것이 교회 역사 속에 상당히 많다. 내 신앙과 맞지 않으면 일말의 가책 없이 사람 생명을 무참하게 짓밟아왔던 것이 기독교 역사의 일면이다.

종교재판의 이름으로 지난날 감리교회에서 변선환 교수, 홍정수 교수를 출교시킨 일은 분명히 잘못된 일이다. 대학 교수가 학문적 자유를 상실한다면 교수 삶에 무슨 의미가 있을까? 적당한 처세술로 인기 놀음이나 하고 살 경우 개인적으로 득이 많을 수 있다. 하지만 그것은 교수 본분에 어긋나는 일이다. 진리는 적당히 버무린 비빔밥과 같을 수 없다. 자기가 믿은 진리 때문에 심지어 죽음도 감수할 수 있어야 하는 것이다. 지구가 평평하다 믿던 시대에 둥글며 태양을 돈다고 말해 지탄받은 이야기는 이제 과거사가 되었다. 그럼에도 그 비슷한 일들이 최근에 반복되고 있으니 걱정스럽다. 누가 누구를 정죄할 것인가? 사람은 사람을 긍휼히 여겨 돌보고 사랑할 뿐 정죄할 권리는 애당초 없다.

1

변선환, 홍정수 교수의 출교가 선포된 이후에 이를 반대하는 성명서가 작성되었고, 당시 감신대 대학원 동문회장이었던 나는 그 성명서에 이름을 올렸다. 교회 권력의 힘으로 신학대학 교수들을 출교시키는 것을 정당한 처사라 여기지 않았던 탓이다. 그 파장은 의외로 컸다. 당시 서명자들은 교회적 힘도 갖지 못해 힘이 없었고, 다수에 밀리는 소수자였다. 당시 나는 충주에서 교회를 개척하고 나름대로 대지 구입과 교회 건축을 위해 열심히 목회하던 중이었다. 왕성한 목회 열정을 나름대로 불태우던 시기였다. 이런 일들이 좋게 소문나서 서울 강남 지역의 큰 교회 담임자 청빙의 기회를 얻을 수 있었다. 선배 목사께서 나를 추천했고, 그 교회 장로들과의 면담 기회를 얻었다. 그 자리에서 장로 한 분이 내게 첫 질문을 했는데 반대 성명서에 관한 것이었다. "변선환 학장 출교 반대 성명서에 이름을 올렸는데 도대체 어떻게 된 것인가?"를 물어왔다. 당시 나는 단호하게 대답했다. "벌써 몇 년 지난 일이지만 그때나 지금이나 제 입장은 같습니다. 만약 당시 반대 성명서 이름 올린 것이 교회 청빙에 걸림돌이 된다면 저는 이 교회 담임자의 길을 포기하겠습니다." 이후 그 교회 담임자는 다른 사람으로 결정되었고, 다소 심기 불편했던 나는 혼자서 중얼거렸다. "강남 지역 큰 교회 담임 목사 된다고 명예가 생기는 것이냐, 부귀영화를 누릴 것이냐?"라고.

2

충주에서 감리사로 재직할 때의 일이다. 나와 군목 생활을 함께 했던 기독교장로회 소속 S 목사가 내게 말을 건네 왔다. "감리교 목사는 원칙도 없는가?"라며 말이다. 무슨 소리인지 이야기를 듣고 보니 너무도 웃기는 일이 발생했던 것이다. 기장교회 연합집회 강사로 김홍도 목사를 초청하였다. 집회 도중 교인 중 몇몇이 담임목사에 대한 불평을 했던 것인데 그 소리에 응해 교인들에게 다음처럼 해결책을 제시했다는 것이다. 답인즉슨 "그 교회에서 나와 별도로 개척하라"는 것이었다. 집회 강사의 말을 따라서 교회를 떠나 개척 교회를 시작했고 새 간판을 달았는데, 그 교회 이름이 '충주 금란교회'였다. 연합집회 강사 목사가 시무하던 교회 이름을 그대로 빌려 온 것이다. 나는 즉시 김홍도 목사에게 항의 편지를 보냈다. "나는 당신 같은 목사를 옳게 여길 수 없다. 감리교회 간판을 달고 교회를 세우려면 지방 감리사와 실행위원들의 결의가 있어야 하는 것이 법이자 순서인데 이를 어긴 당신은 법 위의 무법자가 아니냐?"고 물은 것이다.

내 편지를 받고 이의가 있으면 감리사인 내게 전화하라는 말도 남겼다.

얼마 후 김홍도 목사 교회에서 부목사로 일하는 후배 목사를 만났다. 그가 전해준 말은 더 놀라웠다. "형, 우리 담임목사가 형의 편지를 받고 사무실에서 방방 뛰며 난리법석을 떨었어요. 김준형이가 어떤 놈이냐고 난리를 피웠지요!" 내게 전화하라 했는데 전화 한 통 없이 동료 목회자들 앞에서 난리를 떨었다 생각하니 기가 막혔다. 결국 두 달이 채 지나지 않아 그 교회 간판이 내려졌다. 초법적인 무법자를 용납할 수 없었던 까닭이다. 본인 스스로는 무법자로 살면서, 원칙 없이 행하면서 자기 마음에 안 드는 사람을 쫓아내는 악한 존재가 어찌 목사일 수 있다는 말인가?

종교재판의 아픔도 30년 역사를 갖게 되었다. 대심문관으로 군림하던 당시 목사들도 세상을 떠났고, 재판 당사자인 우리 선생님도 세상을 뜨셨다. 이제 다시 물을 수 있다. 누가 진정한 목사였을까? 어떻게 사는 것이 사람답게 사는 것일까? 돈과 권력으로 신학자들 출교시키고 큰 업적을 세운 것처럼 자랑하는 것이 옳은 일이었을까? 누구든 긍휼히 여기며 감싸주고 품어 주는 것이 목자의 진정한 길이자 삶이라고 생각한다.

3

나는 경기도 이천에서 목회하면서 취미생활로 토끼를 키웠다. 테니스를 치던 친구가 토끼 세 마리를 준 것이 계기였다. 나는 토끼를 교회 옆 폐막사에서 정성껏 키웠다. 번식력이 강해서 얼마 되지 않아

25마리로 증가했다. 칡넝쿨을 열심히 베어다 먹이며 사랑으로 돌봤다. 어느 날 놀라운 것을 발견했다. 어미가 새끼를 낳으려고 땅을 골라 제 털을 뜯어 새끼 낳을 자리에 펼쳐 놓는 것을 본 것이다. 그 모습을 보며 나의 목회상을 반추, 비교하게 되었다. 토끼만도 못한 목회를 한 것이 아니었는지 생각하게 된 것이다. 교인들을 그처럼 아끼고 사랑해 보았는가? 내 목숨을 바치면서 최선을 다했었는가? 그런 생각에 이르게 되었다.

몇 년 전 은퇴를 앞둔 시점에서 교우들에게 고백한 말이 기억난다. "목회 시작 시부터 마치는 이 시점까지 병원 신세를 진 적이 없습니다. 아파 입원을 한 적도, 수술한 적도 없었습니다. 그러하니 환자들의 진짜 고통을 제대로 알 수 없었습니다. 수없이 환자 심방을 했고 그들을 위해 기도했지만 너무도 피상적이었습니다"라고….

독일어를 공부하다 커피에 대해서 아주 세밀한 표현이 있는 것을 보았다. "커피는 지옥처럼 뜨거워야 하고, 흑판처럼 빛이 새까매야 하며, 천사처럼 순수해야 하고, 사랑처럼 달콤해야 한다." 과연 나는 얼마나 뜨겁게 삶을 살았고, 얼마나 순수하게 삶을 살았고, 얼마나 달콤하게 사랑하였을까? 은퇴 후에 돌아보니 너무도 부족한 것뿐이다. 그러나 후회는 없다. 진리 따라 사는 일에 최선을 다했고, 불의와 불법 앞에 맞서 싸웠기 때문이다. 그것이 변선환 선생님 때문이었으나 내 존재 이유가 되었다. 남을 돕고 베푸는 일에 앞장서려 했기에 이 글을 쓰는 순간에도 후회 없으니 하늘에 감사하다.

나의 스승님, 변선환 선생님!

방영식

종교평화연대 대표, 목사

어느새 30년 세월이 흘렀구나. 한국 감리교단에서 원치 않게 종교재판에 내몰리고 정죄당하고 추방당하실 때 얼마나 한탄스럽고 마음이 아프셨을까. 생각만 해도 가슴이 먹먹해진다. 당시에 변 박사님을 단죄하는 일에 앞장섰던 그때 그자들은 지금 어디서 무얼 하고 있는지⋯. 그따위 재판이 지금도 정당하고 잘된 일이라고 생각할 것인지⋯. 아마도 당시 재판에 참여했던 이들은 자기들의 공적으로 착각하고 있을지도 모를 일이다. 왜냐면 확신범들은 끝까지 자신들의 확신을 여간해서는 돌이키기 힘들 것이니. 나는 당시에 마치 마녀사냥을 하듯 길길이 날뛰며 입에 거품을 물고 선생님을 성토하며 끝내 감리교단에서 축출시키는 광경을 지켜보면서 감리교회 소속 목사가 된 것이 한없이 부끄럽고 후회스러웠다. 문제는 그만큼 세월이 지난 지금도 교단의 상황은 별로 나아진 것이 없지 않나 싶다. 왜냐면 요즘 한국 감리교회가 WCC를 탈퇴할 것을 요구하는 정치적인 압력에 또 시달리고 있으니 말이다.

1

나는 인천에서 중·고등학교를 마친 후, 부산으로 내려가 대학을 공부하였는데 그때 다녔던 교회가 시온중앙감리교회였다. 나중에 알고 보니 그 교회와 변선환 선생님은 깊은 인연이 있었다. 피난 시절, 변 박사님도 부산으로 내려와 지내실 때 출석한 교회가 바로 시온교회였기 때문이다. 당시 초대 담임자가 한승호 목사님이셨는데 변 박사님께서 그런 말씀을 하셨다. 피난 시절에 부산에 내려와서 시온교회를 건축할 때 당신께서도 직접 벽돌을 쌓으면서 교회를 지었노라고….

나는 부산에서 대학을 졸업 후, 다시 감신대로 편입학하여 신학을 공부하게 되었고, 세월이 흘러 거의 40년 후에 부산 시온중앙교회의 담임자로 초빙받아 가게 되었다. 변 박사님이 종교재판을 받을 당시 시온중앙교회의 담임목사였던 고(故) 정영문 목사님은 교계 신문에 공개적으로 당시의 종교재판을 비판하는 성명서를 실었다. 아마도 감리교 목회자로서 반박문을 내면서 변 박사님을 끝까지 옹호해준 목회자는 부산의 정 목사님이 아니셨을까 싶다. 그런데 내가 알기로는 아무도 거기에 반박하거나 대항하는 사람이 없었던 걸로 기억한다. 알고 보니 정영문 목사님은 북한에서 성화신학교를 졸업한 변 박사님과 같은 동문이었고, 그 후 한승호 목사님의 후임으로 부산 시온교회의 담임목사로 오셨으니, 두 분은 아주 친밀한 친구와 동지처럼 지냈고, 사상도 서로 통하는 사이였다. 정영문 목사님께서 부산에서 종교평화회의를 창립하게 된 것도 변 박사님의 영향이 컸던 것이 아닐까 싶다.

예전에 가끔 정 목사님이 서울에 올라오시면 변 박사님과 함께 신촌에 있는 냉면집에 들러 식사하실 때 이따끔 동석할 때도 있었는데, 이제는 두 분이 모두 유명을 달리하셨으니 이래저래 그리움으로 남아 있다.

나는 변 박사님께 신학을 공부한 제자로서 남다른 자부심을 지니고 있다. 대학원 시절에는 선생님의 지도로 '아시아 신학'을 공부하였는데, 송천성, 피어리스, 칸텔 스미스, 폴 니터 등 다양한 진보 신학자들을 접하면서 자연스럽게 신학적 시각을 넓히고, 깊이 있게 이해하게 되었다. 어디서든 누구를 만나든 내 스승님, 변 박사님을 만나게 된 것을 자랑하고 존경을 드리는 편이다. 하지만 변 박사님께 공부한 사람 중에 상당수는 아직도 변 박사님의 신학을 비판하고 성토하는 것을 볼 때 안타깝기 그지없는 노릇이다.

2

1989년도 서울 마포지방에서 목회할 때였다. 변 박사님으로부터 전화가 왔는데 마침 감신대에서 미국 시카고 게렛신학대학원과 조인 프로그램으로 목회학 박사과정(D. Min.)이 개설되었으니 거기 응시하라는 말씀이었다. 나는 솔직히 그때 상황이 교회에 막 부임해온 터라 감히 공부할 엄두를 내지 못할 때였다. 그래서 이런저런 핑계를 대며 사양하였다. "지금은 제 목회 현장이 여의치 못해 당장 박사과정을 공부하기는 좀 그렇습니다…." 하지만 선생님은 또다시 강권하셨다. "방 목사, 너무 어렵게 생각할 것 없어. 달리는 호랑이 등에 올라타면 그냥 가는 법이야." 나는 선생님의 재차 격려에 용기를 내어 박사과정에 지원서를 내게 되었고, 시험을 치르고, 합격하여 결국은 선생님의 말씀대로 모든 과정을 마치고 게렛신학교 D. Min. 학위를 취득하게 되었다. 이 모든 것이 스승이신 변 박사님의 배려와 격려 덕분이었다. 내가 알기로는 감신대 교수님 중에서 변 박사님만큼 당신의 제자들에게 깊은 애정을 가지고 꾸준히 격려해주며 이끌어주신 분이 없을 것 같다.

그동안 변 박사님을 꿈에서 여러 번 뵈었는데 왜 자주 꿈에서 그분을 뵙는 것인지 알 수 없는 일이다. 꿈에서 본 변 박사님은 감신대 연구실에서 계속 공부에 열중하고 계셨다. 어쩌면 그 영향으로 나도 늘 손에서 책을 놓지 않고 독서를 즐기는 편이다. 거의 독서를 하지 않는 날이 없는 편이며, 좋은 책을 읽을 때는 늘 책에 밑줄을 치면서 정독하는 습관이 있다. 신학 서적 중에 얼마 전 감동적으로 읽은 책으로는 월터 윙크의 『참사람』과 『사탄의 체제와 비폭력저항』인데, 두 권 모두 감신대와 예일대를 나오신 한성수 목사님이 잘 번역해주셨다. 얼마나 자주 거듭해서 읽었던지 책이 거의 너덜너덜해져 버렸는데, 그 책을 한국기독교연구소에 기증해주면 대신 새 책을 몇 권 선물로 증정해주겠노라는 제의도 있었지만 어림없는 일이다. 책 모서리에 내가 수시로 적어놓은 메모들이 있어 책에 대한 남다른 애정이 담겨 있는 것 같다. 나는 감히 오늘날 목회자들에게 좀 더 깊은 독서를 통해 사고의 저변을 넓혀 가보라는 권유를 해주고 싶지만 글쎄다, 요즘 목회자들이 어떤 생각을 하며 어떤 분야의 책들을 주로 읽고 있을지….

내 머리맡에는 항상 책들이 놓여 있어서 자다가 깨면 우선 먼저 손이 가는 것이 책이다. 많은 독서의 덕분인지 갈수록 생각이 유연해지고 커지는 것을 실감하게 되고, 어쩌면 그것이 깨달음으로 가는 길이 되는지도 모르겠다. 내가 누리는 행복 중에 분명한 하나는 책을 읽는 즐거움이다. 왜냐면 독서를 하게 되면 항상 생각을 더 하게 되고 성찰하는 계기가 되기 때문이다.

3

어느 날 꿈에선 변 박사님께서 아주 건강하고 말끔한 젊은 신사의 얼굴로 나타나기도 하셨다. 나는 그 꿈을 통해서 아마도 사람이 죽은 후 저세상에 가면 이 세상의 병고나 늙음이란 것이 없나보다고 생각하게 되었다. 다른 꿈에선 내가 자전거를 타고 언덕을 조심스럽게 내려가는 데 변 박사님께서 나에게 그런 말을 해 주신다. "자전거 브레이크를 놓고 그냥 내려가라, 마!" 그 당시 내가 아마도 매사에 너무 신중하고 조심하였던 터였나 보다.

또 한번은 꿈에 변 박사님의 특별 강연이 있다는 소식을 듣고 그 강연에 참여하려고 찾아가는데, 길가에는 행사를 알리는 플래카드가 걸려 있었다. 거기에는 "21세기 과학문명 시대에 광대무변의 종교"라는 강연 주제의 글귀가 쓰여 있었다. 행사장에는 사람들이 인산인

해를 이루고 있었는데, 변 박사님이 나를 보시고는 "방 목사, 너도 왔나?"라며 웃으셨다. 비록 꿈이기는 하지만 그때 변 박사님의 강연회 제목은 지금까지도 내 마음에 아로새겨있는 것 같다. 왜냐면 21세기 과학 문명의 시대에는 시대정신에 맞는 종교적 성숙과 탈바꿈이 절대 필요하다고 보기 때문이다. 당시 신학교에서 공부할 때는 미처 몰랐는데 변 박사님한테 받은 신학적 사상적 영향은 평생에 미치고 있는 것이 사실이다.

앞서도 언급했지만, 감신대에서 함께 배운 여러 목회자 중에 감신대를 격하시키는 말을 하는 이들이 있다는 것이 안타깝다. 그들의 주장은 대동소이하다. 소위 신학교에서 배운 것들은 목회 현장에 맞지 않기 때문에 학교를 나오자마자 모두 내버려야 한다는 논리이다. 과연 그럴까? 내 경우에는 그 반대였다. 변 박사님께 배운 폭넓은 신학적 사고와 지식을 목회 현장에 조금씩 반영하면서 내 나름의 목회를 해오는 데 도움이 되었기 때문이다. 그런 점에서 나는 감리교신학대학에서 공부한 것에 대한 고마움과 자부심을 지니고 있는 것이 사실이다.

변 박사님께 영향받은 열린 종교 문화 신학은 그 후 다석 류영모를 접하고 나아가 불교, 유교, 힌두교의 여러 경전을 공부하면서 내면이 더욱 심화되가고 성숙해갔다. 또 변 박사님이 대학원 강의 시간에 소개해 주신 Donal Dorr의 『영성과 정의』(*Spirituality and Justice*)는 그 후 목회 현장에서 내면의 영성 생활과 사회정의 운동 간에 균형을 이루는 데 큰 영향을 주었다. 아마도 그 영향으로 예수살기의 전국 상임의장도 맡게 된 것이 아닐까 싶기도 하다.

4

존경하고 사랑하는 나의 스승님! 가끔 선생님이 살아계셨으면 얼마나 좋았을까 할 때가 있었다. 선생님이 오늘의 내 목회 현장을 보신다면 뭐라고 하실까? 아마도 분명 칭찬을 아끼지 않으셨을 것 같다. 나는 오랫동안 해마다 성탄절에는 이웃 종교의 지도자분들, 스님과 원불교 교무님들을 모시고 함께 축하 예배를 드리고 있다. 물론 해마다 부처님 오신 날에는 내가 이웃 절에 찾아가서 등을 달고 축하 노래도 부르면서 종교 간의 화합과 평화운동을 현장에서 실천해오고 있기 때문이다. 부산은 특히 보수파가 대세인지라 나의 이러한 종교 간의 교류와 평화운동을 잘 이해하거나 납득하지 못하는 연고로 나를 향해서 종교다원주의자, 혼합주의자 등등 상당한 비판도 있기도 하다. 하지만 어쩌랴! 그들의 눈으로 보면 내가 그렇게 비추는 것을 …. 물론 이로 인해서 불이익을 당하는 경우가 없지는 않지만, 지금까지 걸어온 내 길을 바꿀 필요도 없을 뿐 아니라 마지막 남은 길은 더욱 폭넓게 이웃 종교와 소통하면서 함께 공동선을 꿈꾸며 활동해 갈 작정이다. 그래서인지 주위를 돌아보면 내 주위에는 목회자들보다 스님들, 교무님, 신부님들과 더 자주 만나고, 더 깊은 교분을 맺고 지내는 편이다. 부산에서 종교평화회의, 종교평화연대, 종교평화포럼 등을 통해 통일 운동, 환경 운동, 복지, 민주화운동을 함께 해오고 있는 것도 선생님께서 보시면 껄껄 웃으시면서 칭찬해주실 것 같다. 변 박사님과 가까이 지내시던 강화도 심도학사의 길희성 교수님과도 자주 소통해오던 참이었는데, 길 교수님도 이제는 연세가 있으셔서 건강 상태가 안 좋다는 소식에 안타깝다.

하여튼 어느덧 세월도 30년을 지나면서 너도 가고 나도 가야만 하는 인생살이를 하고 있으니 모든 것이 꿈을 꾸는 듯하다. 전에 서울에서 목회하고 있을 때 선생님 댁을 한번 방문한 적이 있었다. 점심시간이 되어서 선생님과 식탁에 마주 앉아 점심을 먹으려는데 선생님께서 나에게 식사 기도를 하라고 하신다. 그래서 극구 사양하는데도 끝까지 강권하셔서 하는 수 없이 내가 황송하게도 식사 기도를 하였다. 그날 선생님 댁을 방문하면서 내 노래를 녹음한 테이프를 들고 가서 틀어드렸는데 선생님은 내 노래를 들으시면서, "너 노래를 잘하는구나!" 하시면서 칭찬해주시던 모습도 떠오른다. 작년에는 내 나이 칠순을 맞아 콘서트를 열었을 때도 적지 않는 이웃 종교인들이 오셔서 축하해주었는데, 그때 변 박사님도 계셨으면 얼마나 좋았을까 싶다.

이 글을 쓰는 동안 지나온 발자취를 잠시 되돌아보게 되는데, 참으로 인생이 꿈만 같다. 언젠가 저세상으로 가게 되면 함박같이 웃으시는 선생님을 꼭 다시 뵙고 싶다.

종교재판으로부터 '종교간 대화' 금지의 여파

박성용
비폭력 평화물결 대표, 목사

필자는 감리교신학대학교 81학번으로 현재 시민사회 활동가로 살면서 이제 60대 중반을 넘어서고 있다. 학교 입학 당시에는 시위 정국이 한창이던 때여서 캠퍼스는 어수선했지만, 토착화와 종교 간의 대화에 대한 변선환 교수의 지적인 정직성과 신앙적인 헌신의 열정이 내게 깊게 다가와 그분의 강의를 즐겨듣곤 했다. 대학원까지 도합 6년간 감신 동산에 있으면서 두 가지 외부의 시선을 느꼈다. 하나는 독재정권하에서 민중신학이 호소하는 학문적 사치, 지식인의 사회참여에 대한 괴리감이었고, 또 하나는 감신대 학생들은 졸업 후 목회 현장에 도움 되지 않는 학문을 하고 있다는, 교회 부흥에 관심을 둔 일부 감리교 목회자들(주로 부흥단)의 비판이 그것이었다.

감리교회에서 청년기(고 최완택 목사가 내 신앙의 스승이셨다)를 보낸 나로서는 그러한 비판을 들으면서도 감신대가 지녀온 학문적 전통—감신대가 추구한 존 웨슬리의 전통—인 성서, 이성, 경험이라는 신앙의 잣대에 대해 깊은 애정을 가져왔다. 그리고 감신 청년으로서 당연히 미래의 감리교 목회자를 꿈꾸던 나에게는 신앙의 주체화로서 서구 선교사 등에 업혀 오신 하느님 이전의 한국 문화 속에 계신 하느님 찾기라는 토착화신학에 관해 그것이 감리교 전통이자 정통이라는 생각을 했다. 그러나 이러한 학문적 비평과 사유의 세계가 우리의 일상과는 어떻게 연결되는지는 상상이 잘 안되었다. 사유는 할 수 있지만 그것이 어떻게 실천될 것인가에 대해서는 여전히 무언가가 필요했고, 그것이 뭔지는 확실히 몰랐다.

그러나 미국에서 학위 과정을 마치고 귀국하여 한국 정부가 유네스코 국제기구를 유치한 유네스코·아시아태평양국제이해교육원 시민사회 실장을 맡으면서 종교와 인종 간의 대화가 아시아에서는 얼마나 생사와 관련되는 문제인지를 알게 되었다. 이는 현재 내가 활동하고 있는 갈등과 폭력에 대한 회복적 대화 모임 진행자이자 훈련가로서 또 가정, 시민사회, 학교 그리고 공공기관인 교육청과 경찰청 내의 학교폭력과 가정폭력의 대화 진행자로서 얻은 통찰에 있어서 대화가 차지하는 치유와 회복 그리고 공동체 구축의 비전이 얼마나 큰지를 여실히 체험하면서 더욱더 절감하고 있다.

1

유학에서 대화에 대한 신학의 흐름, 아시아의 종교 간 갈등의 현실 그리고 평화 훈련 단체에서 지난 20년간의 갈등과 폭력에 대한 대화 진행자로서의 경험은 고 변선환 박사의 대화에 대한 비전과 예언이 얼마나 2000년대에 들어와 중요해지고 있는지를 내 실천 영역에서 확인시켜주고 있다. 그런 점에서 교단에서 적절치 않은 종교재판 과정과 종교 간의 대화를 이단시한 판결은 한국 감리교의 미래를 차단하고, 사회에 대한 리더십을 제거하는 결정적인 판결로 다가오게 된다. 그러한 판결은 신앙으로서 진리에 대한 접근 방식인 대화의 중요성을 계시와 굴복이라는 일방적 신념화의 완고함의 길로 가게 할 뿐만 아니라, 시민사회의 삶에서 다름과 다양성에 관련하여 자기 일방의 주장과 비난의 고립된 인격을 고취시키기 때문이다. 그래서 감리교 신학적 유산을 역으로 퇴행시켰을 뿐만 아니라, 교회가 속한 이 사회의 문제와 현안들에 대해 소통의 리더십을 무력화하는 결과까지 가져오게 되었다. 왜냐하면 한국 사회는 국제 사회에서 찾아볼 수 없는 다종교의 신앙인으로 구성되어 있으며, 이미 가족과 친척 안에서 신앙의 차이가 끊임없는 분쟁의 요소를 일으키고 있기 때문이다. 뿐만 아니라 실제로 타 신앙을 지닌 시민으로서 거리와 지하철, 학교와 지역사회 그리고 각종 모임에서 불가피하게 만나고, 자신들의 신앙 언어를 일상적으로 나누고 있기 때문이다. 이렇게 공공 영역에서 소통 불가의 자기주장과 확신의 배타적 언어를 사용하는 사람들은 그 사회를 통합하기보다는 분열시키고 그것을 정당화하는 것을 당연하게 생각하여 공동성을 잠식시킨다. 우리가 어떤 것을 잃고 있는지에 대해 좀 더 구체적으로 성찰해 보면 다음과 같다.

첫째, 존 웨슬리의 진리에 대한 접근은 앞에서 말한 전통, 성서, 이성, 경험 간에 대화의 방식을 통해 선행 은총 안에서 기독자의 사랑의 실천으로서 사회적 성화를 이루는 것이었다. 종교재판의 이유로서 '종교 간의 대화'가 저주의 판결을 받았다는 것은 이제 감리교가 자신의 대화 원리를 포기했다는 것이며, 이는 성숙한 지성인이자 신앙인으로서 전 세계의 일반적인 감리교 문화를 포기하였다는 뜻이다. 대화는 자신의 독선을 피하고 자신의 진리를 확인하기 위해 신앙과 이념적 타자의 목소리를 필요로 한다. 타자는 위협이 아니라 자신의 것의 고유한 진리를 재확인시키고 소통 가능성을 찾는 성숙한 자세를 일으킨다. 종교 간 대화에 대한 금지로서의 종교재판이 지난 30년간 종교 권력을 행사하면서 나온 병폐는 감리교 정체성을 모호하게 만들었고, 종교 권력의 압력으로 인해 자신의 진실에 대한 보이지 않은 검증 시스템을 작동시켜 신앙의 자유와 발언을 지금까지도 침해하고 있다.

둘째, 신앙인으로서 우리에게 복음적 신앙의 태도인 하나님께 영광을 드리는 삶에 대한 오해를 증가시켰다는 점이다. 즉, 찬양과 예배의 직접적인 방식으로 하나님께 영광을 드리는 율법적인 방식 말고, 오히려 평화 구축과 화해라는 간접적인 방식으로만 가능하다는 점을 놓치고 있다. 마태 기자가 전한 "너희 빛을 사람 앞에 비추어 사람들이 너희 착한 행실을 보고 하늘에 계신 너희 아버지께 영광을 돌리게 하라"(5:16)는 예수의 말씀처럼 기도와 예배보다 평화와 화해 사역을 사람들에게 행하고 그들이 나의 행실이 선함을 인정함으로써 나는 하늘 아버지께 영광을 드릴 수 있다는 유대인과의 구별된 마태 공동체의 기독교 신앙을 우리는 놓치게 되었다. 유대인들의 규칙적인 기도와 금식 행위라는 예전보다 먼저 화해가 중요하고(마 5:24), 열매를 보아 그 나무를 안다(마 12:33)는 원시 기독교의 복음

이해로부터 우리는 이탈되고 있다. 이것이 원시 기독교 공동체가 기존의 유대교의 거룩한 백성 되기에 대한 새로운 이해이다. 즉, 화해와 평화 형성이 샬롬 통치를 향한 새로운 거룩함의 이해로 들어오게 된 것이다. 대화를 통한 협력은 그러한 원시 기독교의 복음을 잇는 정통을 지니고 있다.

셋째, 대화는 진리를 추구하고 공동체를 형성하는 유일한, 그래서 보편적인 방식이다. 즉, 대화는 하나님 자신이 성육신을 통해 인간과 대화하시고(요 1:14, "말씀이 육신이 되어 우리 가운데 계셨습니다") 또한 그리스도의 겸비(빌 2:7, "자기를 비워 종의 모습을 취하셨으며 사람이 형상을 입으셨습니다")를 배우는 기독교 제자직 수행의 수단이다. 십자가의 도 또한 화해의 도이다(엡 2:16, "서로 원수된 것을 십자가로 없이 하시고, 그 십자가를 통하여 둘을 한 몸으로 만들어 하나님과 화해하게 하시려는 것이었습니다"). 감리교인으로서 제자직은 이러한 성육신의 진리이자 화해의 진리를 사신 그리스도를 따름에 있다. 대화의 정신이 화해이고 샬롬의 구축이기에 종교 간의 대화를 이단시한다는 것은 스스로가 복음적 정통에서 벗어나고 있다는 뜻이기도 하다.

넷째, 신앙이 지닌 대화가 지닌 타자에 대한 존중과 경청의 근본 자세는 공공 영역과 공공선의 시민됨이라는 현대 생활에도 중요한 실천적 위치를 차지한다. 대화는 일상생활과 공공 생활에서 상대의 사회적 신분, 종교적 정체성, 나이, 성, 인종 등에 상관없이 판단하지 않고 상대방의 이야기를 잘 경청하고, 자신의 진심과 진실을 이야기하여 최선이 안내하도록 협력적인 인간이 되도록 하게 한다. 신앙인이 배타적이고 완고한 개인이 아니라 공공 영역에서 공공의 선을 위한 시민성을 지닌 리더십을 발휘하려면 최소한 판단과 거친 주장을 넘어 상대가 어떤 시민이든—종교인 포함— 상대의 진실을 듣고 그의 진심과 연결하여 대화하여 협력하는 시민 됨을 기독교인들이 갖추어야 한다. 특히 2010년대 스마트폰이 대중화된 '초연결시대'에 대화가 안 되는 사람은 사회에 큰 부담이 된다.

2

현재까지 나를 인도해 주신 하나님의 섭리를 볼 때 그리고 인류 역사에 전례 없는 코로나 시기와 인공지능(AI) 시대의 도래를 목도하면서, 30년 전인 1994년에 고 변선환 박사의 교단 축출의 구실이 종교 간의 대화를 이단화했다는 사실은, 한 감신 교수의 축출 문제가 아니라 감리교 미래의 리더십에 대한 대화와 화해의 길을 없애 버렸다는 점에서 감리교 정체성과 교단의 미래를 상실했다는 의미이다. 이는 중대한 오류이자 시대적 예언을 우리가 놓치고 대비하지 못했다는 사실을 이제야 목도하게 된다. 그리고 그 결과적인 교훈으로 우리는 표류하고 있는 감리교 리더십을 현재 목도하고 있고, 그 영적 에너지가 소진되어 감을 눈으로 직시하고 있다. 영적 비전을 상실한 감신대는 입학생들의 숫자를 공포하기가 민망할 정도로 줄어들었고, 코로나 이후 각 교회는 과거의 부흥 시기를 되찾을 수 없을 정도로 활력을 잃어가고 있으며, 특히 젊은 목회자들의 미래가 보이지 않게 되었다.

반면 현장은 점점 더 대화를 통한 돌봄 시스템과 소통의 리더십이 어느 때보다 중요해지고 전국적으로 활동가들이 번져나가며 몇몇 종교 지도자들도 이에 대한 관심을 보이기 시작했다. 가정, 이웃이 급속도로 해체되어 가는 작금의 상황에서 MIT대 교수였던 윌리엄 아이작스는 『대화의 재발견』 책에서 "앞으로 새로운 희망을 위한 행동의 4요소인 경청, 말하기, 존중, 판단유보라는 대화의 실천이 현재 기업, 국가, 조직이 가지고 있는 모든 문제의 희망"이라는 사실을 언급한 것을 주목할 필요가 있다. 이는 다양한 사람들이 속한 교회와 다양한 종교들이 저마다 자기주장을 하고 있는 갈등의 현실에서 중요한 보편적인 과제인 것이다.

3

종교 간의 대화라는 거대 담론까지는 아닐지라도 교회 내에서 대화가 필요한 상황은 얼마나 많은가? 예배 시간을 제외한 교인들 모임 시간에는 사방에서 수시로 갈등 상황이 벌어지고, 누군가는 입이 나와 교회를 떠나는 일들을 보게 된다. 그리고 가족 간에도 일어나는 수많은 갈등 상황 속에서 신앙이 별다른 효력을 발휘하지 못하고 있다. 이는 신앙을 확신과 주장으로 이해했기에 경청과 대화를 신앙의 내용으로 가져가지 못한 교회 리더십의 책임이 크다. 이 사회가 극도의 갈등 사회로 접어든 것도 극우 보수 기독교인들의 역할이 크며, 이들 중 적지 않은 이들이 1970~80년대 부흥사들의 설교에 익숙했던 이들이기도 하다. 그 당시에 나온 가톨릭 신학자 한스 큉이 『세계 윤리구상』에서 "대화인가 죽음인가"를 얘기한 것이 이제는 현실이 되어가고 있다.

문제는 변선환 박사가 제시한 비전이 결정적인 시대적 예언이었다는 것과 이것을 여전히 자각하지 못하고 있는 교단의 신앙 패턴과 완고함 그리고 여전히 위력이 있는 종교 권력의 위세가 점점 더 감리교의 미래를 암울하게 만들고 있다는 것이다. 30년 전에 잘못 끼운 단추 사건으로 전체가 이렇게 황망한 사태로 점점 가고 있다는 것은 참으로 슬프고 안타까운 일이다. 무언가 잘못되어가고 있고, 활력을 잃어가고 있음을 안다면, 이를 전환시키기 위해 무력적이고 일방적인 임기응변을 넘어 사상과 영적인 토대를 구축해야 한다. 사상과 영적 토대 구축의 우선적인 일을 잘못 끼웠던 단추 사건인 30년 전의 종교재판의 잘못에 대해 교단 내에서 겸허한 반성과 감리교 신학의 리더십을 세워야 가능한 일이다. 마틴 루터의 종교개혁에서 보듯이 진리는 숫자가 아니라 진실로부터 이루어진다. 진실이 묻히는 한 한국 감리교의 미래는 발전이 없을 것이다. 이에 대한 성숙한 자성이 일어나기를 간절히 기대한다.

별이 되신 선생님

이종찬
새소망교회 담임목사

나는 매일 밤 별을 볼 수 있는 인왕산 기슭 바우살이 골짜기에서 삽니다. 서울 한복판에서 누릴 수 있는 보기 드문 호사입니다. 아울러 일아(一雅) 선생님은 별을 볼 때마다 떠올리고는 하는 존재이구요. 별이 되신 선생님은 이 땅에서 그리 마뜩잖은 말년을 보내셨는데, 떠들썩한 종교재판으로 혹독한 곤욕을 치루셨지요. 그렇게 선생님은 동아시아 끄트머리 남쪽 모퉁이의 감리회라는 좁다란 울타리를 넘어서 20세기 현대사에서 길이 남을 별이 됩니다.

한 번은 대한기독교서회에서 선생님의 발자국을 돌아보는 두툼한 책을 펴낼 때, 외람되지만 필자도 한 꼭지 글을 올렸습니다. 그 책을 들고, 감리회가 어지러웠을 때 책임자로 뒷마무리하셨던 목사님께 인사치레 들렀지요. 부목사로 사역하며 오랜 인연이 있었기에 반갑게 맞아주시던 목사님은 여전히 선생님 생각에서 헤어나오지 못하는 필자를 딱하게 여기셨습니다. 또한 신학교 선지동산에서 함께

뒹굴었던 어떤 선배 신학자는 종교재판이라는 싸움판에 너무 매몰되는 바람에 정작 신학을 위한 에너지가 바닥나버렸다고 무척이나 안타까워하기도 했구요.

그런데 찬찬히 돌이켜보면 신학의 역사는 모름지기 일련의 재판으로 시작해서 재판으로 끝나는 법입니다. 그렇게 재판에 휘둘리고 헤매면서 어마어마한 에너지가 재판을 둘러싸고 한꺼번에 블랙홀처럼 몰려들고요. 그러다가 생각지도 못한 새로운 은하계가 탄생하니까 말입니다. 그래서 일아를 회고하는 이 짧은 지면을 빌어 몇몇 중요한 종교재판을 들여다보면서 잠깐 이리저리 헤매기도 하고, 아울러 남아 있는 한 자락 에너지 또한 쏟아보고자 합니다.

1

지혜문학으로 만나는 욥기는 아시다시피 신정론(神正論) 문제를 다룹니다. 더 쉽게 말하면 선과 악을 둘러싸고 씨름하는 종교와 철학의 단골 주제입니다. 그런데 여기에서 고대 종교사에서는 보기 드물게 새로운 지평이 펼쳐집니다. 그리고 욥기는 오늘날까지 서구 기독교 신학에서 해결하지 못해 쩔쩔매는 이들에게 동양의 지혜 담론을 슬쩍 맛보게 하지요.

그럼 욥이 부재하는 가운데 열리는 하늘 법정을 잠깐 들여다볼까요. 우선 피고인 욥은 검사 역할을 감당하는 사탄의 손아귀에 놓여 있습니다. 그리고 하나님은 사탄의 기소에 욥의 처분을 맡기지요.

여호와께서 사단에게 이르시되 내가 그의 소유물을 다 네 손에 붙이노라(욥 1:12).

아다시피 소유물에 관한 1차 기소는 어김없이 실패합니다. 그러나 사탄은 무소불위의 기소독점권을 남발하며 목숨까지 넘보는 2차 기소를 시도합니다. 이번에도 하나님은 순순히 사탄에게 체포영장을 내줍니다.

여호와께서 사단에게 이르시되 내가 그를 네 손에 붙이노라(욥 2:6).

서구 신학에서 선과 악의 문제는 신정론이라는 굴레에 갇혀 좀처럼 헤어나지 못합니다. 물론 어거스틴이 슬그머니 "악은 선의 결핍"이라는 식으로 빠져나올 구멍을 염두에 두기는 하지요. 그렇다고 해도 여전히 마니교라든지 영지주의에서처럼 선악 이분법 그늘을 쉽사리 벗어나지 못합니다. 이 심각성을 인식한 몇몇 서구 신학자들이 오늘날 과정신학이라는 이름으로 이 악순환의 고리를 끊어내려는 갸륵한 노력을 보여주지요.

그런데 욥기에서 보이는 해결 방식은 고대 종교들이나 서구 신학에서 행해지는 이분법 논리와는 전혀 다른 세계입니다. 마치 동양의 지혜를 반영하는 듯 보이는데, 여기서 욥이 고백하는 방식은 존재론적인 형태보다는 매우 실존적인 구조를 지닙니다. 마무리하는 부분에서 등장하는 "내가 주께 대하여 귀로 듣기만 하였삽더니 이제는 눈으로 주를 뵈옵나이다"(욥 42:5)라는 구절 또한 이를 잘 드러냅니다.

욥이 실존적으로 풀어내는 선과 악의 이해는 일반적인 서구 종교나 철학의 해법과는 완전 딴판입니다. 오히려 동양에서 말하는 이른바 善惡皆吾師(선악개오사: 선악은 모두 나의 길잡이)라는 가치 유보적인 이해와 맥을 같이 합니다. 오늘날 해석학에서 말하는 일종의 판단 중지(epoche)와 비슷하지요. 그래서인지 공자 같은 이는 선악 이해를 명사적인 형태보다는 좀 더 동사나 형용사에 가깝게 풀어냅니다. 동양학자로서 드물게 성서 비평 방법론을 거친 김용옥 교수 또한 선악에 대한 이런 식의 해석에 적극적이지요.

예를 한번 들어볼까요. 『논어』 「위령공편」에 보면 '工欲善其事'(공욕선기사)라는 구절이 등장하는데, 이는 선악이란 말을 명사가 아니라 술어적으로 풀어내는 장인(匠人)의 특성을 보여줍니다. 또한 「공야장편」에서는 공자가 안평중이라는 인물을 평가하면서 역시 같은 방식으로 얘기하지요. 바로 '善與人交'(선여인교: 사람들과 잘 어울린다)라는 구절인데, 여기서도 또한 명사가 아니라 술어로서 선악을 이해하는 방식입니다.

이렇듯 동양의 지혜는 선과 악의 문제를 명사나 존재론처럼 개념화하는 것이 아니라 그저 동사나 형용사로서 풀어나갈 뿐입니다. 난해하기 그지없지만, 동양철학 심성론에서 다루는 四端七情論(사단칠정론)을 들여다보아도 마찬가지입니다. 이른바 칠정(七情)의 주요 개념을 구성하는 오(惡)라는 것은 실체적인 선악 개념과는 거리가 멉니다. 오히려 추한 것을 꺼리거나 싫어한다는 의미로 풀이되는 것이 보통이지요.

그러기에 사탄이 선악의 잣대로 기소권을 마구 휘두르며 날뛰어도 그저 욥은 묵묵히 눈으로 주를 뵈며 고백할 뿐입니다. 주신 이도 하나님, 가져가시는 이도 하나님이니까요. 돌이켜보면 사람들이 길길이 날뛰며 일아를 선과 악이라는 이분법으로 정죄할 때도 그랬지요. 일아는 하나님의 부름받은 자로서 흔들림 없이 이를 달갑게 받아넘기고 그저 묵묵히 선포할 따름이었습니다.

모름지기 구원이라는 것에는 사람들이 법조문처럼 끝없이 되뇌는 선이라든지 악이라는 실체가 있을 리 만무합니다. 서슬 퍼런 시프리아누스 주장처럼 "교회밖에 구원이 없다"(*Extra Ecclesiam nulla salus*)라고 이분법적으로 딱 나누어 놓으면, 막상 개신교에는 구원이 없습니다. 개신교는 악한 것이고, 선하디 선한 로마가톨릭만이 독점권을 가지니까요. 모름지기 구원 또한 선과 악처럼 존재론으로서가 아니라 실존적으로 다가가야 하기에 외려 일아의 뜻이 맞는 셈입니다.

2

기독교는 십자가입니다. 그래서 예수님은 십자가가 기다리고 있는 골고다를 향하여, 예루살렘을 향하여 무모하리만큼 거침없이 나아갑니다. 이때 눈에 띄는 사실은 동고동락하던 제자들의 반응인데, 이들은 한결같이 입을 모아 말하지요.

> **랍비여 방금도 유대인들이 돌로 치려 하였는데도 또 그리로 가시려 하나이까**(요 11:8).

돌이켜보면 일아는 학위 과정에서 붙잡은 실존적 신학의 주제를 일평생 놓지 않습니다. 그래서 아시아에서 신학한다는 '삶의 자리'(Sitz im Leben)를 화두로 삼아 죽음에 이르기까지 씨름하지요. 사실 따져보면 일아 이전의 선행자는 해천(海天) 윤성범이었습니다. 그래서 해천은 말년에 이른바 기독교적 유교(christian Confucianism)라는 아시아 신학의 해석학을 정리하고 있었지요.

그러나 해천은 이 일을 채 마무리하기도 전에 너무 일찍 깊은 잠에 드셨습니다. 생전에 해천은 1970년대부터 신학의 논쟁 한가운데서 허우적거리던 일아를 보호하는 든든한 벽이 되었지요. 어려움에 직면할 때마다 비빌 언덕이 되어주셨던 해천 덕분에 당신은 소신껏 아시아 토양에서 신학을 펼쳐 나갔다고 일아는 생전에 자주 털어놓곤 했습니다.

빌라도 법정에 이르는 십자가 최후 순간까지 예수는 겟세마네 기도에서 보는 것처럼 하나님 뜻을 먼저 헤아립니다. 일아 또한 이렇듯 평생 되풀이되는 시비와 논란 속에 시달리면서도 당신의 십자가를 저버리지 않습니다. 마치 도마가 머뭇거리던 다른 제자들에게 "우리도 주와 함께 죽으러 가자"(요 11:16)며 담담히 예루살렘 재판정으로 따라나선 것처럼 오히려 감신의 동료와 신학자들을 홀로 일깨웠지요.

일아에게는 미처 해천이 마무리하지 못한 과제가 십자가처럼 놓여 있습니다. 그래서 척박한 한국, 아시아의 신학 지평을 일구면서 무모하리만큼 끊임없이 한국교회를 흔들어놓습니다. 그리고 예수를 따르자고 제자들을 설득한 21세기 도마로서 집요하게 아시아 신학의 형성을 위해 골고다 언덕 십자가를 향해 뚜벅뚜벅 나아갑니다.

3

보름스 법정은 중세 시절 교황의 절대 권력을 드러내는 것으로 유명한데, 1078년 막강했던 신성로마제국의 황제가 교황의 한마디에 파문당한 사건은 바로 여기에서 비롯되지요. 그리고 한 겨울 황제가 눈 속에서 벌거벗고 교황에게 용서를 구했던 카놋사의 굴욕으로 이어지구요. 몇 세기를 건너뛰어 1522년 4월 바로 그 보름스 법정에 마르틴 루터가 비텐버그 95개조 선언으로 인해 불려 갑니다. 바로 얼마 전에 그 법정에 소환되었던 종교개혁자 후스는 즉시 체포되어 화형대에 오르는 서슬 퍼런 전례가 있었지요.

목숨을 내걸고 그 자리에 출두하였던 마틴 루터는 과연 어떻게 되었을까요. 다행히도 루터는 한 치도 흔들림 없이 최후 진술을 마치고 무사히 살아 돌아올 수 있었습니다. 그리고 독일 제후들의 도움을 받아 성서 번역을 통해 종교개혁을 이어 나갔지요. 그리고 비텐베르크 종교개혁의 완성은 바로 그의 아내였던 수녀 카타리나였다고 감동적으로 고백하던 루터는 임종을 앞두고 아내에게 남겼던 편지 끝을 이렇게 맺습니다. "하나님께서 어떡하나 두고 봅시다."

이렇듯 루터를 보름스 법정에서 살리시고, 아내 카타리나를 통해서 종교개혁을 마무리하셨던 하나님은 그 후 어떻게 하셨을까요. 결국 하나님께서는 가톨릭을 넘어서는 어마어마한 역사를 이루어나가지 않습니까. 그러니 루터가 마지막으로 남긴 말이 딱 들어맞는 셈입니다. 하나님의 선교는 높다란 첨탑에 갇혀있던 가톨릭에서 그치지 않고 끝모르게 뻗어나가는 현재진행형이니 말입니다.

개신교의 연장선상에서 감리회 운동을 이끌고 나갔던 웨슬리의 선포 또한 여기에서 크게 벗어나지 않습니다. 설교단에서 내몰려 할 수 없이 너른 벌판에 야단법석(野檀法席)을 차려놓고 "온 세계는 나의 교구다"라고 외쳤던 웨슬리의 선언이 바로 그렇습니다. 작달막한 사내의 야무진 감리회 운동은 단숨에 영국성공회를 뛰어넘지요. 하나님이 어떡하나 지켜보았던 웨슬리 감리회 운동은 해가 지지 않던 대영제국을 따라 아메리카 신대륙에, 드넓은 하나님 나라로 퍼져나 갔고, 바야흐로 이제 동아시아 끄트머리 조선 땅까지 이르렀습니다.

4

네 번째 만나는 일아의 법정은 앞서 세 가지 법정을 모두 거쳤던 21세기 지구촌 하나님 선교 역사를 상징합니다. 1914년 일찌감치 감리사로 치리한 탁사(濯斯) 최병헌은 2백 년 선교 역사의 천주교에도 없던 한국인 지도자 반열에 먼저 올라섭니다. 그는 "삼인문답"(「대한크리스도인회보」, 1900년 3월, 234)이라는 글에서 전래 고유 종교의 가르침만 고수하고자 하는 지도층에게 이렇게 말하지요. 유불선(儒佛仙)이 모두 바깥에서 들어온 것일진대 어찌 우리 종교냐 반문하면서, 기독교 역시 아시아에서 비롯했다고 일깨웁니다. 탁사가 말하는 복음의 대도(大道)에는 동서나 고금의 구별이 없다는 말이지요.

실제로 조선에서 선교하던 「미감리회 연례보고서」(*Minutes of 9th*

Annual Meeting of Korean Mission of the M. E. Church, The Trilingual Press, 1893)에 보면, 당시 권사반에서 교육받던 최병헌의 신학 커리큘럼은 〈신구약 개론〉이었고, 막 한국에 도착한 선교사 반에서는 〈오륜행실도〉(五倫行實圖)를 교육하고 있었습니다. 이 땅의 기독교에서는 신구약성서나 오륜행실도 모두 복음의 반열에서 하나님 나라를 만들어가는 교재였던 겁니다.

시나브로 21세기 기독교 복음 사역은 아시아에서 꽃을 피울 겁니다. 일찍이 아시아에서 시작한 복음은 지구를 한 바퀴 돌아 제자리를 잡았습니다. 온 누리 온 백성을 오롯이 담아낼 수 있는 그릇이 이제 마련된 셈입니다. 유불선 수많은 몽학(蒙學) 선생들이 세례요한처럼 터를 닦았던 세상의 절반 아시아에는 일찌감치 탁사를 비롯해 해천과 일아의 피땀이 거름으로 배어있습니다. 우리가 이 일을 외면하고 그저 예배당 뜰만 밟고 오락가락 껍데기 종교로 남는다면 과연 어떻게 될까요.

사무엘상 28장에서는 매우 희귀한 일이 벌어지는데("여호와께서 꿈으로도, 우림으로도, 선지자로도 그에게 대답하지 아니하시므로"), 이때 바로 엔돌에 있는 여인(잇샤)이 등장하지요. 또한 젖을 뗀 어린 사무엘이 섬기던 성전에서도 여호와의 말씀이 희귀하여 이상이 흔히 보이지 않았다고 말합니다(3:1). 아무리 불러도 제대로 대답하는 이 찾아볼 수 없어 꿈으로도, 우림으로도, 선지자로도 선포되지 않을 때에 일어나는 사태입니다. 죽음을 무릅쓰고 끝까지 남아 있던 엔돌의 이름 없는 가나안 여인처럼, 이제 갓 젖 뗀 아이 사무엘처럼 21세기 겟세마네 동산에 깨어있는 제자로 살기를 바랍니다.

끝으로 선생님은 저 하늘 별이 되셨지만, 보일 듯 말듯 희끗희끗 스러지지 않고 그 별이 오히려 반짝반짝 빛나는 것은 다 이유가 있습니다. 남아계신 신옥희 사모님의 가없는 마음 씀씀이는 제대로 운신하지 못하고 갈팡질팡하는 제자들의 발걸음을 한결같이 모아주셨지요. 그리고 지극정성으로 신옥희 선생님의 뒤를 따르는 아드님들의 정성 또한 보는 이들 마음을 가다듬게 하는 힘이기도 합니다.

부디 만수무강하셔서 제자들과 감리교회가 제정신 차릴 때까지 든든히 계셔주시길 두 손 모아 기도합니다. 하나님께서 어떻게 하시는가 지켜보아야 하지 않겠습니까. 일아의 법정은 아직 끝나지 않았고, 오히려 "온 세상이 나의 교구다"라는 웨슬리 선포처럼 이제 시작이고, 현재진행형입니다. 21세기 힌두교나 불교, 아시아의 유교와 도교 또한 하나님 일하시는 손바닥 놀이터이기 때문이지요.

입장 없는 입장
— 변선환 신학의 '사랑하면서의 투쟁'

최범철

전 서울예술고등학교 교사

믿음과 소망과 사랑 이 세 가지, 그리고 그리스도 안에서 새로운 본래적 자아가 되는 것, 그것은 내게 있어서는 기독교 신앙의 가장 본질적인 요소라고 믿는다.

_『종교 간 대화와 아시아 신학』 변선환 전집 1, "불교와 기독교의 대화"

나는 자랑스러운 한국인으로서 신학해야 할 과제를 짊어지고 있다. 자랑스런 한국인만이 기독교인이 된다. 이것이 나의 명제이다.

_『요한 웨슬리 신학과 선교』 변선환 전집 4, "교회일치"

"나의 교구는 세계이다"라고 외쳤던 웨슬리의 포괄적 보편주의 선교정신을 오늘의 우리의 현장에서 살려야 한다는 것은 감리교 신학 교육의 지상과제라고 믿고 있습니다.

1

변선환의 신학적 입장을 한마디로 표현하기 어렵다. 변선환의 신학을 붙잡으려고 하는 순간 변선환은 우리의 손에 붙잡히지 않는다. 변선환의 신학을 '이것'이라고 말하면, 변선환은 '다른 것'을 말하고 있다. 변선환 신학이 '저것'이냐 하고 따지려고 하면, 변선환은 '다른' 소리를 말하고 있다. 변선환의 신학적인 입장을 가리켜 '종교해방신학'이라고 하기도 하고, '실존신학'이라고 말하기도 하고, '불이적 종교해방신학'이라고 말하지만, 그렇게 규정하기도 쉽지 않다. 변선환의 신학은 마지막 여정까지 하나의 입장에 머무르지 않고 계속 나아가고 있었다. 어느 시점에 서서 변선환의 입장을 그렇게 보고 자리매김하여 평가한다고 해도 변선환의 속뜻을 다 알기는 어려울 것이다. 변선환은 아베 마사오(阿部正雄)의 말에 의거하여 '입장 없는 입장'이라는 말로 자신의 입장을 설명하기도 하였다.

변선환에게 불교와 기독교의 대화, 타종교와 기독교 간의 대화의 기본 원칙은 칼 바르트(K. Barth)와 핸드릭 크래머(H. Kraemer)의 배타주의도 아니며, 칼 라너(K. Rahner)와 한스 큉(H. Küng), 초기 파니카(R. Panikkar)의 포괄주의도 아니다. 스미스(C. Smith), 힉(J. Hick), 사마르타(S. J. Samartha), 송천성(宋泉盛), 알로이스 피에리스(A. Pieris), 폴 니터(P. Knitter)의 종교다원주의와 맥락을 같이 하고 있지만, 변선환은 그들과 자신을 완전히 동일시하지 않는다. 변선환은 '신 중심' 비규범적 그리스도 다원주의, '실재 중심' 다원주의에서 점차 '구원 중심', '실천 해방' 중심 다원주의 신학으로 나아간다. 그러나 그것도 변선환을 다 설명할 수 있는 최종점이 아니다. 변선환은 어디에도 종착할 수 없었다. 그의 신학은 늘 도상(途上)에 있었으며, '사랑하면서의 투쟁' 한가운데서 자신이 세운 입장을 또다시 부정하고, 부순 것을 다시 세우는 일들을 감행하였다. 그러므로 변선환은 결국 '입장 없는 입장'에 선다. 마치 야스퍼스가 그의 포괄자 사상에 입각하여 어느 한 점의 철학에 만족하지 않고 지속적으로 주객의 분열의 긴장 관계 속에 있으면서 초월자를 향한 결단을 하는 철학적 신앙을 고수하듯이, 변선환은 야스퍼스(K. Jaspers)와 부리(F. Buri)의 입장을 그의 신학에 적용하면서도 그의 신학적 입장을 한곳에 정착시키지 않는다.

그럼에도 불구하고 변선환의 신학이 지향하는 곳은 분명하다. 종교해방신학을 말할 때 변선환의 입장은 종교신학과 해방신학의 '불이적 실존'의 입장에 서서 '종교'와 '해방'을 연결시키고자 한다. 종교신학은 해방신학과 대화해야 하며, 해방신학은 종교신학과 대화해야 한다. 종교신학이 해방신학과 대화하지 않는다면 종교신학은 신비주의에 매몰되고 말 것이다. 해방신학이 종교신학과 대화하지 않는다면 해방신학은 초월을 상실하고 정치화될 수밖에 없을 것이다. 그러므로 종교신학은 내려오는 법을 배워야 하며, 해방신학은 올라가는 법을 배워야 한다. 초월과 내재, 신비와 윤리, 신 체험과 사랑의 휴머니즘, 신앙과 사랑, 지혜와 자비, 명상과 이타행은 둘이 아니다. 상승하는 길과 하강하는 길을 함께 가는 것이 종교인의 길이요 사명이다.

바울과 어거스틴과 루터와 웨슬리로 이어지는 종교 체험, 하나님 체험은 그것으로 끝나는 것이 아니라 현실로 돌아와 이웃을 섬기고 사랑하는 일이다. 변선환의 최종 목적지는 사랑의 휴머니즘이다. 모든 종교 체험은 상승 운동과 함께 하강 운동을 통하여 저 아래로 내려가야 한다. 갈릴리, 골고다 현장으로 내려가야 한다. 요단강(물러남)에서 세례받고 갈릴리에서 선교하고 골고다(참여)에서 죽은 예수처럼, 아세아인들도 아시아 요단강에서 세례받고 아시아 지역에서 선교하다 아시아 골고다에서 죽어야 한다. 한국 기독교인들도 한강에서 세례받고 한국에서 선교하고, 가장 낮고 천한 사람과 함께 연대하다 그곳에서 죽어야 한다. 그것이 변선환이 말하는 무제약적으로 초월자와 관계하는 책임 윤리요, 기독교의 사랑의 휴머니즘이다.

2

1922년 4월 22일 감리교신학대 학장이신 변선환 교수님께서는 피고인의 신분으로 자신의 기소장에 대한 해명의 글을 다음과 같이 변호하였다.

"웨슬리처럼 알미니안주의 감리교 위에 서서 신정통주의 신학, 세속화 신학 등을 거쳐서 제3세계 신학(특히 아시아 신학)의 영역에 들어온 본인의 신학은 종교해방신학(Liberation Theology of Religions)을 지향하고 있습니다. … 기소장에서 인용하고 있는 본인의 글들은 세 가지 다른 신학적 입장을 나타내고 있습니다. "교회밖에도 구원이 있다"(「월간 목회」, 1978)는 신의 선교(*missio Dei*, 윌링겐, 1951)와 세속화 교회론(웁살라, 1968)을 배경하고 있으며, 80년대 초에 아시아 신학을 소개한 세 가지 글, "동양 종교의 부흥과 토착화신학"(「기독교사상」 1983년 4~6월호)은 포괄주의 신학에 서 있는 글이었고, 80년대 후반기부터 쓴 글들은 다원주의 신학을 배경하고 있습니다.

_『요한 웨슬리 신학과 선교』 변선환 전집 4, 318~319

이와 같은 변선환의 입장의 변화는 그의 사상이 고정적이 아님을 나타내고 있으며, 그때 그 상황에 따라서 변선환의 글이 달라졌고, 그것은 그의 신학 사상이 지속적 탐색하고 있음을 나타낸다. 변 선생 님은 언제나 배우고자 하는 자세를 놓지 않았으며, 그의 신학적, 철학적, 종교학적 차원에서의 박식한 지식에도 불구하고 책을 놓지 않고, 에큐메니칼운동을 통해서 많은 사람을 만나면서 대화하고자 하는 의지를 보였다. 그의 종교해방신학은 종교와 해방이라는 두 마리 토끼를 동시에 잡고 있기에 세계의 수많은 종교신학자와 해방신학자와 교류하였다. 종교신학자, 신비주의 사상가의 입장에서 보면 변선환의 신학은 종교신학, 신비주의 신학에 충실하지 않고, 해방신학자, 민중신학자의 입장에서 보면 변선환의 신학은 해방신학, 민중신학에도 충실하지도 않다는 비판을 받을 수 있었다. 그러나 변선환은 끝까지 종교신학과 해방신학의 줄타기에 서 있으면서 종교신학에도 머물지 않고, 해방신학에도 머물지 않고, 종교와 해방의 두 입장을 조화시키고 화해시키려 하였다. 그것은 변선환이 가지고 있는 원효와 같은 원융무애한 정신에서 비롯하였다고 볼 수 있다.

그러한 '입장 없는 입장'에 서 있으면서도 변선환은 자신의 뿌리가 웨슬리 전통에 근거하고 있음을 밝히고 있다. 물론 전통적인 웨슬리의 입장은 종교다원주의라고 말하기 어렵다고 할 수 있다. 그러나 변선환은 웨슬리의 사상을 재해석하면서 웨슬리 안에 가지고 있는 선행 은총 사상과 하나님의 보편적 구원 의지가 라너가 말하는 '익명의 그리스도교'의 요소를 가지고 있으며, 웨슬리의 종교 체험의 내용이 '칭의와 성화'라는 점에서 그의 종교 체험이 사랑의 휴머니즘으로 완성되어 과정이라고 보고 있다. 변선환은 웨슬리의 선행은총 사상과 성화라는 두 가지 관점의 포인트를 적극적으로 재해석하고 종교해방신학과 연결시키고자 하였다. 그런 점에서 변선환은 종교 체험과 성서, 전통, 이성을 중시하는 감리교의 선교 과제 속에 자신의 사명이 있음을 밝히고자 하였다. "세계는 나의 교구"라고 외쳤던 웨슬리의 말을 인용하면서 변선환은 "하나님은 모든 인간을 구원하기를 원하신다"는 명제로 나아가며, 하나님 앞에서 타종교, 무신론을 포함한 모든 인간은 하나님의 은총 아래에서 벗어날 수 없다는 점을 분명히 한다.

웨슬리의 이러한 관점은 라너의 '익명의 그리스도인'이나 가톨릭의 '포괄적 그리스도론'과 큰 차이가 없는 것이지만, 변선환은 익명의 그리스도인이나 포괄적 그리스도론이 모든 종교를 기독교에 포괄하려는 제국주의 숨은 의도가 있다고 보고, 포괄주의 입장에 공감하면서도 그것을 극복하고자 하였다. 그래서 변선환은 '익명의 그리스도론' 대신 '신 중심의 비규범적 그리스도론'을 말하였는데, 이때 변선환은 파니카(R. Panikkar)와 더불어 '예수'와 '그리스도'를 구분하고,

"예수는 그리스도"이지만 "그리스도는·예수가 아니다"라는 관점에서 '그리스도' 지향에서 다시 힉(J. Hick)과 더불어 '신' 지향으로 나아간다. 그러나 '신'이라는 말도 기독교적인 용어에 국한될 우려가 있으므로 '실재' 중심주의에서 '구원' 중심주의, '실천' 중심주의로 나아갔는데, 사랑의 휴머니즘에서는 각 종교의 교리와 상관없이 모든 종교, 모든 인간이 만날 수 있는 공동 광장이 될 수 있기 때문에 결국 '하나님은 사랑'이라는 말로 귀착된다.

그러므로 변선환의 종교해방신학은 "종교는 해방"이라는 말과 "하나님은 사랑"이라는 말로 요약된다. 종교가 초월자를 향한 상승 체험이라면, 해방이라는 말은 인간을 향한 하강 체험이다. 그것은 종교신학은 곧 해방신학이고, 해방신학은 곧 종교신학이라는 말이다. 종교는 해방이고, 해방은 종교라는 말이다. 종교와 해방이 불이적(不二的) 관계 속에 있다. 둘이면서 하나이고, 하나이면서 둘이다. 이것을 불교적인 용어로 사용하면 지혜가 곧 자비이고, 자비가 곧 깨달음이다. 십우도의 단계로 말하면 망우존인(忘牛存人)에서 인우구망(人牛俱忘)으로, 인우구망에서 반본환원(返本還源)으로, 반본환원에서 입전수수(入廛垂手)로 나아간다. 원효가 즐겨 쓰는 말로 하면 '일체무애인 일도출생사'(一切無礙人 一道出生死)이다. 화엄경의 말로 하면 이법계(理法界), 사법계(事法界), 이사무애법계(理事無礙法界), 사사무애법계(事事無碍法界)이다.

변선환에게 중요한 점은 종교 체험이 아니라 종교 체험이 가져오는 결과이다. 종교 체험은 다시 현실로 돌아와 이웃에 대한 사랑과 자비의 마음으로 나타나야 한다. 그것이 기독교의 사랑이고 불교에서는 보살의 이타행이다.

기독교 자신의 배타주의 과오에 대한 처절한 비판과 반성 그리고 하나님의 선교를 기독교에 국한 시키지 않고 전 인류를 향하여 허심탄회한 대화와 포용으로 감싸 안는 일, 하나님을 교회에 가두어 두지 않고 모든 인간에게 열어 놓는 일, 무엇보다도 사회적인 제도에 희생당하며 고통받고 있는 모든 인간에 대한 사랑, 그러한 인류 존재에 대한 사랑의 휴머니즘을 향한 한 없는 열정을 가지고 신학하신 분이 변선환이 아닐까 한다.

감리교교단은 배타주의 입장에서 변선환의 종교다원주의를 재판하고 파문하였지만 변 선생님은 본인의 재판과 파문을 각오한 듯하다. 변 선생님은 감리교단에 대한 끝없는 사랑을 가지고, 웨슬리 전통에 대한 한없는 자부심을 가지고, 감리교가 자신의 심정을 알아주지 못하는 안타까운 심정으로, 그러나 양심과 신학적 자유를 포기할 수 없었기에 그것이 잘못된 판결이라고 알면서도 독배를 마시는 소크라테스의 심정으로 자신의 고난의 잔을 마셨다. 그것은 변선환이 한국 감리교가 추구하는 미래의 신학, 미래의 기독교, 미래의 교단을 위해 스스로 순교의 길을 선택한 것이다. 자신이 못다한 일을 제자들과 그 후계자들이 감당할 것을 예견하면서 제자들을 향하여 '노타치',

'노다지'라고 말하며 자신 이후의 길을 열어 놓은 것이 아니겠는가?

변선환은 마치 자신의 종교다원주의 신학에 대한 감리교의 종교 재판을 예견한 듯이 "비서구화와 제3세계 신학"(『종교간 대화와 아시아신학』 변선환 전집 1, 211-252)이라는 논문에서 다음과 같이 자신의 결의를 다짐한다.

신학자가 신학한다는 자유를 빼앗기고 사는 것보다는 차라리 죽음을 택한다. 신학은 절대로 특수 종교나 정치의 기성 체제의 권력에 매일 수 없다.

신학은 미래를 준비하기 위한 등불이다

김광현

감리교신학대학교 객원교수

전쟁을 피해 고국을 떠난 한 부족이 있다고 상상해 보자. 처음으로 바다를 본 이 부족은 어렵게 배를 한 척 구해 자신들이 살 땅을 찾아다녔다. 그러나 그들을 받아주는 곳이 없었다. 거절과 냉대는 견딜 만했지만, 먹을 것이 떨어지는 걸 지켜보는 일은 견딜 수가 없었다. 캄캄한 밤, 우연히 한 섬에 도착했다. 그 섬에는 캄캄한 밤만큼 깊고 어두운 숲이 있었다. 그들에게 급한 것은 마실 물이었다. 며칠을 물 없이 바다를 건너온 기력 없는 아이들 때문에 아침까지 기다릴 수 없었다. 그들 중 몇 사람이 물을 찾아 나서려 했다. 그들에게는 바다를 건널 때 자신들을 지켜준 등불 하나가 있었다.

그런데 족장이 불을 내주지 않는다. 캄캄한 밤의 숲속을 등불 없이 들어가는 일은 자살 행위였다. 족장은 오직 자신만 불을 사용할 권한이 있다고 생각했다. 터무니없는 신념이었다. 족장은 불을 가진 이들이 부족을 떠나거나 자신의 힘과 권위에 도전하거나 부족을 갈등과 전쟁의 위험으로 몰지도 모른다고 생각했다. 족장에겐 목마른 아이들보다 자신의 안위가 중요했다. 물을 찾으려면 등불이 필요했지만, 족장은 사람들에게 등불을 내어주길 거부했다. 과연 이들은 물을 구할 수 있었을까?

1

그리스도인이 누구냐는 질문에 나는 전쟁으로 황폐해진 고국을 떠난 이들이라고 대답하고 싶다. 아브라함도 자신이 살던 곳을 떠나지 않았던가. 고향과 친척과 아버지의 집이라 불리는 곳을 말이다. 아브라함처럼 고향과 친척과 아버지의 집을 떠난 이들이 그리스도인이고, 교회는 그들의 모임인 것이다. 그리스도인들도 고국을 떠났기 때문에 바다를 건너 섬에 도착한 부족처럼 물을 구하지 못하면 목숨이 위태로울 것이다. 나는 이 위태로움이 그리스도인의 실존을 형용하는 표현 중 하나라고 생각한다. 그들의 실존은 땅을 정복한 자의 펄럭이는 깃발이 아니라 땅을 잃어버린 난민의 배 위에서 땅을 갈구하는 검은색 티셔츠처럼 간절하고 위태롭다.

때로 그리스도인들은 커다란 포부에 휩싸인다. 그리스도인은 그리스도의 부르심에 응답하여 평화와 사랑의 공동체를 꾸리기를 선언한 이들이기 때문이다. 그들은 황폐한 삶을 떠나 젖과 꿀이 흐르는 땅으로 들어가겠다고 다짐한다. 이 선언과 다짐은 위태로운 그들의 실존이 그들의 정신을 사로잡지 못하게 만드는 댐이다. 그러나 그들의 포부가 그들의 실존을 완전히 감추지는 못한다. 그들의 손의 든

검은색 티셔츠는 언제라도 손을 펼치면 가볍게 날아가 버리니까. 발
디딜 땅이 없이 바다를 떠도는 것이 그들의 운명이다. 그리스도인이
라는 이름표와 교회라는 문패는 초라하고 옹색한 것이다. 그들의 실
존이 위태로우므로 그들의 포부 가득한 선언은 바다의 물결을 온몸
으로 막고 있는 등불처럼 아슬아슬하다.

아브라함의 삶은 모든 믿는 이들의 가여운 실존의 정체를 드러낸
다. 고향과 친척과 아버지의 집을 떠났다는 아브라함의 실존은 토대
가 없음을 의미한다. 고향과 친척과 아버지는 자기의 뿌리이자 근거
이다. 인간이 동물인 근거는 인간이 동물들과 신체적, 유전적 특징을
공유하는 생물학적 이유 때문이다. 아시아인이 아시아인인 근거는
아시아인이 가지고 있는 문화적 유산과 지리적 기원에 기반한다. 한
국인이라 불리는 이들은 한국인들의 언어, 문화, 전통 역사를 공유하
거나 한국인 부모를 두거나 한국 국적을 취득해 한국에 법적 거주지
를 가지고 있는 것에 근거한다. 그런 의미에서 누구나 고향과 친척과
아버지를 가지고 있다.

2

하지만 그리스도인들은 아브라함처럼 고향을 떠난 사람들이다.
자신의 토대, 뿌리, 근거를 버린 사람들이다. 이들의 토대는 겨우 예
수 그리스도라는 '이름'뿐이다. 이름은 실재(實在)가 아니다. 이름은
그저 인간의 정신이 만들어낸 임의의 부산물일 뿐이다. 그리스도인
은 이 임의의 부산물인 '예수 그리스도'라는 고유명사를 자신들의 유

일한 토대로 삼는 이들이다. 이 이름 이외에 어떤 토대 없이 살아가는 이들의 모임이 교회인 것이다. 그러므로 그들은 "나는 예수를 믿지 않는다. 나는 예수를 모른다. 나는 예수와 관계가 없다"는 선언만으로도 자신들의 토대를 물거품으로 만들어버릴 수 있다.

모든 그리스도인은 고향을 떠나 바다를 건너 캄캄한 섬에 막 도착한 상태다. 등불을 들고 물을 찾아야 하고, 음식을 만들어야 했다. "누가 가야 하는가" 하는 질문은 무의미하다. 누구든 가야 하며, 모두에게 책임이 있다. 그렇지만 물을 찾기 위해 앞서서 나서는 이들이 있기 마련이다. 우리는 그들을 '신학자'라고 부른다. 신학자는 등불을 들고 교회가 마실 물과 먹을 것을 찾는 이다. 누구든 등불을 들고 나서는 이가 있다면 그가 신학자이다. 캄캄한 거리를 걷다 발견한 물이 먹을 수 있는지 먼저 마셔보고, 처음 보는 과일을 먼저 베어 먹어보는 이들이 신학자이다. 신학자는 실험하는 과학자며, 미래를 준비하는 예언자이며, 숲을 헤매는 탐험가이다.

그들은 길을 찾는 자인 동시에 길을 찾기 위해 길을 잃는 자들이며, 성공하는 자인 동시에 성공하기 위해 실패하는 자들이다. 방황과 실패를 발판으로 교회가 가야 할 길을 힘겹게 제시하는 자들인 것이다. 따라서 모든 신학자가 성공하기를 기대할 수는 없는 것이다. 길을 나선 이들 중에 물을 찾아 돌아오는 이들은 소수일 것이다. 천명은 실패하지만 한 명만 물을 찾을지도 모른다. 천 명의 실패한 신학자를 발판 삼아 한 명의 신학자가 성공할 수 있다면 천 명의 실패는 성공을 위한 실패라고 해도 좋다. 진부한 표현이지만, 실패는 성공을 낳는 어머니이기 때문이다.

따라서 교회는 천 명의 신학자를 기르고 천 번의 실패를 허용해 주어야 한다. 어떻게 천 명의 신학자를 기를 수 있는가. 신학을 공부 하려는 모든 이들에게 신학 공부를 할 수 있게 해주는 것이다. 물을 찾아 떠나려는 이들에게 등불을 쥐여주는 것이다. 천 번의 실패는 교회가 어떻게 허용해줄 수 있는가. 신학하는 일에 자유를 주는 것이 다. 어느 길로 물을 찾으러 갈지, 어떤 샘물을 마셔볼지, 어떤 과일을 먹어볼지 전적으로 그들에게 맡기는 것이다. 역설적이지만 신학자들 이 방황하고 실패하는 일에 장애물이 있게 해선 안 된다. 물을 찾아 탐험하는 이에게 궁극적으로 소중한 것은 어떤 길로도 걸을 수 있는 자유이듯, 교회의 미래를 탐험하는 신학자들에게 궁극적으로 중요한 것은 어떤 신학도 구성할 수 있게 하는 자유이다. 어떤 길도 걸을 수 있으며, 어떤 물도 마실 수 있으며, 어떤 과일도 베어먹을 수 있어 야 한다. 그런 자유 속에서만 예상치 못한 생수와 신선한 과일은 발 견될 수 있다.

3

족장은 물을 찾아 나서는 이들에게 등불을 주어야 한다. 교회가 신학에 자유를 주어야 하는 이유도 마찬가지이다. 신학은 교회가 마 실 물을 찾는 일이다. 어린아이를 살리는 일이며, 미래를 준비하는 일이다. 교회는 신학을 통해서만 마실 수 있고, 먹을 수 있다. 교회가 신학을 하지 못하게 한다면 신학은 교회의 미래를 준비할 수 없다. 그러므로 등불을 주지 않아서 물과 먹을 것을 찾아 나설 수 없게 만든 족장의 판단이야말로 부족을 위험에 처하게 만드는 장애물이며, 교회가 신학의 자유를 막는 행위야말로 간신히 생명을 유지하는 교회를 망치는 일인 것이다.

독일의 신학자 디트리히 본회퍼는 20세기 초 칼 바르트와 함께 반자유주의적 전선을 형성한다. 그는 강력한 자유주의 비판자였다. "자유주의신학의 오류는 그리스도로부터 권리를 빼앗아 가버린 것이다. 자유주의신학은 교회와 세계의 싸움에서 세상에 의해서 명령된 평화를 받아들였다." 그래서 사람들은 그를 '자유주의의 완고한 대적자'처럼 여겼다. 하지만 본회퍼는 자유주의의 비판자인 자신을 자유주의신학의 유산자로도 여겼다. 어떻게 자유주의신학의 비판자인 동시에 유산자일 수 있는가. 본회퍼가 자신의 스승이었던 아돌프 폰 하르낙의 장례식에서 읽은 추모의 글이 이 질문에 실마리를 준다. "저희가 스승님을 통해 분명히 알게 된 것은 자유로부터만 진리가 태어난다는 것입니다." 본회퍼에게 자유주의신학은 자유라는 유산을 물려준 신학이었던 것이다. 자유를 통해서만 신학은 미래를 준비할 수 있으며, 자유주의신학을 비판하는 일 역시 신학의 자유를 통해서만 할 수 있는 일이었다.

30년 전 변선환의 종교재판은 교회가 신학자의 자유를 빼앗아버린 사건이다. 교회는 한 신학자의 등불을 빼앗아버렸다. 이후 신학자들은 자기 생각을 검열하기 시작했고, 등불을 들고 어두운 숲속을 헤매기보다 이미 밝혀진 것들을 정리하는 일에 몰두했다. 교회가 등불을 들고 어두운 숲을 걸었던 신학자들의 발에 족쇄를 채운 것이다. 30년이 지난 한국교회의 신학은 무엇인가. 어린아이를 먹이고, 미래를 준비할 등불을 들고 방황하는 자는 어디에 있는가. 외딴섬에 도착한 부족에게 물과 음식은 떨어져 가고, 선언과 포부를 안고 바다를 건넜던 이들이 다시 전쟁터로 돌아가고 있는 상황을 맞이하고 있다.

나는 '종교 간의 대화'나 '토착화신학'에 깊은 매력을 느끼지 못했다. 나에게 실존적으로 시급했던 문제는 기독교가 타자와 어떻게 대화할 것이냐가 아니라 애초에 기독교가 무엇이냐였다. 그리스도인이 그리스도인일 수 있는 근원적인 이유를 밝히는 게 나의 신학적 문제의식이었다. 나에게는 자기 자신을 그리스도인이라고 고백하는 무의미한 '자기 고백' 이상의 것이 필요했다. 나는 종교가 아니라 나 자신과 대화하는 신학을 해야 했고, 나의 신학이 토착화할 곳은 '한국'이 아니라 '현대'라고 생각했다. 니체 이후의 시대, 진리를 잃어버린 시대에 응답하는 신학을 갈구했다. 신학자 본회퍼와 철학자 알랭 바디우를 동시에 읽은 이유는 그 때문이었다.

4

나의 관심사와 거리가 있지만 나는 변선환의 신론이 담긴 글을 꼼꼼히 읽은 적이 있다. "두 유형의 무신론자", "다른 종교의 하느님", "철학자의 하느님", "만일 신이 존재하지 않는다면", 나는 이 논문들을 분석하면서 변선환 신학의 세 가지 특징을 이야기했다. 첫째는 변선환이 신학의 현대성을 매우 중요하게 여겼다는 점이다. 그는 시대의 흐름에 민감했던 신학자였다. 그는 니체의 '신의 죽음' 이후에 어떻게 신을 말할 수 있는지 고뇌하고 탐색했다. 둘째는 변선환의 신학이 주체적인 신학이었다는 점이다. 주체성을 주창한 철학자 키에르케고르는 그의 석사 논문의 주제이면서 은퇴 예배의 송별사였다. 그의 신학 여정의 처음과 끝을 장식한 인물이다. 그는 1964년 이후 오랫동안 키에르케고르와 자신을 동일시하면서 강의했다고 고백했다. 나는 그의 종교해방신학이 가능한 이유를 그의 신학이 주체적인 신학이었기 때문이라고 생각했다. 셋째는 변선환의 신학은 보편성을 추구한 신학이었다는 점이다. 그의 토착화신학은 특수한 문화 속에서 하나님을 경험할 수 있음을 하나님의 보편성으로 말미암은 것으로 전제할 뿐 아니라 그가 주창한 민중신학은 민중의 고난이라는 보편적 현실에 입각한 것이었다.

변선환의 신학은 지금까지 밝혀진 것을 그저 정리하는 일에 그치지 않고 직접 어두운 곳에 등불을 들고 들어간 신학이었다. 그는 자신에게 주어진 등불을 들고 한국교회의 미래를 준비하기 위해, 어린아이에게 마실 물을 찾기 위해 어둡고 깊은 숲속으로 들어갔다. 모든 그리스도교 공동체에 필요한 신학자는 이렇게 자신의 등불을 들고 남들이 가지 않는 길을 걸어가는 자이다. 등불을 들고 직접 어두운 곳에 들어가 우리가 먹고 마실 것을 구해주고 우리가 갈 길을 밝혀주는 신학이 우리에게 간절하다. 그의 신학이 실패였는지 성공이었는지 판단할 재간은 나에게 없다. 나는 본회퍼와 바디우를 빌려 그를 비판적으로 검토할 수도 있을 것이다. 그러나 나는 동시에 그의 유산 자임을 부인할 수 없다. 그가 자유롭게 진리를 탐구했기 때문이다.

지난 2022년 10월 기독교대한감리회는 성 소수자에게 축복기도를 했다는 이유로 이동환 목사를 징계했다. 30년 전 변선환의 종교재판이 교회가 신학을 망친 사건이라면 30년 후 이동환 목사의 징계는 교회가 목회를 망치는 사건으로 기록될 것이다. 신학이 제 역할을 하기 위해 자유라는 등불이 필요하다면, 목회가 제 역할을 하는 데 필요한 것은 누구나 탈 수 있는 배다. 전쟁터 고국을 떠나려는 자가 누구든 그는 배를 탈 수 있어야 한다. '누구든'에서 제외될 수 있는 사람은 없다. 목회자의 목회 대상에 제외될 수 있는 생명이란 있을 수 없다. 배를 타기 위한 자격은 없다. 남자나 여자가 없고, 종과 자유인이 없고, 유대 사람과 한국 사람이 없듯이, 이성애자와 소수자는 없다.

여러분 모두가 그리스도 예수 안에서 하나이기 때문입니다(갈 3:28).

변선환 교수와의 만남과 그의 신학이
나의 삶에 어떠한 영향을 주었는가?

정명기

안산제일교회 은퇴 목사

필자의 삶에 있어 많은 스승이 있었지만 내가 존경하는 선생님은 변선환 교수이시다.

내가 감리교신학대학에 입학한 때는 1970년 3월이었다. 감신대에 입학하기 전에는 감신대에 교수님들이 구체적으로 어떤 분들이 계신지 몰랐다.

내가 처음부터 신학대학에 입학할 생각을 한 것은 아니었다. 1968년 고등학교 3학년 때 나는 대학 입학을 앞두고 공부하고 있었는데, 이공 계통인 의과대학의 입학을 목표로 하였다. 당시 나의 아버지는 감리교회의 목사로서 흑석동교회의 담임목사로 계셨는데, 둘째 아들인 내가 신학대학에 입학하여 졸업 후 목사가 되기를 원하셨지만 나는 목사가 되는 것을 원치 않았다. 그러나 학기 중 신장염으로 계속 학교에 갈 수 없어 휴학하게 되었고, 휴학 후 경상북도 김천

근방에 있는 용문산 기도원에 가서 휴양할 수밖에 없었다. 용문산에서 투병 생활을 하던 중 심경의 변화를 받아서 하산하여 다시 학교에 복학하면 신학대학에 입학할 것을 결심하게 되었다.

그리하여 1970년 3월에 감신대학에 입학하게 된 것이다. 그리고 입학 후 여러 강의를 듣던 중 변선환 교수님의 강의에 감동 받게 된 것이다. 1970년 당시 변 교수님은 40대 초반이었다. 특히 기억에 남는 것은 '실존철학'에 관련된 강의가 많았는데, 예를 들면 키에르케고르와 도스토예프스키 등에 관한 것이었다. 특히 도스토예프스키의 『카라마조프가의 형제들』에 대한 그의 강의는 깊은 감동을 주었다. 그러나 변선환 교수님께서 1971년에 스위스 바젤대학 신학부로 유학을 떠나셨기 때문에 학부를 졸업할 때까지는 교수님의 강의를 들을 수가 없었다.

1970년대 학부 시절은 사회와 교단의 현실로 인하여 공부에만 집중하기에는 심한 풍랑을 겪게 되었다. 1970년 11월의 노동자 전태일의 분신 사건은 신학대학과 교회 밖의 세계에 대한 새로운 눈을 뜨게 하였다. 그리고 1971년 소위 경기연회 회원들의 광화문 교단 본부 점거 농성 사건으로 인한 감리교회의 현실은 나로 하여금 교회의 또 다른 모습을 보게 하였다.

이 시기부터 나는 기독학생운동(KSCF)에 참여하게 되었다. 기독학생운동에 참여함으로 에큐메니칼운동과 신학에 영향을 받기에 이르렀다. 그러나 학생 활동에 참여하면서도 신학 공부를 게을리하지 않았다. 스위스 바젤에서 공부하시는 변 교수님처럼 언젠가 기회가 오면 나도 스위스에 가서 공부하고 싶은 희망이 있었기에 독일문화원에서 행하는 독일어 강좌에 등록하여 공부하기도 하였다. 그리고 당시 유행하던 여러 신학자 중 특히 몰트만(Jurgen Moltmann)의 '희망의 신학'에 심취하기에 이르렀고, 자연히 자연히 에른스트 브로흐 (Ernst Bloch)의 '희망의 철학'에 관심을 기울이게 되었다. 이 시기 스위스에 계신 변선환 교수님께서 에른스트 브로흐의 사상을 이해하는 데 도움이 되는 서적들을 구입하여 보내주신 적이 있었다. 기독학생 활동에 임원으로 활동 중 1973년 "남산부활절 예배" 관련 사건에 연루되어 보안사에 연행되어 7일간 조사받고, 남대문 경찰서 유치장에서 한 달간 구류를 살았다(1973년 6~7월). 1974년 2월에 학부를 졸업하였고, 학부 졸업 논문은 고 박봉배 교수의 지도 아래 "유르겐 몰트만의 희망의 신학"을 중심으로 쓰게 되었다.

1

졸업 후 목회를 시작하였다. 나는 군종장교후보생이었기에 독산동에 있는 교회(갈보리교회)에 부임하여 목회를 시작하고 3월에는 감리교신학대학 대학원에 입학하였다. 목사 안수를 받게 되면 군종후보생으로 군에 입대하기로 되어 있었는데 1974년 4월 소위 '민청학련사건'과 연루되어 구속되었다. 이로 인하여 목회와 학교에 더 갈 수 없는 상황에 처하였다. 군사재판을 받아 1심에서 10년 그리고 2심에서 7년형을 받고 서울 구치소, 안양교도소, 영등포교도소 등에서 징역살이를 하다가 1975년 2월 중순 형집행정지로 석방되었다. 갑자기 석방되었지만 교회나 학교로 바로 돌아갈 수 없었고, 군종장

교후보생의 자격도 박탈되었다. 이 시기 마침내 1975년 9월에 사당동 빈민 지역에 희망교회를 설립하였고 파송받게 되었다.

1976년 변선환 교수님께서 스위스 유학을 마치고 귀국하셨다. 나는 사당동 희망교회에서 목회하던 중 1976년 11월 1일 태화사회관에서 결혼하게 되었는데 이때 변선환 교수님께서 주례하여 주셨다. 비록 학교 강의실에서 교수님의 강의를 들을 수는 없었지만, 존경하던 선생님의 주례로 결혼을 하게 된 것이다.

그러나 나에게 새로운 기회가 주어졌다. 1979년 10월 26일 이후 1980년대가 시작되면서 1974년 민청학련사건으로 대학원에서 제적된 후 6년 만에 1980년 3월 감신대학원에 다시 입학할 수 있도록 허락받았다. 다시 대학원 강의실에서 변선환 교수님의 강의를 들을 수 있게 된 것이다. 다행스러운 것은 스위스 유학 이후 변선환 교수님의 신학 사상의 변화를 새롭게 접할 수 있었다. 변선환 교수는 스위스 바젤에서 야스퍼스 사상을 배경으로 한 후리즈 부리 지도하에 박사학위 논문을 마쳤다. 그는 부리를 통하여 야스퍼스를 만남으로써 자신의 신학의 지평선에 동양 사상, 특히 대승불교가 나타나기 시작하고, 동과 서가 자신 안에서 대화하기 시작함을 자각하였다.

나는 변선환 교수의 지도 아래 1981년 신학석사 학위논문을 작성하였다. 학위논문의 제목은 "아시아 신학 형성을 위한 과제 ― 함석헌과 M. M. Thomas를 중심으로"이다.

1970년대 학부를 통해 변선환 교수의 강의를 지속적으로 들을 수 있었지만, 나는 학생 기독교 운동의 참여 그리고 가난한 빈곤 현장에서의 목회 경험과 3번의 옥중 체험을 통하여 오늘의 한국교회와 신학이 나아가야 할 방향에 대한 고민을 우선시했다.

2

나는 "아시아 신학 형성을 위한 과제"의 논문에서 아시아 혁명의 격동기에 한국과 인도에서 태어난 함석헌과 M. M. Thomas의 생애와 사상을 역사적 맥락에서 파악하였다. 그리고 두 사람의 사상을 전통 사상과의 만남, 신 이해, 인간 이해, 역사 이해의 관점에서 봄으로써 아시아 신학 형성을 위한 가능성을 타진하여 보았다.

두 사람의 기본적 입장에 대한 이해를 바탕으로 아시아 신학의 형성을 위한 과제를 '민중신학'의 시각에서 제시해 보았다. 아시아 신학의 형성을 위한 과제를 중심으로 함석헌과 M. M. Thomas의 생애와 사상을 검토해 본 결과 아시아의 민중과 아시아 민족의 해방은 "민중적 민족주의"와 "민중적 기독교"를 지향해 나감으로써 가능하다는 결론에 이르게 되었다.

1981년 대학원을 졸업한 후 계속하여 부평의 광야교회 목회, 감리교단 본부선교국 사회정책부 간사(1983~1988년), 불광동 불광중앙교회(1988~1991년), 안산제일교회(1995년 6월~2017년 8월) 목회 등에 참여하였다.

변선환 교수님은 가끔 만나 뵐 적마다 나한테 계속해서 신학 공부를 해야 한다고 말씀하셨다. 당시 나의 관심은 이론적인 신학보다는 민중 현장에서 실천적인 목회 활동을 하는 데 우선순위를 두고 있었기 때문에 목회 활동과 학문 연구를 병행할 수는 없었다. 예를 들면 1987년 10월 변선환 교수께서 미국 드루대학교 강단에 폴 니터와 함께 초빙받아서 "대화와 해방"이라는 주제로 공동 강연을 하실 때였다. 나 역시 뉴욕에 체류하고 있었기에 선생님을 만나 뵐 겸 하여 강연에 참석하였다. 이때 선생님께서는 이왕 해외에 나와 있으니 이 기회에 공부를 하면 어떠냐고 제안하셨으나, 나는 그 부름에 응할 수 없었다.

3

변선환 교수의 종교다원주의의 신학 활동이 활발하게 이루어지던 중 1990년 11월 24일 가톨릭문화원이 주최한 "기독교, 불교, 천주교 대화 모임" 중 변선환 교수는 "불교와 그리스도"라는 논문을 발표하였는데, 그 이후 1991년 1992년 동안 감리교단 내에 변선환 교수의 신학적 사상을 문제시하는 사람들에 의해서 주도된 종교재판을 통해 출교 처분당하게 되었다.

종교재판을 전후하여 다양한 활동이 있었지만 제자의 한 사람으로서 이와 같은 현실을 막아 내지 못하였음을 깊이 반성하고 있다. 이와 같은 어려움을 겪으신 선생님은 1995년 8월 68세를 나이로 소천하셨다. 그 이후 나는 고 변선환 교수님께 사랑의 빚진 자된 심정을 품고 살아왔다.

2023년은 선생님께서 교회 권력자들에게서 종교재판을 받고 출교 되신 지 31년이 되는 해이다. 그동안 변선환 교수님의 여러 제자들은 '변선환 신학'을 정리하고 널리 알리는 데 많은 노력을 기울였다. 그러나 교회 권력자들에 의해서 씌워진 '출교'라는 오명은 벗겨내지 못하고 있다. 많이 늦었지만 지금부터라도 변선환 교수의 신학사상에 대한 바른 이해와 종교재판을 통한 출교 처분의 부당성을 알리는 운동을 시작하여야 한다.

우선적인 방법은 고 변선환 교수님의 제자들이 중심이 되어 서명하여 변선환 교수의 출교의 부당성을 알리고, 해당 연회(서울연회) 및 총회에 변선환 교수의 자격 복원을 촉구하는 일부터 시작하는 것이 좋겠다고 제안하는 바이다.

故 변선환 교수님을 추모하며

한석진

진리와자유교회 목사

故 변선환 교수님은 어떤 교수나 학자들과 비교해도 매우 훌륭하고 참다운 학자이셨고, 학문과 신앙에 대한 열정과 순수함이 가득한 분이셨다는 것을 지금도 새삼 느낍니다.

그분은 언제나 책을 손에서 놓지 않으셨고, 항상 제자들이나 사람들과의 신학적 대화에 열린 마음과 따뜻한 눈길을 지니고 계셨습니다. 그분은 문학, 철학, 신학에서부터 사회적 이슈까지 모든 관심을 통해서, 이 땅과 이 나라 사람들의 숨결과 마음과 삶과 혼을 온전히 담아서 예수 그리스도의 삶과 가르침을 본받는 기독교 신앙으로 정립하는 사명감을 지닌 분이셨습니다. 그분은 한국 기독교인의 신앙을 보석처럼 사랑하고 정성껏 다듬어서 훌륭한 한국적 신학을 꽃 피우려는 열정이 가득한 분이셨습니다. 저는 그런 분으로부터 예수님의 가르침과 신학이라는 학문을 배우고, 살아 숨 쉬는 기독교 신학자의 순수한 열정을 느낄 수 있었다는 것을 진심으로 소중하고 감사하게 생각합니다.

1

그러나 안타깝게도 그분은 감리교회 내에서 일부 지나치게 기복적이고 광신적 신앙과 왜곡된 교리 해석을 앞세운 사람들에 의해서 정당한 학문의 자유도 존중받지 못하고, 그 신학적 가치도 제대로 평가받지 못하며, 정당한 신앙적 변론의 절차도 합리적으로 보장받지 못한 채 감리교신학대학 학장직과 교수직과 목사직을 박탈당하고 말았습니다. 아마도 훗날 한국 감리교회 역사상 가장 부끄럽게 기록될 수 있는 종교재판으로 인해서 안타까운 희생자가 되셨습니다. 그리고 그 아픔으로 인하여 일찍 돌아가셨습니다.

자고로 기독교 역사는 로마가톨릭교회가 로마 황제의 권력과 정치적 목적에 결탁하여 예수님의 가르침을 왜곡하고 기독교 신앙을 변질시킨 뼈아픈 과오를 지니고 있습니다. 이로 인하여 로마 태양신을 숭배하는 교리가 기독교 신앙을 변질시켰고, 로마가톨릭교회가 성경 말씀을 수정·첨삭하고 불태우기까지 하였으며, 그 악영향은 오늘까지 고스란히 그 흔적이 성서에 남아 있습니다.

그러므로 종교개혁운동을 비롯하여 피나는 노력으로 탄생한 개신교의 신앙과 신학은 예수님의 본래 가르침을 회복해야 한다는 당위성과 정당성 위에 근거하여 존재하고 있습니다. 그리고 이러한 개신교의 신앙적 전통과 노력은 결코 훼손되어서는 안 되는 귀중한 뿌리이며 가치입니다. 왜냐하면 기독교 신앙은 결국 역사적 예수의 본래 가르침을 찾고 그것을 따르는 것이기 때문입니다.

2

기독교 신학의 목표는 첫째, 역사적 예수의 본래 가르침을 밝히는 것이고, 둘째, 역사적 예수의 삶과 가르침을 현재 다양한 환경에서 살아가는 기독교인들에게 올바른 삶과 믿음의 이정표로 제시하고 해석하는 것입니다. 신학자는 이러한 사명을 수행하고 안내하는 역할을 맡은 학자입니다.

이런 시각에서 보면, 감리교회가 故 변선환 교수를 파문한 종교 재판은 자칫 로마가톨릭교회가 초기 기독교 역사에 저질렀던 과오를 되풀이하는 것이 아닌가 하는 우려를 떠올리게 합니다. 왜냐하면 오늘날의 기독교 교리는 옛 로마가톨릭교회가 로마 황제의 권력에 결탁하고 아부하면서 로마 태양신 숭배 신앙에서 끌어들인 태양신교 교리가 혼합되어 있기 때문입니다. 일요일을 주일로 지키는 것부터 태양신의 탄생일인 12월 25일을 예수님의 탄생일로 지키는 것과 육체의 부활 승천 재림에 이르기까지 로마 태양신 숭배 교리가 혼합된 영향이 고스란히 남아 있습니다. 이런 상태에서 단편적인 교리적 판단에 따라 종교적인 파문을 결정한 재판이 어찌 전적으로 온당하다고 할 수 있겠습니까?

3

예수께서는 사람들에게 "너희는 너희가 하나님이라고 부르는 그분을 알지 못한다. 그러나 나는 그분을 안다"(요 8:55)고 말씀하셨습니다. 진리이신 하나님(존재 자체)은 어떤 것으로도 규정되거나 객관화될 수 없습니다. 오직 하나 됨(존재)으로만 알 수 있는 것입니다. 그래서 예수께서는 "나는 하나님과 하나다", "아버지께서 내 안에 계시고 또 내가 아버지 안에 있다"(요 10:30, 38; 14:10)고 말씀하십니다.

사람들은 똑같이 하나님이라고 부르지만, 사람마다 하나님을 제각각 다르게 저 위에, 저 밖에 어떤 초월적인 존재자로 생각합니다. 하나님이라는 호칭은 하나이지만, 구체적으로 들어가면 사람마다 제각기 다른 하나님을 말합니다. 소경이 코끼리 만지는 격입니다.

예수께서는 육체의 부활을 묻는 사두개인의 질문에 대하여 다음과 같이 말씀하십니다.

> 너희는 성경도 모르고, 하나님의 능력도 모르므로, 오해함이 아니냐. 사람이 죽은 자 가운데서 살아날 때에는 장가도 아니 가고 시집도 아니 가고 하늘에 있는 천사들과 같으니라. 죽은 자가 살아난다는 것을 말할진대 너희가 모세의 책 중 가시나무 떨기에 관한 글에 하나님께서 모세에게 이르시되 "나는 아브라함의 하나님이요 이삭의 하나님이요 야곱의 하나님이로라" 하신 말씀을 읽어보지 못하였느냐? 하나님은 죽은 자의 하나님이 아니라 산 자의 하나님이시라 너희가 크게 오해하였도다 하시니라 (마 22장; 막 12장).

… 하나님에게는 모든 사람이 살았느니라(눅 20장).

그러나 사람들은 부활에 대해서 제각기(육체의 부활, 영적 부활, 영적+육체적 부활) 다르게 믿습니다. 심지어 성서 주석과 신학자들도 이 말씀에 대한 정확한 해석을 못 하거나 서로 이해가 다릅니다.

또한 사람들은 '그리스도'에 대한 생각과 이해에서도 마찬가지로 서로 제각기 다릅니다.

4

예수께서는 "어찌하여 율법학자들(사람들)은 그리스도를 다윗의 자손이라고 하느냐?"고 말씀하시며, "다윗이 성령의 감동을 받아서 친히 이렇게 말하였다. '주께서 내 주께 말씀하셨다. 내가 네 원수를 네 발 아래에 굴복시킬 때까지, 너는 내 오른쪽에 앉아 있어라.' 다윗 스스로가 그를 주라고 불렀는데, 어떻게 그가 다윗의 자손이 되겠느냐?"고 반문하셨습니다(마 22:41-46; 막 12:35-37; 눅 20:41-44).

그러나 예수님 당시의 사람들처럼 오늘날 사람들도 대부분 그리스도를 다윗의 자손이라고 생각합니다. 참으로 아이러니한 일입니다. 이렇게 신앙의 가장 근본적인 개념조차 이해하지 못하고 제각각 다르면서 어떻게 로마 태양신교의 교리와 혼합된 교리와 신앙고백에만 의탁하여 판단한 종교재판이 전적으로 옳다고 말할 수가 있겠습니까?

예수께서는 "아버지께서는, 악한 사람에게나 선한 사람에게나 똑

같이 해를 떠오르게 하시고, 의로운 사람에게나 불의한 사람에게나 똑같이 비를 내려주신다"(마 5:45)고 말씀하십니다. 또한 가라지의 비유를 말씀하시면서, "종들이 말하되 그러면 우리가 가서 이것을 뽑기를 원하시나이까" 하고 물을 때, "주인이 이르되 가만두라, 가라지를 뽑다가 곡식까지 뽑을까 염려하노라. 둘 다 추수 때까지 함께 자라게 두라 추수 때에 내가 추수꾼들에게 말하기를 가라지는 먼저 거두어 불사르게 단으로 묶고 곡식은 모아 내 곳간에 넣으라 하리라" 라고 대답하시면서 섣부른 판단과 행동을 자제하라고 당부하셨습니다(물론 故 변선환 교수를 가라지라고 비유하는 것은 아닙니다).

그러므로 감리교회가 故 변선환 교수를 종교재판으로 일방적 파문을 결정한 것은 성서적으로나 신학적으로나 교리적으로도 전혀 현명한 판단이라고 할 수 없을 것입니다. 마땅히 훗날 감리교회의 역사에 오점으로 남을 수 있는 종교재판은 철회되기를 바랍니다.

은퇴식 마련해 드린 것으로 자조하기엔
아직도 마음 아파

우삼열
아산이주노동자센터 소장, 목사

"긴 호흡, 강한 걸음, 학우 위해 굳게 서는 단결의 구심"

생뚱맞지만 1991년 제10대 총학생회장으로 입후보하면서 내걸었던 슬로건이다. 당시 20대 초반이던 우리에겐 정말 '긴 호흡'이 필요했고, 굽어지지 않을 '강한 걸음'이 절실했다. 하지만 우리 앞을 소위 '변-홍 사태'라는 큰 산이 가로막고 있었다. 발등에 떨어진 불은 긴 호흡을 방해했다. 당선 직후부터 우리는 만사를 제쳐두고 이 일에 매달려야 했다. 청춘의 패기로 강한 걸음을 딛고 싶었지만, 교단이란 보수의 틀은 꿈쩍도 하지 않았다.

결론부터 말해야겠다. 변선환, 홍정수 교수를 출교 처분한 '교리수호대책위'에 맞선 최선봉이었으며, 구심점이었던 1992년 감신 제10대 총학생회는 실패했다. 그러나 그것은 우리가 최선을 다했는가 아닌가 하는 것과는 별개의 문제다.

<h1 style="text-align:center">1</h1>

1991년 10월 말 광림교회에서 있었던 제19차 특별총회에서 변선환 학장님과 홍정수 교수님을 징계하는 결의가 있었다. 1990년 11월 종교 간 대화모임에서 행한 변 학장님의 주제 강연 "불타와 그리스도"를 문제 삼아 거기서 시작된 일련의 감신대 사태가 정점에 치닫는 순간이었다.

말하자면 10대 총학생회가 떠안아야 할 가장 큰 숙제가 바로 이것이었다. 사실 단독 출마였기에 쉽게 당선되었지만, 당선의 기쁨은 잠시였다. 종강하고 방학이 시작되면 학생들의 물리력이 동원되지 않는 틈을 타 교단 쪽에서 또 어떤 술수를 벌일지 모른다는 긴장감이 감돌던 때였다.

우리는 연회별 지방별 동문 선배님들을 수소문했다. "감리교단의 화합과 진보적 감리교 정신 회복을 위한 방학 중 전 감신인 기도회"를 조직하기 위해서였다. 그렇게 해서 1992년 2월 6일과 7일에 인천, 부산 등 지역에서 그리고 14일에는 웰치에서 마무리 기도회를 가졌다. 하지만 결과는 그렇게 만족스럽지 못했다. 연인원 130여 명 참여가 전부였다. 앞으로의 험로를 예고하는 듯했다.

2

주지하듯 감리교에는 세 개의 교단 신학교가 있다. 그런데 그 출신들끼리 서로 데면데면한 관계인 건 누구나 인정할 것이다. 그래서 감리교신학생협의회란 기구가 있었지만 거의 명목상의 기구에 지나지 않았다. 하지만 1992년 당시에는 때가 때인지라 세 신학교 학생들이 아레오바고에 함께 모였다. 그러고는 그 유명한 '금란 총회'에 함께했다. 교단의 신학교에 대한 지나친 간섭은 학문의 자유를 침해할 뿐만 아니라 학사 행정의 자율성마저 빼앗아 갈 것이란 위기의식에 동조했기 때문이었다. 이후로도 감리교 신학생들끼리의 연대가 있었는지는 모르겠다.

3

그때 우리는 여러 선배 목사님께 조언을 구했고, 많은 조언을 들을 수 있었다. 하지만 문제 해결을 위한 뾰족한 수를 찾을 수 없었다. "교단 본부를 점거해라", "학사 일정을 전면 거부하고 투쟁에 매진해라" 등 여러 제안이 있었지만, 실효성 있는 투쟁이 무엇인지 고민하지 않을 수 없었다. 그래도 손 놓고 있을 수는 없는 일이었기에, 우리는 총 다섯 차례 정도 자료집을 만들었다. 때론 1장짜리 리플릿으로, 때론 40여 쪽이 넘는 책자가 되기도 했다. 그렇게 만든 자료집을 4천 교회에 우편 발송했다. 자료집 제작과 발송에 총학생회 예산의 상당 부분이 들어가기도 했다.

변 학장님과 홍 교수님의 신학이 세계 감리교 신학 조류와 맞닿아 있다는 점, 총회 결의까지 오는 과정에서 불법적인 정황이 있었다는 점, 감리교회는 물론 타 교단 신학자들로부터 전해진 각종 지지 선언 등 여러 자료를 취합한 자료집을 만들어 선배 목사님들과 교인들에게 알렸다. 이런 노력은 소수의 회원이 남아 있던 교단 총회에서 갑자기 제기된 안건으로 인해 신학자가 출교를 당하는 것이 중세의 종교재판과 다름없음을 알리려는 몸부림이었고, 신학적 토론과 논의도 제대로 이루어지지도 않은 채 신학자에 대한 정죄가 이루어지는 교단의 퇴행을 막기 위한 간절한 요청이었다. 끊임없이 변화하는 세상으로부터 제기되는 질문에 대해 교회와 신학자들은 대화와 응답의 과제를 안고 씨름해야 하며, 이러한 과정에 대해 일부 불편한 이들이 있겠으나, 세상의 질문에 신학적으로 응답하는 이들이 교회 내에 꼭 필요함을 알리고 싶었다. 몇몇 신학자에 대한 정죄와 심판, 출교 조치라는 알량한 행정적 조치가 시대를 향한 신학적 과제와 노력을 멈추게 할 수 없음을 분명히 알고 있었기 때문이었다.

하지만 우리가 시간과 노력으로 만들어 보냈던 그 자료집들이 얼마나 효과가 있었는지는 모르겠다. 그리고 그 자료집을 아직도 보관하고 있는 분들도 있지 않을까 추측만 해본다.

4

1992년 5월 7일 서울연회 재판위원회(위원장 고재영)는 변선환 학장님과 홍정수 교수님에 대한 출교를 선고했다. 이날 나를 비롯한

각 단위 학생회장과 운영위원 8명은 교단 본부 감독회장실 점거 농성에 들어가느라 금란교회에서의 상황은 잘 알지 못한다. 단지 전해 들은 이야기로는 상황이 매우 급박하게 진행되어서 현장에 동행했던 학우들 2/3가 재판이 열리는 금란교회 본당으로 진입하지 못하고 밖에서 허공에 대고 구호만 외쳤을 뿐이라고 했다. 또 막상 재판정 안으로 들어간 학우들은 그들대로 금란교회 남선교회원들을 비롯한 경호 인력들에 치여서 옷이 찢기는 등 말 그대로 아비규환이었다고. 또 그렇게 얻어맞는 학생들 상황에 격분하신 송순재, 이정배 교수님 두 분도 양복 상의가 찢어진 것 같다고 들었다.

우리의 나약함이 한없이 부끄러웠다. 그 후 전열을 정비한 우리는 종합관 대강당에 단식 농성 등을 이어갔지만, 원하는 결과를 얻지 못했다. 이 당시 단식 농성장에 변 학장님께서 방문하셔서 우리를 위로해 주기도 하셨다. 4.19, 5.18 등 학내에서 시국 집회 후 교문 밖을 나가 전경들과 험악한 싸움을 하고 있을 때도 우리가 다칠까 염려되셔서 꼭 교문 앞에 서 계시던 그 모습 그대로셨다. 당신의 아픔보다 제자들 몸 상할까 염려하시던 그 큰 은혜가 지금도 눈에 선하다.

5

변 학장님 임기는 1992년 1학기까지였다. 교단의 출교 처분과는 관계없이 학장님은 그렇게 임기를 마치셨다. 그러나 상식적이라면 이취임식이 함께 열리는 것이 옳다. 하지만 후임 학장님께서는 그리하지 않으셨다.

우리는 동문 선배님들과 학교 당국을 설득하기 시작했다. "정식 퇴임식을 해드려야 한다"는 것이 요지였다. 뜻 있는 선배님들은 자리가 만들어지면 적극적으로 참여하시겠다고 했다. 그러나 학교 당국에선 "이미 후임 학장 취임 예배까지 한 후라 더 이상 일정을 잡는 것은 곤란하다"며 난색을 표했다. 우리는 "○○일까지 학교 측의 답이 없으면 총학생회 단독으로 선배님들과 학계 손님을 초청해서 퇴임식을 치를 예정"이라고 학교를 압박했다. 마침내 학교 측에서 응했고, 10월 15일 변선환 학장님 퇴임식을 치러드릴 수 있었다.

퇴임 찬하 예배에는 많은 내외빈 및 학생들이 참석했고, 아래에 바고에서는 리셉션을, 대학원 건물 앞에는 기념식수를 했다.

누가 녹음했는지는 모르지만 이날 변 학장님께서 하신 고별사가 유튜브에 올라와 있다. 이것을 가끔 들어보는데, 지금도 눈앞에 계신 것처럼 생생하다. 그때 녹음을 남기신 분께 이 자리를 빌려 감사의 말씀 드린다.

6

생각해 보면 감신 800여 학우들은 우리가 때론 갈팡질팡하고, 때론 미숙함을 드러냈을 때도 총학생회를 믿고 따라주었다. 그것이 항상 고마웠다. 여러분들의 정열적인 학교 사랑하는 마음과 변 학장님에 대한 애정이 없었다면 우리는 그 자리에서 한 발짝도 전진하지 못했을 것이다. 당시엔 고마운 마음을 표할 길 없었는데 이렇게라도 그때의 고마움을 전할 수 있어서 다행이다.

내게 감신대 학장은 변선환 학장님 한 분이시다. 내가 입학하던 1989년부터 총학생회장이던 1992년까지 감신대 학장은 그분이셨기 때문이다. 모두 아는 것처럼 1993년부터는 감신대도 '교' 자가 붙어 학장이 아닌 총장이 학교를 이끌게 되었다. 그러므로 상술한 명제는 참이다.

나는 총학생회장 임기를 마치고 1993년 현역으로 입대했다. 그렇게 군 복무 중이던 1995년 여름 학장님의 소천 소식을 들었다. 또 한 번의 충격이었다. 학교와도 세상과도 아쉬운 이별일 수밖에 없었다. 나는 그렇게 학장님을 가슴에 묻었다.

이 글을 쓰기 위해 학장님의 고별사를 다시 한번 들었다. 입학식 설교에서 들었던 학장님 음성 그대로이다. 고별사를 마치며 인용하셨던 문구를 여기에 다시 올린다.

우리가
오늘날 필요한 이는
천재가 아니라 순교자이다.
사람들에게
예수에게 대한 복종을 가르치기 위하여서
자기가 몸소 죽도록 복종하는 순교자,
순교자.
사람들은 이 순교자를 쳐 죽이고 나서야
비로소

자기들이 가장 필요한 이가

바로 그였다고 하는 것을 깨닫게 하는

순교자,

우리는 순교자를

필요로 하고 있다.